——新课程背景下教师必备基本功

中学语文实用课堂
教学艺术

李晓明 高长春◎著

ZHONGXUEYUWEN

SHIYONGKETANG

JIAOXUEYISHU

吉林文史出版社

图书在版编目(CIP)数据

中学语文实用课堂教学艺术／李晓明,高长春著.
——长春:吉林文史出版社,2012.11(2021.6重印)
(新课程背景下教师必备基本功系列)
ISBN 978－7－5472－1299－8

Ⅰ.①中… Ⅱ.①李… ②高… Ⅲ.①中学语文课－课堂
教学－教学研究 Ⅳ.①G633.302

中国版本图书馆 CIP 数据核字(2012)第 267831 号

新课程背景下教师必备基本功系列

中学语文实用课堂教学艺术

ZHONGXUEYUWENSHIYONGKETANGJIAOXUEYISHU

编著／李晓明　高长春

责任编辑／高冰若

封面设计／小徐书装

出版发行／吉林文史出版社

地址／长春市福祉大路5788号

邮编／130118

网址／www.jlws.com.cn

印刷／三河市燕春印务有限公司

开本／710mm×1000mm 1/16

印张／14.5 字数／150千字

版次／2013年1月第1版 2021年6月第3次印刷

书号／ISBN 978－7－5472－1299－8

定价／39.80元

前　言

本书是依据相关教学理论，在大批教育名家和语文教学名师理论与实践经验的基础上总结概括出来的，意在传承和发扬中学语文教学的优良传统，为中学语文教学大厦添砖加瓦，为中学语文课堂教学提供一些可资借鉴的方法。

时代在不断前进，新的教育理论、教学理念和教学方法不断涌现，新的教学技术手段也随着科学技术的发展层出不穷，中学语文教学随之呈现出日新月异的景象，出现了很多新的教学模式和教学方法。就此而言，学无止境，教无定法，是绝对真理，而有"法"可依，则是相对的。本书所展示的只是中学语文教学大体上应该遵循的途径，比如怎样备课，怎样讲课，怎样进行学法指导，怎样进行中学语文教学的科学研究等等。书中提供的不是包治百病的良方，只不过是前人教学艺术的一道道风景线，它期待着读者根据自己的教学实际，在发扬优秀教学传统的同时，不断创新，不断涌现出新的教学思想和方法。我们真诚地欢迎大家的批评与指教。

在本书出版之际，我想着重谈以下几点，以此与教育同人共勉。

首先，深入学习、全面领会教育部颁发的《中学语文课程标准》的内容和要求，在培养学生的整体素质和能力上下功夫，这是教育的主旨，应该紧紧把握。正确的指导思想和观念决定着人们的思想方法、教学实践和教学方法。中学时代是一个人学习知识、掌握知识、运用知识的最佳年代，也是人生观形成的关键时期，教师一定要根据现代中学生的特点，在输送知识的过程中，切忌死教书、教死书，应不断提高他们运用知识的能力，强化创造性思维，为培养品德高尚的创新型人才而努力工作。

其次，要教好书，必须多读书。优秀的语文教师除了在教学实践中磨砺之外，读书是非常重要的手段之一。这里所谓的读书，不仅仅是读教材、读教学参考资料，更多的是读一些社会科学和自然科学方面的著作。语文教师应该是"杂家"，尽可能丰富自己的知识储备，对提高语文教师本身的知识素养、丰富课堂教学内容、提高课堂教学的趣味性都是十分有益的。现在提倡"研究型"教师，是一种进步。多读书，读好书，日积月累，就一定能厚积薄发，融会贯通，讲课时才能做到浑然天成。有些教师因为工作忙，负担重，疏于读书，这是很危险的倾向，它不利于教师良好个人素质的养成，也会渐渐被优秀教师所淘汰，坠入单纯经验型的"教书匠"的职业麻木中。

再次，教师要善于运用自己的知识，对课文本体进行透彻的剖析，全面准确地理解课文的精髓，防止肢解、误读或形式主义的教学。改革开放以来，语文教学呈现出百花齐放的局面，各种教学模式被研究开发出来，在吸取这些优秀教学经验的同时，一定不要陷入形式主义的模仿中。每名语文教师的素养不同，对语文教学观念的理解不同，每篇课文的文体和内容也不同，所面对的学生千差万别，因此，绝没有一种可以囊括全部教学内容的固定模式。试想，即使有了一种较好的教学模式，学生每天面对同一语文教师，面对同一教学模式，学上三年，势必会产生审美疲劳，失去了学习语文的兴趣。因此，我们提倡教师在教学过程中的不断创新，使语文教学在内容和形式上不断发展变化，让学生始终带着饱满的热情，期盼着语文课的学习。

最后，教师应该是学生灵魂的雕塑师，用正确的价值观雕塑学生的灵魂，永远把培养"人"放在第一位。中学生正处于世界观的形成时期，语文教师在这个时期对学生的影响是至关重要的。但是，又不能把世界观教育变成简单的说教，应该把正确的价值观和方法论自然而然地融入到语文教学中，这是对学生负责，对家长负责，对社会负责。在这一点上，语文教师较其他学科的教师有得天独厚的优势。在学生的课堂发言中、作文中、日记中、周记中，细心的语文老师都能发现学生心灵深处的想法，及时对学生进行有针对性的指导，是语文教师应该主动担负起的责任。这里还需要强调的一点是，语文教师的工作很辛苦，很繁琐，需要教师不断调整好自己的心态和教学方法。相信每天精神愉快、朝气蓬勃的语文老师一定会感染自己的学生，让他们在轻松的环境中受到母语教育的熏陶和感染。

李晓明

2012 年 12 月

目 录
contents

第一章　语文教学艺术概说

　　语文教学之所以被称为是一门艺术，是因为教学内容、教学风格和受教育者三方面合在一起，构成了一个巨大的美育工程。建国以后，尤其是改革开放以后，语文教学领域出现了各种流派，介绍和学习这些教学艺术流派，对改进语文课堂教学，大面积提高语文教学质量，是非常有借鉴意义的。

第一节　语文教学艺术的基本特点

　　语文教学是一门艺术。如果把语文教学比喻为一场音乐会的话，那些优美的旋律就是语文学习的内容，台上的指挥就是语文老师，而那些上场表演的艺术家和场上的观众就是学语文的学生。音乐会给予人视觉和听觉的愉悦，优秀的语文学习也会带给学生美的享受。从这一点上说，把语文教学看作是一门艺术，一点也不为过。

一、语文学习的内容带有极强的艺术特质

　　语文学习的外延与生活的外延相等。生活中一切美的东西，都可以进入语文学习。仅以课堂语文教学为例，用来学语文的课本，变得越来越精美。从鲁迅的《故乡》到《地下森林断想》，从《大自然的语言》到《香菱学诗》，从诸葛亮的《出师表》到马丁·路德金的《我有一个梦想》，语文教材可以跨越时间、跨越空间、跨越学科的限制，最大限度地向学生展示人类社会中那些极具艺术特质的美的东西。那些精美的古代诗文，那些带有强烈异域色彩的外国文学作品，那些记录了作家独特内心感受的中国文学作品，那些妙趣横生的童话、寓言故事，那些逻辑推理严密的议论文章，无不向学生展示着人类对美的发现，对艺术的追求。

二、语文课堂教学可以充分展示教师的个人风格

　　语文教学艺术风格，是指语文教师在从事语文教学活动时表现出来的全部特色和个性的总和。语文课堂给了教师以充分展示个人风格的机会。一篇课文，可

以有不同的处理方法。有人偏重于对学生的朗读训练，通过朗读，培养学生的语感；有人偏重于对文章脉络的分析和把握，培养学生理解文章结构的能力；有人偏重于对语言的分析，让学生扎实地掌握现代汉语或古代汉语的知识；有人偏重于思想教育，培养学生高尚的审美情趣和健全的人格；有人偏重于让学生独立阅读，培养他们的研究能力。当然，语文的教法远不止这些。语文课堂教学允许教师像艺术家那样，可以自由创作，展示不同的个人教学风格。

三、语文教学也是塑造学生灵魂的巨大美育工程

语文是最重要的交际工具，也是人类文化的重要组成部分。语文的工具性和人文性特点，决定了语文教学不仅要致力于学生语文素养的形成与发展，同时也决定了语文教学必须关注学生精神领域的发展，必须通过语文教学塑造学生的灵魂，使学生在中学阶段逐步形成积极的人生观和价值观。

当然，中学阶段的其他学科也担负着塑造学生灵魂的任务，但语文教学在这方面比其他学科更具有得天独厚的条件。语言是思想的直接现实，学生一接触到语文，就必然会接触到各种各样的思想。如果语文教师只注意到了语言学习的层面，而忽视了对学生的思想教育，这样的语文教学显然是不符合新课程标准的要求的。

语文教学从内容到形式，从目的到方法，从教育对象到教学目标，都具有美的特征，因此可以认为语文教学是一门艺术。

第二节　中学语文教学艺术流派

语文教学艺术流派是指在语文教学思想和主张方面形成了一定的认识体系，并具有一定影响的派别。语文教学艺术流派的形成源于大量成功的语文课堂教学实践，同时在教学理论上要有所创新，基本形成了具有个性特点的教学理论体系，在某一地域或全国有相当的影响和知名度，其理论和实践已经得到同行和专家的认可。目前在我国有较大影响的中学语文教学艺术流派大约有以下几种：

一、情感教育派

情感教育派注重在语文教学中通过教师生动的课堂语言，使学生得到美的熏陶，用作品中蕴涵的情感打动学生的心灵，激发他们积极向上的情感，使学生的人格得到健康和谐的发展。

情感教育派的代表人物是于漪和欧阳代娜。

于漪，1929 年 2 月出生于江苏镇江。1951 年毕业于复旦大学教育系。大学毕业后，曾教历史，1959 年执教语文，先后在华东革大速成中学、上海市杨浦中学、上海第二师范学校任教。1978 年被评为上海市特级教师。她在语文教学战线上，博采众长，刻苦钻研，坚持既教书，又教人，着眼于对学生思想情操进行熏陶感染，寓思想教育于语言文字的教学之中，调动学生学语文的积极性。出版了《语文教苑耕耘录》、《语文园地拾穗集》、《作文例证五十例》、《学海探珠》、《教你作文》等专著，主编了《中学语文备课手册》、《文学形象词典》等书籍，发表论文百余篇，制成教学录像带及录音带多部。先后赴日本、澳门等地访问和交流语文教改经验。先后被评为全国五讲四美、为人师表优秀教师，全国先进工作者。曾任上海市人大常委会委员、教科文卫委员会副主任委员。全国语言学会理事、上海市教师学研究会会长等。

于漪认为，中学语文教学从事的是两个打基础的工作，一是帮助学生打好使用祖国语言文字的基础，二是打好做人的基础。而语文教师则是要怀着春风化雨的热情，在教语文的过程中，在学生的心灵深处撒播美的种子，使学生对人类的光明前途坚信不移，对生活中的善与恶、美与丑爱憎分明，激励学生勇往直前地为建设祖国而不懈奋斗。她教语文，一是讲究"娱目"，语文教师要有计划有目的地以文学艺术的精品娱乐学生的耳目，使他们领悟到作品的优美意境。二是要"动情"，教师应当用作品中包含的真挚感情扣击学生的心弦，激起学生感情上的共鸣。三是要"激思"，教师应从学生的思想感情和实际知识水平出发，运用文章的精要之处，开启学生思维的心智，使学生在生疑、质疑中探究人生的真谛。四是要"励志"，教师要充分运用教材中卓有建树的人物的思想和言行，激励学生树立远大的志向，培养他们坚忍不拔的意志。

欧阳代娜，生于 1930 年，广东南海县人。1941 年到延安，在八路军抗属子弟学校读书，1944 年冬考入延安大学预科班，1946 年入党，调中央办公厅工作，1951 年入中国人民大学历史档案系专修班学习。1958 年开始教书生涯。1961 年到辽宁鞍山市第十五中学任教，1980 年被评为语文特级教师。任国家教委中小学教材审定委员中学语文学科审查委员，中国国际教育交流协会理事，全国中学语文教学研究会学术委员，辽宁省教育学会常务理事，辽宁省中语会理事，鞍山市教科所名誉所长等职。

欧阳代娜认为，语文教学一要讲出"美"来，"美"是语文教学艺术的基础，语文教学的美表现为：课文的主题美、思路与结构美、题材美、语言美、表达手法的美。语文教学二要悟出"巧"来，"巧"是语文教学艺术的核心，"巧"可以最大限度地调用课内有效的时间与空间以求得最理想的教学效果。语文能力训练与知识传授两者的最佳结合点、阅读教学中最大信息量的储存点、课堂思维训练的入手处、课文处理的关键突破口都是欧阳代娜在语文教学中求精求巧的切入口。她还认为，语文教学三要体现一个"活"字，"活"是语文教学艺术的契机。因此她坚决避免教师在课堂上唱独角戏，而是千方百计调动学生的积极性，使师生双方都处于最佳状态，在师生双向交流中集思广益，迸发出创造性的智慧火花。语文教学四要练出"实"来，"实"是语文教学艺术的归宿。欧阳代娜认为，语文教学必须做到课内与课外活动的统一才能取得成效。"实"就是要以社会生活为语文学科的大课堂，强化学生的动手能力，在实践中学习语文，优化课堂教学结构，向课内45分钟要质量，在课外活动中落实学生的语文能力培养。以上"美"、"巧"、"活"、"实"不仅体现在阅读教学中，在作文训练中也要贯彻这四条原则，使学生真正喜欢学语文。

情感教育派的共同特点是把语文教育当作爱的教育，使学生在学语文的过程中受到强烈的情感熏陶，把学知识与学做人统一起来，对学生世界观的形成有春风化雨的作用。

二、导读派

导读派，又称训练派、点拨派。导读派主张在课堂上教师是主导，学生是主体，训练是主线。教师的作用只是点拨，学生才是学习语文的真正主人。

导读派的代表人物是钱梦龙、蔡澄清等。

钱梦龙，生于1930年，上海嘉定人。1948年初中毕业，1951年到中学任教，先任美术教师，1953年改教语文，他只有初中学历，但勤于学习和钻研，边教边学，取得了优异成绩，成为上海市特级教师。1986年任嘉定县实验中学校长。有专著《语文导读法探》及《语文讲读课"基本式"浅探》等多篇文章。

钱梦龙的语文教学艺术集中体现在他创建的"三主""四式"语文导读法中。他认为在语文课堂上，教师是主导，学生是主体，训练是主线。他同时把语文课分为自读式、教读式、练习式、复读式四种课型。其中"自读式"是学生在教师指导下独立进行的阅读训练。它以培养学生的自读能力为目的，是在课内进行的有目的、有计划的阅读训练。"教读式"是教给学生读书之法，教读式重在对课文的重点和学生的学习难点进行引导、启发、点拨。"练习式"是学生在自读和教读以后，为了把知识变为能力，使认识从感性阶段上升到理性阶段而进行的综合训练。"复读式"是把若干篇课文作为一个复习单元进行的复习性训练，通过复习，找到各篇的内在联系，从而形成某些规律性的认识。

钱梦龙的"三主""四式"理论是在几十年语文教学改革实验基础上逐步形成的。该理论打破了以往教师一言堂的局面，指出教师的作用只是引导、点拨，在教师的引导、点拨下，学生经过系统的训练，才能真正学会语文。他创立的四种课型，立足点在于培养学生自学语文的能力。

蔡澄清，1934 年生于安徽宿松县。芜湖一中副校长，安徽省劳动模范，有突出贡献专家，全国优秀教师，安徽省人大代表，并在多个语文教学研究学术团体中任职。专著有《鲁迅作品教学浅谈》、《积累·思考·表达》等，编有《全国语文特级教师教学经验选》、《语文教学点拨艺术丛谈》、《教会你观察和作文》等。

蔡澄清正式提出点拨教学艺术是在 1982 年，启发式原则是其点拨式教学艺术的立足点；指点和消解学生学习语文的知识障碍、思维障碍和心理障碍是其点拨艺术的着眼点。在阅读教学中，为了压缩课时，增加学生的阅读量，他把实验教材和统编教材重新进行了组编，形成新的单元，实行单元教学，用点拨法打开学生的思路，对课文的内容、结构、写作和语言的特点进行比较分析。如把《母亲的回忆》、《难忘的一次航行》、《一面》三篇思想内容、语言风格完全不同的回忆性记人散文放到一起教，要求学生在独立阅读的基础上，填写一张包括主题、题材、人物、段落提纲、结构特点、表现方法、语言风格在内的分析比较总表，以此打开学生的思路，然后师生共同讨论，一共用四课时就完成了三篇课文的教学任务。既节省了教学时间，又启发学生自己去消化课文，解决了课文多与课时少的矛盾。

在作文教学中，蔡澄清本着读写结合的原则，引导和点拨学生结合阅读进行写作练习，让学生学会观察，学会独立阅读，学会思考分析。比如，他指导学生写一篇描写动物的作文，先让同学们谈自己捉蟋蟀的经历，当同学们讲得都不够好时，及时引入叶绍钧《童年》中关于捉蟋蟀的文章，与学生的口述进行比较，同学们明白了叶老的文章之所以精彩，是因为他对蟋蟀的外形、生活习性、动作，以及儿童捉蟋蟀时的神态进行了淋漓尽致的描写，所以十分有趣。在此基础上再引导学生复习刚学过的《麻雀》、《布尔加》（描写狗的）等文章，口头归纳这两篇文章中的动物有什么特点，作者是怎样描写的，我们从中受到哪些启发，使学生描写动物的能力有了切实的提高。

导读派的共同特点是：教师在课堂上只起点拨、引导的作用，真正的学习者是学生本人，通过点拨，引发学生的求知动机，激起他们的求知欲望，帮助学生探求疑难问题的答案，使学生在自主学习时真正体会到成功的乐趣。

三、思维训练派

思维训练派提出，在培养跨世纪人才中，要"减轻学生负担，提高教学质量，使学生变苦学为乐学，发展学生的创造性思维"。

思维训练派的代表人物是宁鸿彬。

宁鸿彬，1936年生，北京人，北京市80中学特级教师，1955年毕业于北京师范学校，1965年毕业于北京电视大学中文系。中国教育学会中学语文教学研究会理事，北京市语文教学研究会常务理事，北京市政协委员，北京市劳动模范，全国教育系统劳动模范，人民教师奖章获得者。有教育丛书《语文教学的思考与实践》、《初中语文教学设计选》、《初中语文课堂教学实录选》、《初中语文板书设计选》、《初中语文学习指导》等。

宁鸿彬的语文教学艺术向封闭型的语文课堂挑战，一改教师满堂灌，学生被动学的局面，强调要培养学生的学习能力、研究和探索能力、创造性思维能力和实践能力。为此，宁鸿彬连续进行了五轮教改实验，并取得了丰硕成果。他教改实验的具体做法是："提高教学效率，减轻学生课业负担"，他认为讲求效率是课堂教学的最高境界。为了达到课堂教学的最优化，教师在备课和讲课时要"精思巧授"，搞好教学的总体设计。宁鸿彬曾经用两年的时间教完了三年的语文课，同时每周还比其他班少上一节语文课，并且坚持不留语文课外作业。在大量减少课时的情况下，学生仍然取得了优异的学习成绩，这完全得益于教师的精思巧授，这也是他教学科学化的必然结果。宁鸿彬还提倡让学生放开手脚，独立思考，在这个过程中培养他们的思维能力。为此，他提出了"不迷信古人、不迷信名家、不迷信老师"和"欢迎质疑、欢迎发表与教材的不同见解、欢迎发表与教师的不同见解"、"允许说错做错、允许改变观点、允许保留意见"的"三三制原则"，充分表现了教学的民主化。

思维训练派的教学艺术强调通过语文教学提高课堂教学的效率，同时提高学生的思维品质，使语文课达到最优化的教学效果。

四、自学辅导派

自学辅导派主张语文教学应该培养学生学语文的本领，因此，教会学生学习的方法，培养学生良好的阅读习惯是语文教学的重要任务。

自学辅导派的代表人物是魏书生和颜振遥。

魏书生，1950 年生，18 岁"上山下乡"，19 岁当民办教师，21 岁进工厂，28 岁起到中学任教。1984 年被评为特级教师、全国优秀班主任，1988 年被评为全国劳动模范，1989 年被评为全国中青年有突出贡献的专家，1990 年被评为首届"全国十大杰出青年"。先后出版了《语文教学探索》、《班主任工作漫谈》等专著，《魏书生文选》（一、二卷）、《家教漫谈》等文章辑录，主编了《中学生用功术》、《思维能力引发与训练》等书。

魏书生的教学艺术，强调对学生大脑潜能的开发。他的教学，一靠民主，二靠科学。所谓民主，就是千方百计地使学生成为学习的主人，在教学中，教师要树立为学生服务的思想，建立互助的师生关系，发展学生的人性与个性，让学生参与教学管理，班级决策经师生共同商量后再做决定。所谓科学，就是从管理的角度组织语文教学，减少无效劳动，帮助每位同学都成为管理者。为此，他在班级建立了计划系统、监督检查系统和反馈系统。魏书生得益于教学民主化和科学化，他的班级像一部运转得非常和谐的庞大机器，形成了班级的事，"事事有人干；班级的人，人人有事干"的管理体系。因此也有人把魏书生的教学艺术称为管理型的教学艺术。

魏书生还创设了"六步课堂教学法"，这六步是：一、"定向"。由教师或学生提出教学要求和训练重点；二、"自学"。根据"定向"的内容，依靠工具书和注释，学生自学课文；三、"讨论"。在自学的基础上，围绕疑难问题，展开小组讨论或全班讨论；四、"答疑"。对讨论中不能得出正确答案的问题，可以由教师或学生进行解惑或释疑；五、"自测"。由教师或学生拟出测试题目，进行自我测试，自我评分，并当场用红笔纠正错误答案；六、"自结"。在上述各步的基础上，学生自己总结本节课的学习收获。以上六步，完全是从自学的角度设计问题，重在培养学生自学语文的能力。

颜振遥（1925–1998），江苏灌云县人。1950 年毕业于山东大学中文系，毕业后分配到东北师大附中任教，曾被东北师大附中教育科学研究所聘为兼职研究员。

1980年调到江苏淮阴地区教育局，1982年调到成都大学中文系，后调到四川成都成人教育学院工作。从事中学语文教学和研究工作40多年，提出"语文教学应该培养学生学语文的本领，教会学生学习的方法，培养学生良好的阅读习惯"的主张。从1981年起，在成都城北中学等学校进行了语文自学能力的培养试验，主持编写了一套初中语文自学辅导课本。

1978年3月16日，《人民日报》发表了吕叔湘先生的《当前语文教学中两个迫切的问题》一文，批评语文教学中的"少、慢、差、费"现象。这篇文章引起了颜振遥的苦苦思索，他开始探讨语文教学改革的最佳途径。如：班级授课制与个别化的矛盾怎样解决？如何提高课堂教学效率？如何培养学生的自学能力？如何减轻学生的课业负担？教师的低效劳动如何改变？怎样大面积提高教学质量？1993年秋季，颜振遥开始在四川成都市城北中学初中一年级的一个班开始自学辅导实验，并逐步编出了初中语文自学辅导教材6册，成功地把数学自学辅导教学模式（启、读、练、知、结）移植到语文教学中，在近20个省内进行了自学辅导实验，取得了显著的实验效果。

颜振遥编写的语文自学辅导教材，本着听说读写综合训练的原则，把课文分为"必学"与"选学"两类，供不同条件的学校选用。课本的开本与版面考虑到学生自学的需要，采用16开本，在课文的上下左右四方留出足够的空白，在空白处提出"辅读"的问题，让学生在学习中自问自答，学生也可以在空白处写上自读时的旁批文字，练习评点课文。因此，这套教材实际上兼有练习册的部分功能。

自学辅导派的教学宗旨是教会学生自己读书，从这个目的出发，无论是六步课堂自学模式，还是语文自学辅导教材，都十分重视学生自学能力的培养，这些想法和做法，都给语文新课程改革提供了可资借鉴的经验。

五、语感派

语感指人们对语言文字的敏锐感知，它强调对语言的直接领悟，是一种直觉思维的能力。语感派认为，语文教学应该以语言学习为主，语言学习又应该以培养学生的语感为主，即培养语感是语文教学的首要任务。

语感派的代表人物是洪镇涛。

洪镇涛是武汉市第六中学的特级语文教师、全国中语会语文教学本体改革研究中心常务副主任、湖北省中语会副会长、武汉市中语会理事长。

洪镇涛的语文教学艺术大体经历两个阶段。第一个阶段从1978年到1991年。

这个阶段提出的语文教学主张是变"讲堂"为"学堂",具体做法是实行"三变":变"全盘授予"为"拈精摘要",变"滔滔讲说"为"以讲导学",变"默默聆受"为"研讨求索"。在这个过程中,大大削减教师讲的内容,代之以学生的主动学习和研讨。第二阶段始于 1992 年,这个阶段洪镇涛一直致力于中学生语言学习的研究,并在这个阶段提出"我们要改变以指导学生研究语言取代组织学生学习语言,以对语言材料的详尽分析取代学生对语言材料的感受和积累的做法,加强语感教学,采取'感受 – 领悟 – 积累 – 运用'的途径,为建构一个民主化、科学化语言教学新体系而努力"的口号,即语文教学的任务是培养学生的语感。

通过几年的摸索,他总结出了培养学生语感的四个步骤:第一步,是让学生通过听、看、读、说等途径,从总体上感受语言材料;第二步,是指导学生从语言运用的角度,深入品味语言,使学生进一步领悟语感;第三步,指导学生朗读重点段落,交流感悟心得,撰写语感随笔,从语言实践的角度习得语感;第四步,要求学生背诵课文,有计划、有意识地积累语言,积淀语感。

洪镇涛还设计了以学习语言为核心的七种课型,它们是:语言教读品味课、语言自读涵咏课、语言鉴赏陶冶课、书面语言实践课、口头语言实践课、语言基础训练课和语言能力测评课。

已故语文教育专家冯一先生把洪镇涛的语感训练概况为"拈、讲、点、拨、逗、引、合、读"八个字。"拈",就是对教学内容"拈精",拈出文章的精华部分,指导学生学习。"讲",就是教师的导学。"点",是在教学过程中,针对学生心理做画龙点睛的点染。"逗",就是于无疑处激疑。"引",就是引导学生的思维向深处延伸。"合",就是综合进行语文训练,使听、说、读、写有机结合。"读",就是重视阅读和朗读训练,一定要读出语言的韵味来。

六、大语文教育派

大语文教育派认为,语文学习不能只局限在课堂上,社会和家庭都是学习语文的重要领域,学校、社会、家庭语文教育共同完成对学生语文素养的培养。

大语文教育派以张孝纯、姚竹青、赵谦祥等人为代表。

张孝纯(1926–1992),河北丰南县人。河北省邢台市八中特级教师。河北省劳动模范,第六届全国人大代表。在全国中语会和河北省中语会任理事、顾问,在河北省、邢台市教育学会任理事、副会长等职。

张孝纯聪颖早慧,三岁时开始学习识字,六岁即能赋诗。加之博闻强记,从小就奠定了深厚的文学功底。1945 年入燕京大学文学院学习。但他立志献身教育事业，在大学二年级转入教育系，后因病辍学。1949 年 8 月起，他开始了四十余年的语文教学生涯，其间曾因被打成"右派"而下放。1979 年被评为中学特级教师。1983 年在邢台八中组织实验研究小组，主持"大语文教育"实验。几十年来发表学术论文近 50 万字，其"大语文教育"思想在全国中学语文界独树一帜。

张孝纯把语文教育放在一个大的背景下进行研究，其"大语文教育"包括"一体两翼"。其中"课堂教学"是主体，"开展课外语文活动"、"利用语言文字环境"是两翼，"一体两翼"大大拓宽了学生学习语文的领域。这种开放式的语文教育，强调整体性，强调从宏观着眼，取得最佳学习效果。比如，加强学校语文教育与社会、家庭语文教育的联系，加强语文学科与其他学科的联系，努力实现德、智、体、美、劳五育的和谐与统一，重视听、说、读、写能力的综合培养，注重知识、能力、智力的全面发展，探讨学生在学语文过程中的心理现象与心理规律等。

在教学内容方面，张孝纯除了利用统编教材外，还选编了四部"语文基本规律教程"；它们是《字法教程》、《词法教程》、《句法教程》和《篇法教程》。同时还选编了"参读文选"，作为课本的辅助读物，一般每学期编 20 篇左右，所选文章尽量与课内的重点课文相配合。在写作教学方面，张孝纯编写了《习作教学纲要》，与阅读教学相结合，形成一个纵横交错的写作训练系统，从命题到体裁、题材、中心思想、文章修改等，都有相应的训练重点，使学生能循序渐进地掌握写作的本领，避免了写作训练的盲目性。

在课外语文活动中，他重视学生对名著的阅读，开展名著阅读和研讨活动。他还非常重视班内语文环境的布置，比如班级的黑板报，有每周一诗、每日一字、每日一句名言警句，另外还有名人轶事、作家作品简介、学习方法指导、小知识、小幽默等内容。班级还有阅读与欣赏、报刊资料、学生习作等墙报专栏，大大开阔了学生的语文学习视野。

姚竹青，1937 年生，浙江临安人。早年毕业于浙江临安师范学校，后就读于铁道部太原铁路运输经济学校，1962 年调至铁路职工业余学校当教员，1977 年调入新乡铁路一中当初中语文教师。有《竹青丛书》八部共 120 万字。

姚竹青丰富和发展了张孝纯的大语文教育思想，他认为，大语文就是实用性的语文，小语文就是应试语文。大语文教育的主旨是培养学生的语文能力，教大语文，要育小能人。他所培养的语文小能人一要有较强的读书识字能力；二要能写得一手好看的钢笔行楷字；三要能讲得一口流利的普通话并养成讲礼貌语的习惯；四要能写表达真情实感而且有物有序的作文；五要能独自操办出图文并茂、小有美感的手抄报；六要能神态自如地登台作三五分钟的表情朗读和即席演讲。为此，他在初一上学期重点抓钢笔正楷字的训练；初一下学期重点训练学普通话、登台朗读、讲故事、办墙报；初二上学期重点训练学生办手抄报、演讲；初二下学期重点训练说和写的表达；初三把精力放在迎接中考上。他还在班级设立了许多"小协会"，如少年识字会、少年习字会、小作者协会、小报人会、少年朗诵演讲队、少年艺术团等。

姚竹青特别重视教师自身素质的养成，强调教师应该像游泳教练那样，带领学生"练"，在学生训练的过程中，教师要"下水"，让学生写作文，教师先做一篇范文，让学生练书法，教师要先练好书法。正是有了教师的率先垂范，才使得他用大语文教育思想教出来的学生能说一口流利的普通话，写得一笔好字，办手抄报，即席演讲，无不得心应手。

赵谦翔，1948 年生，吉林人，1968 年下乡，1971 年在农村当上了民办教师，1980 年调入吉林省永吉县五中，1988 年东北师范大学中文系函授本科毕业，同年调入吉林市毓文中学。吉林省劳动模范、特级教师、全国十大杰出中小学中青年教师，现为清华大学附属中学语文教师。

赵谦翔的大语文教育试验始于 1993 年，第一轮教改实验的题目是"扩展式语文教学实验"，1996 年又承担了第二轮语文教改试验，这是"九五"教育科学规划国家重点课题，侧重探讨"在语文教育中实现人的发展"。他把学生从狭小的语文课堂中解放出来，让学生在更为广阔的空间学习语文。

1996 年，赵谦翔接手毓文中学文科实验班班主任兼语文老师的工作。他在试验班搞了以下活动：一、开设《东方时空》课，让语文贴近生活。每天早晨 7 点到 8 点，实验班的同学收看中央电视台的"东方时空"节目，打破了学生"两耳不闻窗外事，一心只读应试书"的封闭式学习机制。一年以后，学生的精神面貌发生了巨大的变化，学生看了《东方之子》后表示："东方之子，从前我羡慕你，今天我学习你，将来我成为你。"《东方时空》课不仅在培养学生"做人"方面收到了显著的效果，而且在"作文"方面也大大丰富了自己的材料库，解决了学生由于缺少社会生活，致使作文无米下炊的尴尬。毕业前，每个学生都自编了一本《东方时空》感悟文集。二、开设文学精品课，让语文回归审美。赵谦翔在语文课之外开设了当代文学精品课，请同学们推荐好的精品时文，或请专家来校分析讲解这些文学精品，或师生共同研讨这些文章。文学精品课的开设，增加了学生的审美意识，实现了从"读死书"到"读活书"的转变。三、开设古典诗文课，让语文汲取国粹。赵谦翔非常重视"诗教"的作用，除了教科书中的古典诗文外，他还给学生设立了学习古典诗文的三个档次，供学生自己选择。其中低档，要背诵100首古诗，并能初步鉴赏。中档，背诵150首古诗，能作较深入的鉴赏。高档，背诵300首古诗，能作独到的鉴赏，并能独立创作出比较像样的旧体诗。四、开设班会感悟课，让语文走进心灵。班会感悟课是赵谦翔把语文教学与班主任工作嫁接而成的新课型。每次主题班会都要经过两轮循环，第一轮，教师以生动的演讲打动学生；第二轮，受老师演讲打动的学生写班会感悟文章。师生之间形成良性的精神激励，同时又是对学生听、悟、写三种能力的综合训练。班会感悟课大体每3周1次。五、让学生成为语文教改的主人。为了培养学生成为教改的主人，赵谦翔做了三件事。第一件，实行考试无人监考，确保学习的真实性，每次考试的真实性能达到98.5%以上，培养了学生诚实的品格。第二件，针对高中生课堂上不愿意发言的现状，组建了"课堂发言敢死队"，鼓励学生积极、大胆地发言，每周对发言情况进行讲评，营造了一种生动活泼的课堂教学氛围，增强了学生学习的主动性。第三件，培训"过河卒"部队，确保教改的自觉性。学生积极参与教改，并且写出了很多这方面的感悟文章，大大促进了学生思想的飞跃。

大语文教育的宗旨是把语文教育从课堂解放出来，在语文学习中开拓更广阔的视野，使学生从读死书转为读懂社会生活这本活的语文书。

七、反刍派

反刍式语文教学艺术流派是钟德赣所创。

钟德赣，湖南平江人，1940年10月生于江西上饶。广东省顺德市教研室主任，广东省中学语文特级教师。在多个学术团体中任职。主要著作有《反刍式单元教学研究》、《反刍式单元教学法学习指导》等。广东省劳动模范、佛山市优秀专家、专业技术拔尖人才。

反刍式单元教学法全称为"五步三课型反刍式单元教学法"。此教学流派以叶圣陶语文教育思想为指针，采用单元教学形式进行课堂教学。每个单元分为总览、阅读（导读、仿读、自读）、写说、评价、补漏五个步骤，每个步骤再分为自练、自改、自结三个课型。五步三课型反刍式单元教学法是为了培养学生"自能读书，不待老师讲；自能作文，不待老师改"，成为适应未来社会建设需要的合格人才。

所谓反刍，是指反刍类动物吃食物的方法。以牛为例，匆匆吃下草料，然后靠反刍将草料细咀慢嚼，充分消化。钟德赣把反刍的道理借用到语文教学中，通过反刍式的教与学，让学生充分吸收和消化知识营养，有效地提高学生的语文能力。

反刍式教学的基本程序为：

第一步：总览。总览是对全单元课文的整体感知。它要求学生在学习时先对此单元的全部课文观其大略，把握要旨。这一步又分为自练课、自改课和自结课。每一种课型都有相应的具体要求。

第二步：阅读。这一步是为了养成学生良好的读书习惯。其中又设计了导读——仿读——自读三个层次。每一个层次也是分为自练课、自改课和自结课。下面各步均设计这三个课型，后面不再一一赘述。

第三步：写说。写和说都是输出，一个是书面语言的输出，一个是口头语言的输出。写说步骤是由读到写的纵向迁移，是在实践中进一步将知识转化为能力。这一步分为课内写说和课外写说两个层次。强调学生的练口、练笔。

第四步：评价。这是对前面几个步骤中听读说写效果的检查。通过评价，可以及时反馈学生学习的效果，增加学生的学习兴趣。评价分两个层次：第一个层次是单课检测，第二个层次是单元检测。

第五步：补漏。通过评价反馈了学生的学习情况，对于遗漏之处，立刻补漏，使学生的知识和能力在单元学习中及时过关。

由于反刍式教学法有不断反刍和及时反刍的特点，所以能保证学生大面积提高学习质量。在反刍的过程中，设计者还注意了知识的迁移，从教读到自读，从已知到未知，从课内到课外，使学生对学到的知识和技能重新组合和扩大，培养了学生分析、判断、类推的能力。

八、语文教育民族化派

吉林省有一批语文教育理论研究者和实践者提出，中国的古代语文教育中，有一些优良的传统是应该继承下来的，这就是语文教育民族化派。

语文教育民族化派以张翼健、奚少庚、孙立权等人为代表。

张翼健，吉林省教育学院院长。奚少庚，原《吉林教育》杂志社编辑。二人多次撰文从理论上研究语文教育民族化问题，并编写了吉林省的初中语文实验教材，推行他们的语文教育民族化主张。

孙立权，1970 年生，辽宁省新民县人，先后毕业于沈阳市新民师范学校和东北师范大学中文系。现为东北师范大学附属中学高级教师，吉林省语文教学新秀和东北三省中青年语文十佳教师。有《〈论语〉拾读》和《中学生常用古典诗词读本》等著作及阐述语文教育民族化的论文数篇。

孙立权 1999 年开始实施"语文教育民族化"教改实验。他目前做五年制的初、高中连读实验班的班主任和语文老师，他在实验班搞的语文教育民族化实验有六项内容：

1. 批注式阅读实验。批注式阅读是古人的一种读书方式，批注式阅读实验就是要培养学生不动笔墨不读书的良好阅读习惯，让学生学会真正的阅读。

2. 名著阅读实验。每个学期和每个假期学生都要各读一部长篇或两部中篇名著，5 年总计要读 28 本名著。同时要在书中圈点批注，并写出有一定长度和深度的读书笔记。每学期开一个有规模的读书报告会，通过阅读名著，积累典范语言，积淀文化素养。

3. 背诵古典诗文的实验与研究。孙立权要求实验班学生每年背诵古诗词 100 首，5 年能背诵古诗词 500 首。

4. 科学的汉字识字教育。学习古人集中识字的办法，用一年左右的时间可以让小学生学会两千多常用汉字，提前进入读写阶段。对于中学生，要研究汉字的造字规律，体会汉字中独有的智慧，同时研究汉字的书写规则。

5. 书法教育。实验班学生人人练习书法，使钢笔字、毛笔字、粉笔字的书写达到相当高的水平。在练习书法的过程中，提升学生的审美能力。

6. 注重启迪学生灵性的作文教学。提倡写札记体作文，比前人更科学地概括出写文章的规则，用更合理的办法引导学生较快地对写作入门，免除他们的摸索之苦，同时注意在作文教学中启迪学生的灵性。

孙立权语文教学的风格以充满激情和开放创新见长。他的教学理念是"读书为明理，作文即做人"。他提倡语文教学要抓好"读、写、背、悟、行"，要继承古代语文教育中的优良传统，使语文教育在认识中华文化的丰厚博大、吸收民族文化智慧方面，在培植热爱祖国语言文字的情感方面发挥更大的作用。

九、快速阅读派

据联合国教科文组织统计，全世界的图书近两百年来增加了八百倍。从 1950 年到 1970 年的二十年里，图书给人们提供的信息相当于过去三千年各类读物所提供的信息的总和。即使一个科学家夜以继日地工作，也只能阅读本专业全部出版物的 5%。因此，提高阅读速度就显得非常必要了。快速阅读派就是在这样的大背景下产生的。

快速阅读派的代表人物是潘意敏、程汉杰等人。

潘意敏，1945 年生，上海市人。上海师大附中教师，全国速读中心副主任兼特邀研究员。发表了《托福考试和中文水平考试实验研究》、《高中语文速读实验研究》等几十篇论文，著有《速读方法与技巧》、《毛泽东青年时代》、《快速读书法》等书籍，主编了《中学作文辞典》等。

程汉杰，北京铁路二中语文教师。中学语文高效阅读研究中心研究部主任。有《实用快速阅读法》、《高效阅读能力训练》、《中学语文课高效阅读教程》（与张定远合编）等著作。程汉杰从 1985 年 9 月开始在北京铁路二中一个高中文科实验班搞快速阅读训练实验，每周训练一次，课外辅导练习，全班同学的阅读速度平均提高了 2.5 倍。第二次快速阅读训练实验在一个理科班进行，时间为一学期，个别学生可以达到每分钟读 3000 字以上。程汉杰从实践中总结出记时速读训练、固定程序速读训练、推断速读训练、面式速读训练、快速记忆训练等五种训练方法。他的速读训练经验先后被多家报纸转载。

1991 年 5 月，中国阅读学研究会在重庆成立，全国快速阅读研究中心也随之成立，快速阅读派迅速在全国形成燎原之势。有个别受训的学生，阅读速度可以达到每分钟一万多字。

快速阅读派通过对左、右脑的开发，实行全脑速读。并通过对眼睛扫视功能的训练，扩大读书时的有效视野，达到提高阅读速度的目的。

十、快速作文派

快速作文派的代表人物为杨初春。杨初春是湖南省新邵县一中语文教师，全国教育系统劳动模范。有《实用快速作文法》、《求异作文技巧》等专著。他从 1984 年开始研究快速作文法，经过十几年的努力，摸索出了"五步四法两课型"快速作文教学模式。即严格按照基础训练、思维训练、速度训练、技巧训练、综合训练五个步骤；写作周期限时、指导先实后虚、评阅浏览自改、训练分步强化等四种教学方法和写作实践型和理论指导型两种课型训练学生的快速作文能力。经过他的快速作文法训练的学生，都能达到 40 分钟写出 800 字文章的水平。著名语文教育家钱梦龙、欧阳代娜、魏书生等人都曾亲临现场，听杨初春讲快速作文法，并且当场命题,要求学生在 40 分钟内交出 800 字的作文。其中最快的学生 22 分钟写出了 885 个字,最后一名交卷的学生用 35 分钟写出了 1125 个字。杨初春所教的五届高中毕业班,高考语文成绩届届全县第一。有 170 多名学生在各类报刊上发表作品 200 多篇。

杨初春的快速作文法,除了五步四法两课型外,还包括快速审题十五法、快速构思十法、快速行文四法、快速修改四法、快速写景状物三法、快速抒情达意四法、快速记人记事三法、快速说理议论四法、快速写给材料作文三法、快速作文教学的八项注意等内容,是一项能切实提高学生作文能力和作文速度的有益试验。

十一、作文训练派

作文训练派是通过三级作文训练体系,从根本上提高学生写作能力的作文教学流派。作文训练派的代表人物是刘朏朏。

刘朏朏,1934 年生于北京,曾参加过解放战争和抗美援朝。1961 年毕业于北京师范学院中文系,毕业后一直从事中学语文教学工作。北京月坛中学特级教师。与丈夫高原共同合作了《作文入门》、《作文入门续编》、《观察与作文》、《分析与作文》等著作,并有《三级训练体系作文课本》、《三级训练体系作文课本教学研究》等。

刘朏朏的三级作文训练体系包括"三级六段四十四步"。实验对象是初中学生。其中"三级"指从初一到初三的三个年级,"六段"指初中阶段的六个学期,"四十四步"是指作文能力的训练四十四个要点。具体操作过程是:

初一训练学生的观察能力。其中上学期进行"一般观察"能力的训练,指导学生写"观察日记"。下学期是"深入观察"能力的训练,指导学生写"观察笔记"。每学期各有九个训练点。

初二训练学生的分析能力,采用写"分析笔记"的办法。上学期训练分析的认识、分析的方法、分析的角度。下学期训练分析的重点、分析的深入。上、下学期各有八个训练点。

初三训练学生的表达能力,用指导学生写"表达随笔"的办法。上学期进行语感训练,培养对语言的分寸感、畅达感、情味感和形象感。下学期是章法训练,包括角度、剪裁、层次、衔接等。上、下学期各有五个训练点。

作文三级训练体系首次把中学生作文能力的培养规范化、系统化、科学化。接受此项实验的学生作文能力和思维能力普遍得到了大幅度的提高,证明这项实验是可行的,是成功的。

附录一 宁鸿彬《蚊子和狮子》教学片断①

师：这则寓言的故事情节可以分为几个阶段？

生：可以分为两个阶段。第一个阶段说的是蚊子打败了狮子的经过，第二阶段说的是蚊子被蜘蛛网粘住的经过。

师：说得很好。你们能分别用四个字概括这两个阶段的内容吗？谁说说第一阶段怎么概括？

生：蚊胜狮子。

生：蚊胜雄狮。

生：蚊胜狮败。

师：说得都不错。咱们就说"蚊胜雄狮"吧。（板书）谁说说第二阶段怎么概括？

生：蚊败蛛胜。

生：蚊入蛛网。

生：蚊落蛛网。

师：说得也都不错。咱们就取"蚊落蛛网"吧。（板书）这则寓言中写的蚊子打败狮子和蚊子落入蛛网这两件事，都是偶然（板书）的事，对吧？（学生表示同意）谁知道什么叫"偶然"？

生：偶然就是不一定发生的事。

生：偶然就是可能发生也可能不发生的事。

师：很好！就是这个意思。你们知道什么叫"必然"（板书）吗？

生：必然就是一定会发生的事。

师：说得好！大家想想：蚊子打败狮子和落入蛛网都是偶然的事。那么，这两件偶然事情的结果产生的原因是什么呢？其中有没有必然的因素呢？

生：蚊子打败狮子是因为它不畏强暴，它若怕狮子就不会取得胜利。这就是必然因素。

生：还有一点必然因素是：蚊子抓住了狮子的弱点。要是不这样，也不会打败狮子。

生：还有一点。蚊子的力量小，它不是靠力量，而是靠智慧取得胜利的。

师：分析得都很好。蚊子不一定能够打败狮子，因为它的力量是有限的。但它动了脑筋，这就是这次胜利的必然因素。（在"蚊胜雄狮"后板书"智者胜"）好，

①宁鸿彬等.宁鸿彬中学语文教学改革探索.山东教育出版社，2003：96—98.

大家继续发表看法。

生：蚊子打败了狮子以后，骄傲了。它尽顾美啦，所以撞到了蜘蛛网上。这个结果，也是必然的。

生：骄傲者必然失败。

师：你们很聪明。骄傲自满、得意忘形是蚊子落入蛛网的必然因素。（在"蚊落蛛网"后板书"骄者败"）

师：通过以上分析，大家看到：蚊胜雄狮和蚊落蛛网这两件事既是偶然的，也是必然的。说它偶然是因为并不是蚊子一定能够打败狮子，并不是蚊子一定会落入蛛网，只是这只蚊子在这样的情况下打败狮子和落入了蛛网。说它必然，是因为蚊子善于动脑才打败了狮子，否则，就不一定是这个结果；是因为蚊子得意忘形才落入蛛网，否则，也不一定是这个结果。这就叫做必然性存在于偶然性之中。请同学们记住这个道理。如果你们在分析问题的时候，能够看到偶然事件中的必然因素，那就深刻了。

附录二　钟德赣反刍式语文教学艺术示意图[①]

纵的控制系统

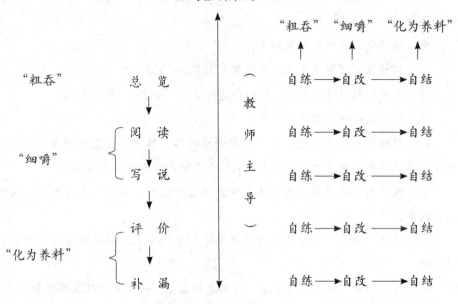

横的控制系统（学生主体）

---

①钟德赣等. 钟德赣中学语文反刍式单元教学法. 山东教育出版社，1999：96.

第二章　语文教师备课艺术

　　备课是教师上好课的前提和基础，备课质量的高低直接影响教师的讲课质量和学生的学习质量。备课时应该充分解读课程标准、钻研语文教材和了解学生的特点，在此基础上写出语文教案。

第一节　解读课程标准

一、语文课程标准的历史演化过程

　　"课程标准"一词，曾经有"章程"、"教则"、"课程纲要"、"课程标准"、"教学大纲"等不同的称呼。

　　1903年清政府颁布了《奏定学堂章程》，我国的现代新学制诞生了。从此，今天被称为"语文"科的"中国文字"、"中国文学"从哲学、史学、伦理学中分离出来，成为一门独立的学科。"章程"对语文学科性质、目标、内容、实施办法等也做了明确的规定。

　　在《奏定学堂章程》中，对"中国文学"的教学目标作了如下界定："其要义在使通四民常用之理，解四民常用之词句，以备应世达意之用。并使习通行之官话，期于全国语言统一，民志因之团结。"对"中国文学"课程的内容明确规定："教以作文之法，兼使学生作日用浅近文字"，"读古文，即授以命意遣词之法，使以俗文翻文话写于纸上、习楷书、习行书、习官话、作短篇记事文、说理文。"对课程的实施办法作了如下说明："读古文每日字数不宜多，止可百余字，篇幅长者分数日读之。"

　　1912年，改"章程"为《教育部订定小学校教则及课程表》，对语文课程的名称正式界定为"国文"。国文课程的目标是："国文要旨，在使儿童学习普通语言文字，养成发表思想之能力，兼以启发其智德。"对初等小学课程内容规定为："正其发音，使知简单文字之读法、书法、作法，授以日用文章，并使练习语言。"对课程实施办法也做了相应的规定。

1923 年，颁布了《国语课程纲要》，规定了国语课程的目标、作业类别、各学年作业要领、教学要点。并且对每一个学段的各部分目标明确注明了"学分支配"，是一个比较正规的课程纲要。

1932 年又颁布了《初级中学国语课程标准》，从此"课程标准"一词在大陆一直沿用到 20 世纪 50 年代，台湾则到了 2000 年才用"课程纲要"代替了原来的"课程标准"。这份课程标准由目标、时间分配、教材大纲、实施方法概要、附注等组成。

1956 年，我国制定了文学和汉语分科的教学大纲。从此"教学大纲"的名称一直沿用到 2001 年 9 月。随着《全日制义务教育语文课程标准（实验稿）》出台，废止了"教学大纲"的称呼，又改称"课程标准"。

新中国成立后，我国先后制定了多个语文教学大纲。其中 1956 年的汉语、文学分科型大纲由"说明"和"教学大纲"两部分组成。其中包括教学任务、教学内容、教材编写体系、文学教学法和课外参考书目以及补充说明等。

1963 年颁布的《全日制中学语文教学大纲（草案）》，包括如下内容：语文的重要性和语文教学的目的、教学要求、教学内容、选材标准、教学内容的安排、教学中应该注意的几点、各年级的教学要求和教学内容。

1978 年的《全日制十年制学校中学语文教学大纲（草案）》，是在粉碎"四人帮"以后，处于拨乱反正时期的过渡性大纲。其中包括：教学目的和要求、教学的内容和编制、作文教学、教学中的几个问题；还有两个附录，一是各年级读写训练要求和课文初选目录，二是关于语文知识教学的几点说明及语文知识短文在各年级的安排。

1986 年又制定了《全日制中学语文教学大纲》。内容包括：教学目的、教学要求、教材内容、作文教学、教学中应重视的问题、各年级语文基本能力和基础知识教学要求、教材基本篇目。

1990 年根据"加强思想政治教育"和"降低难度，减轻负担"的原则，对 1986 年的语文教学大纲作了修订，由教学目的、教学要求、教材内容、作文教学、教学中应重视的问题、各年级语文基本能力和基础知识教学要求、基本课文篇目组成。

1992 年的《九年义务教育全日制初级中学语文教学大纲（试用）》再次对语文教学大纲进行了修订。基本结构包括：教学目的、教学要求、教学内容、教学中要重视的问题、基本课本篇目。

1996 年又修改制定了《全日制普通高级中学语文教学大纲（供试验用）》。内容包括：教学目的、教学原则、课程结构和课时、教学内容和要求、评估和考试、教学设备，以及待补的两个附录：推荐选文篇目和课外阅读书目。

2000 年试用修订版初中语文教学大纲的结构是：教学目的、教学内容和要求、教学中要注意的问题、教学评估、教学设备、附录古诗文背诵推荐篇目。

2001 年颁布了《全日制义务教育语文课程标准（实验稿）》（后文简称《义务教育课程标准》），2003 年颁布了《普通高中语文课程标准（实验）》（后文简称《高中课程标准》），这两个课程标准的颁布，正式拉开了建国以后第八次课程改革的序幕。

二、解读语文课程标准

无论是"语文教学大纲"还是"语文课程标准"，都是中华人民共和国教育部制订的教学指导性文件，是教材编写者和教师教学的指南，也是检查和评价教材编写质量和评估教师教学质量的依据。语文教师备课时，一定要反复研读语文课程标准，体会新课程改革的精神，在充分理解语文学科课程标准的基础上，制订出本学期或本节课的教学计划。对语文课程标准的解读，应该注意以下几点：

（一）解读语文学科的性质

建国五十多年来，对语文学科的性质，虽然存在着这样或那样的争论，但在教学大纲中，它一直被定位为工具性学科。直到 1996 年的《全日制普通高级中学语文教学大纲（供试验用）》，才把语文的性质定位为："语文是最重要的交际工具，也是最重要的文化载体。"在 2001 年《义务教育课程标准》和 2003 年《高中课程标准》两部课程标准中，进一步明确了"语文是最重要的交际工具，是人类文化的重要组成部分。工具性与人文性的统一，是语文课程的基本特点"。

语文学科性质的重新定性，对语文教学的意义是非常重大的。语文的工具性决定了语文教学应该着眼于培养学生运用语文的能力，突出了语文学科实践性的特点。语文学科的人文性，着眼于语文课程对于学生思想感情的熏陶感染作用，突出了该学科人文性的特点。也就是说，在学习语文这个工具时，一定会接触到各式各样的思想，只有把工具性和人文性统一起来，才真正达到了语文教学的目的。

（二）解读语文课程的基本理念

在《义务教育课程标准》中提出了以下四个基本理念：

（1）全面提高学生的语文素养

这里的"语文素养"包括的内容比"语文能力"要宽泛。"语文能力"指学生通过学语文而掌握的听、读、说、写能力和阅读简易文言文、使用工具书的能力等，重在功用性。而"语文素养"包括字词句篇的积累、语感、思维品质、语文学习方法和习惯、识字写字、阅读、写作和口语交际的能力、文化品位、审美情趣、知识视野、情感态度、个性和健全的人格、思想观念等内容，不仅具有功用性，而且还有非功用性。"语文能力"只是"语文素养"的一部分。

（2）正确把握语文教育的特点

语文学科的性质，决定了语文教育有三个特点。第一，语文具有丰富的人文内涵，因此它对学生精神领域的影响是深广的、多元的，应该尊重学生在学习语文过程中的独特体验；第二，语文教育有很强的实践性，应该让学生更多地接触语文材料，在实践中培养学生的语文能力，不宜刻意追求语文知识的系统和完整；第三，根据汉语言文字的特点，重视培养学生的良好语感，注意对课文整体把握的能力，注意对学生思维品质的影响。

（3）积极倡导自主、合作、探究的学习方式，强调语文的综合性学习

学生是学习和发展的主体，语文课必须关注学生的个体差异，满足不同学生的学习需求。所谓自主学习，是指学习主体有明确的学习目标，对学习的内容和过程有自觉的意识和反应。所谓合作学习，是指学生为了完成共同的任务，有明确分工和责任的互助性学习。所谓探究式学习，是指学生能独立地发现问题，获得自主发展的学习方式。所谓综合性学习，提倡语文知识的综合运用、听说读写能力的整体发展、语文课程与其他课程的沟通、书本学习与实践活动的紧密结合等。

（4）努力建设开放而有活力的语文课程

语文课程应植根于现实，面向世界，面向未来。语文教学再也不应该是一本书、一支粉笔、一块黑板那样简单了，应该把现代科技手段运用到语文教学中来，在学科的交叉、渗透和整合中开阔学生的视野。同时语文课应该满足不同地区、不同学校、不同学生的需求，在变革和发展中，增强自身的活力。

高中阶段在初中语文课程理念的基础上，从知识与能力、过程与方法、情感态度和价值观三个维度，又提出了三点意见：

（1）全面提高学生的语文素养，充分发挥语文课程的育人功能

高中阶段正是学生世界观形成的关键时期，语文课程对学生世界观的形成，对学生独特个性品质的养成都负有直接的责任。因此，高中语文课一项很重要的任务，就是在继续全面提高学生语文素养的同时，充分发挥语文课程的育人功能，使学生成长为健康的人。

（2）注重语文应用、审美与探究能力的培养，促进学生均衡而有个性地发展

这里面实际包括三个内容：一是强调高中语文的应用性，学语文要与社会的发展、科技的进步联系起来，从中养成认真负责、实事求是的科学态度；二是在语文教学中促进学生的知、情、意全面发展，培养学生的审美品质；三是要培养具有敏锐的思想，富有探索精神和创新能力，以适应未来社会发展的需要。

（3）遵循共同基础与多样选择相统一的原则，构建开放、有序的语文课程体系

语文课程应该精选学习内容，变革学习方式，使全体学生都获得必需的语文素养；同时要顾及每名学生的个性差异，促进学生特长和个性的发展。高中语文课程应该在有相对稳定结构的基础上，形成弹性的实施机制，建设开放、多样、有序的语文课程体系。

（三）解读语文教学目标

课程目标是《语文课程标准》的第二部分。在义务教育阶段，它分为总目标和阶段目标两部分。在高中阶段，它分为必修课程目标和选修课程目标两部分。下面分别述之。

义务教育阶段语文教学的总目标共分十项，其中前五项是从宏观角度谈语文教学要培养学生的语文素养，侧重点在"情感态度和价值观"、"过程和方法"两个维度，这五项包括：学生的道德情操、文化品位、审美情趣、对待古今中外不同文化的要求、关于学习态度和学习方法、关于思维品质和科学精神、关于学习语文重在探究、重在实践等。后五项目标是关于具体的语文能力培养的问题，侧重在"知识和能力"这个维度。它们包括：关于汉语拼音、识字和写字能力，关于阅读能力，关于写作能力，关于口语交际能力，关于工具书的使用和搜集处理信息的能力等。

义务教育阶段共分为四个学段，其中1～2年级为第一学段、3～4年级为第二学段、5～6年级为第三学段、7～9年级为第四学段。每个学段都从"识字与写字"、"阅读"、"写作（或写话、习作）"、"口语交际"、"综合性学习"五个角度提出了不同的阶段性目标。在备课时，语文教师应熟悉自己所教年级的语文阶段性目标。

高中阶段课程的总目标为五个方面。

一是积累与整合。它一方面强调语文学习要重视积累，另一方面强调要通过对语文知识、能力、学习方法和情感、态度、价值观等方面要素的整合，切实提高语文素养。

二是感受与鉴赏。高中阶段的语文教材，文学作品所占比重较大。在学习文学作品时，强调对作品语言、思想、艺术魅力的感受能力。同时能够鉴赏文学作品中表现出来的多彩人生，提升学生的审美境界和道德修养。

三是思考与领悟。语文应该引发学生的思考，与文本展开对话，领悟作品中的人生价值和时代精神，培养学生的社会责任感。同时要养成独立思考、质疑探究的习惯，培养学生思维的严密性、深刻性和批判性。

四是应用与拓展。学习语文，特别强调要在实践中应用语文。同时要拓展语文学习的领域，提高语文综合应用能力。

五是发现与创新。语文学习提倡个性的张扬，要始终怀着强烈的好奇心和浓厚的兴趣，发现新的问题，敢于探异求新，尝试用新的方法，进行思维的创新、表达的创新。

以上五个方面的课程总目标，迥于以往高中阶段语文教学目标，它站在时代的高度，对高中语文教学提出了更宏观的设想，尤其强调对学生思维品质的培养，提倡让学生在独具个性的思考中，拓展语文学习的领域。

高中语文教学还从必修课程和选修课程两个方面分别提出了不同的教学目标。这些目标非常具体，有较强的可操作性。

其中必修课程目标分为"阅读与鉴赏"、"表达与交流"两个板块，第一个板块有 12 项目标，第二个板块有 9 项目标，限于篇幅，这里不再赘述。

选修课程目标分为"诗歌与散文"、"小说与戏剧"、"新闻与传记"、"语言文字应用"、"文化论著研读"五个板块，每个板块有 4 - 7 项具体的教学目标。

高中语文教师在备课时，一定要对高中阶段语文教学目标的精髓理解到位，使新课程标准的精神能更好地落实到语文教学实践中。

(四) 解读"实施建议"

义务教育阶段和高中阶段的语文课程标准第三部分，均为实施建议。包括教材编写建议、课程资源的开发与利用、评价建议和教学建议四个方面。这些建议都是非常具体的，语文教师在备课时，对这些问题也应该予以关注。

课程标准的附录部分列出了诵读篇目和课外读物的建议。义务教育课程标准还列出了语法修辞知识要点，高中部分列出了选修课程举例。

课程标准是站在与世界教育接轨的高度制定的，它的很多教育理念都是非常先进的，很多提法都是以前的教学大纲所没有的，因此需要语文教师充分解读新课程标准，使自己的教育理念与新课程标准的教育理念相契合，才能把新课程标准的精神落实到教学实践中去。

第二节　钻研中学语文教材

深入钻研教材，是上好课的前提和保证。教材有广义和狭义之分。广义的教材包括教科书、教学参考书、课外读物、音像资料等；狭义的教材，则是指教科书。本节阐述的教材，是指狭义的教材。教师在使用教材备课时，应从以下几方面着眼：

一、了解课程标准中对语文教材的编写要求

《义务教育课程标准》对教材的编写建议共有九条，大体可以归纳为教材编写的指导思想、对入选课文的要求和教材的使用三个方面。《高中课程标准》对教科书编写建议是十条，与《义务教育课程标准》的要求基本相仿，但增加了"现代信息技术运用"、"必修课教科书"和"选修课教科书"等内容。

因为教材是在课程标准的指导下编写的，所以语文教师必须了解课程标准对教材的编写要求，达到不仅能对自己使用的教材知其然，而且能知其所以然。能站在更高的层次看语文教材，讲起课来才会得心应手，游刃有余。

二、了解教材编写者的编写意图

目前我国中学语文教材是"一纲多本"，即在同一教学大纲或课程标准下，会有不同版本的教材同时在全国发行使用。不同出版社出版的语文教材，由于编辑思想和编辑意图不同，入选的课文、教材编写的体例等，都会有很大的差别。尤其是新课程标准颁布后，没有了教材基本篇目的限制，各种版本教材的差异更为明显了。

目前经全国中小学教材审定委员会2001年初审通过的7－9年级语文教材一共有三套，它们分别是由人民教育出版社、江苏教育出版社、语文出版社出版的。如果教师能有条件弄到这三套教材，认真比较一下编者写给同学们的前言，就能体会到三家出版社不同的编写意图。但是，这三家出版社的前言部分，主要是写给中学生看的，所以对编辑意图交代得较为笼统。相比之下，高中语文教材的编写意图就交代得非常清楚。

经全国中小学教材审定委员会2002年审查通过的高中语文教材只有人民教育出版社的版本，这套教材目前还没有出齐，但编辑所写的"说明"部分，却对这套教材的编写意图交代得非常明确。它分为"阅读"、"写作、口语交际"、"综合

性学习"三部分，介绍了它们各自分为几个阶段，每个阶段的结构、教学目的、教学方法、使用时的注意事项等。了解这些内容，对通读整套教材，了解整个高中阶段语文学习的大体内容，是非常有益的。

三、钻研教材的步骤

钻研语文教材，最科学的办法是先通读整个初中或高中的全部语文教材，然后熟读自己正在执教的当册教材，再研究本单元课文，最后精读单篇课文。

1. 通读整套教材

按照一般情况，初中教师接手一个班级，往往会从初一年级教到初三年级，高中教师亦然。因此，通读自己所教学段的全部语文教材，是十分必要的。这样可以对整套教材的阅读体系、写作体系、口语交际体系和综合性学习体系有一个全面的了解。对各册之间的联系、对每册中的单元设置、对学生语文素养训练点的安排规律等，有一个通盘的认识，从宏观上把握整套教材的体系。在此基础上再研究一册教材时，就不会因为"只缘身在此山中"而"不识庐山真面目"了。

当然，在通读整套教材的基础上，如果能再向前后延伸，效果会更理想。以初中语文教师为例，把对教材的研究延伸到小学高年级语文教材和高中语文教材，对教材的过渡与衔接有更多的了解，不仅能明确知道哪些知识是学生在小学阶段已经学过的，哪些是他们还未接触过的，而且对帮助学生完成从小学阶段向初中阶段的过渡是非常有益的。同样，对初三学生来说，一个熟悉高中教材的教师可以帮助他们为下一步的学习打下坚实的基础。

2. 熟读整册教材

语文教师应该在开学前，熟读新学期所要教的当册教材，对本学期的整个教学活动有一个总体安排。熟读整册教材，要弄清楚本册教材的内在逻辑，理清整个学期的教学思路。另外还要清楚本学期的教学重点和难点，单元与单元之间的组合方式、内在联系等。同时，对书中插入的具有补白性质的知识小短文，以及全书最后的附录都应该有所了解，这些内容和课文是同等重要的，也是全书的有机组成部分，不是可有可无的东西。

3. 研究一个单元的课文

目前国内中学语文教材，都是按单元编排课文。有的教材是以文体为单元编选课文，有的教材是以话题为单元编选课文。不论哪种版本的教材，在每个单元前面都有单元提示，教师一定要认真研读单元提示，把握本单元的教学内容、教学重点、教学难点和教学要求。然后根据单元提示，统筹处理整个单元的课文。

除了阅读单元提示、阅读单元中的每篇课文外，还要注意课文后面的单元知识短文或其他内容。以初中语文教材为例，人民教育出版社和语文出版社在单元最后安排的是"写作、口语交际和综合性学习"，江苏教育出版社在单元后面除了安排"写作、口语交际、综合实践活动"外，还在不同的单元后面分别安排了"名著推荐与阅读"、"诵读欣赏"、"专题"等内容。

4.精读单篇课文

语文课的学习是由一篇篇课文累积起来，然后到单元、然后到整册书，然后到整个学年乃至整个中学阶段的。因此，教师备好每一篇课文，上好每一节课，是搞好语文教学最基本的保证。

在有课文提示的情况下，阅读课文提示是精读单篇课文的第一步。人民教育出版社在每篇初中课文前面都加了课文提示，高中教材则没有课文提示。江苏教育出版社和语文出版社没有课文提示。

第二步是精读整篇课文。仔细研究作者在课文中要表达的思想、内容、观点等，理解作者的思路，找出教学的重点和难点。同时要仔细阅读课文注释，力求弄懂每一个能够想到的问题。

第三步阅读课后的思考练习，明白训练的重点和训练的方法。

第四步，如果在思考练习题后面带有补白性质的短文的话，也应该研究这些短文，因为它们常常是课文的重要补充。

在钻研课文时，应该注意先认真研读课文，把课文全部弄清楚之后，再去看教学参考书一类的东西，千万不要本末倒置。有些教师喜欢先看教学参考书，看看别人是怎样分析课文的，然后再去看课文。这样做，不仅不利于教师素质的迅速提高，而且容易受别人想法的束缚，很难在讲课时，讲出自己的风格来。

第三节　了解学生

语文教师备课时，还要了解学生的特点，这对上好语文课是非常重要的。因为学生是学习的主体，是教师工作的对象，教师的一切教学活动都是围绕学生进行的。了解学生包括以下几方面：

一、了解学生的语文素养

即使是同一位老师教出来的同一班级的学生，每个人的语文素养也是不一样的，甚至还有很大的差距。语文老师应该对学生字词句篇的积累、思维品质的养成、语文学习习惯、学习方法、听说读写能力的程度、审美情趣、知识视野、情感态度、思想观念等有深入的了解，做到心中有数。知道哪些东西是学生已经学会了的，哪些是他们还没有掌握的，教起课来有的放矢，就会取得比较好的课堂教学效果。

二、了解学生的学习态度和学习兴趣

对语文科的学习，有些学生喜欢，有些学生不感兴趣。要了解那些不喜欢学语文的学生心里的真实想法，针对他们的心理活动，设计让学生感兴趣的课堂教学内容和方法。即使是喜欢学语文的同学，也要了解他们对教师讲课的要求和希望，了解他们在学习中会遇到哪些疑点和难点。如果能针对学生不同的学习心理，设计能引起他们学习兴趣的教学内容，对端正学生的学习态度，提高学习质量，是很有帮助的。

三、了解学生的性格特点

语文教师应该对自己所教的学生的性格特点有所了解。有些学生性格外向，思维活跃，上课爱动脑筋，积极发言；有些学生性格内向、腼腆，虽然也能按照教师的要求积极思考问题，但不肯主动举手发言；有些学生注意力差，上课精力不集中，不能按照教师的要求积极思维；有些学生约束自己的能力差，上课不注意听讲，不愿意思考教师提出的问题。如果对每个学生的性格特点都有较深入的了解，上课时，教师就可以用不同的方式启发学生主动学习。

四、了解学生的家庭状况

家长的文化水平、生活习惯、性格、修养等，会潜移默化地对学生产生影响，家庭教育是学校教育的重要补充和延伸。教师可以利用谈话、调查、家访等方式，尽量全面地了解学生的家庭状况，把它作为备课时的参考内容之一，避免在课堂上出现令学生和老师都感到难堪的问题。比如有一位教师在课堂上布置了一篇作文——《我的父亲》，但他发现一名男生坐在那里，一直不肯动笔写作，他走过去进行了批评，想不到这位同学放声大哭。原来他的父亲不久前刚刚去世，教师不了解情况，引起了这位同学的伤心。如果能换个题目，就不至于发生这种事情。

总之，尽量细致地了解学生各方面的情况，对上好课是非常有益的，了解学生，也是所有教育工作者的责任。

第四节 编写教案

　　教案是教师上课时用的方案。教案编写得好坏，直接影响课堂教学的效果。教案编写虽然因人而异，但大体上还是有一些固定的内容。初学者应该先从最基本的东西学起，等有了较丰富的教学经验后，再尝试写一些有个性的教案。

一、教案的类型

1. 详案

　　详案内容详细、具体，其详尽程度几乎近于讲稿。教师在课堂上预备讲的内容，包括作者介绍、背景介绍、生字生词、段落分析、中心思想、写作特点、课后练习、板书设计等等，一应俱全。刚毕业的学生，写详案比较恰当。即使做过多年教师，第一次接触到的课文，也比较适宜写成详案。

2. 略案

　　略案文字简练，篇幅比较短小，只要写出教学的主要步骤，或者对教材的梗概分析即可。它编写时省时省力，使用时层次清楚，一目了然。适于有比较丰富的教学经验，而且对本篇课文比较熟悉的教师使用。

3. 微型教案

　　微型教案也称卡片教案。它把某些教学要点简要地写在一张卡片上，夹在书中或置于讲台上，根据卡片上记的要点，安排讲课的内容。一般说来，微型教案不能当作独立的教案使用，它可以配合详案或略案使用，是后者的某一方面的补充。

二、教案的格式

　　教案一般应该包括下列内容：

1. 课题

　　在阅读教学中，课题即课文的标题，它写在教案第一行正中的位置，课题的下面写上作者的名字。在作文教学中，课题即该次作文的题目。在口语交际中，课题应该是此次口语交际训练的话题或内容。在综合性学习中，课题即综合性学习的主题。

2. 教学目标

　　教学目标包括语文德育目标、知识目标、能力训练目标、智力开发目标等。一篇课文教学目标的设定不要贪全、贪大，最多设置三至四个教学目标。教学目标的设定，可以参考教材中的单元目标，如果有课文说明的话，也可以参考课文前面的说明。

3．教学重点和难点

教学重点和难点，可以分项列出。教学重点不可过多。教学难点的确定要根据学生的实际情况，有些问题在甲班可能是难点，在乙班未必是难点。教师在备课时，充分了解了学生的实际水平，灵活掌握教学的重点和难点。

4．课型

课型指根据教学任务的种类。一堂课里完成两项以上的教学任务，叫综合课，一节课只完成单一的教学任务，叫单一课。根据讲课内容，也可以分为新授课和复习课、阅读课或写作课，或者自学课、教读课等。

5．教学时数

用简短的语言标明本篇课文所需要的教学时数。

6．教学方法

一般来说，一节课只用一种教学方法的情况比较少，大多数是几种教学方法一起使用。比如进行作者介绍时，可以用讲述法。分析课文时，可以用问答法、研究法等。

以上是教案设计的"案头"部分，它可以在固定的教案本上用表格的形式印刷出来，在相应的位置上用简单的文字填上即可。也可以根据实际教学需要，选取其中的某几项。但课题、教学目标这两项是必不可少的。下面是教案编写的具体内容，根据课型的不同和教师的不同，这一部分的差异会很大。

7．教学过程

教学过程也可称为教学步骤、教学程序。它是教师在课堂上讲课的具体内容，也是教案编写中用笔墨最多的地方。有的教案为了醒目，也把教学过程分步骤列出来。教学过程的设计，一定要方便使用。

8．练习设计

为了巩固课堂所学的知识，并把知识转化为学生的语文能力，一般都要有相应的作业练习。为了使练习更规范、更有效率，语文教师在备课时，就应该设计好该课的练习题，并把它附在教案的后面。

9．板书设计

板书设计可以写在教案相应部分的右侧空白处，也可以写在教案的最后。写在教案空白处的板书，比较灵活、即时性好，但不够完整。写在教案最后的板书，由于比较集中，能看出一节课板书的全貌。刚刚执教的新人，还是设计整体的板书比较适宜。

10. 教学后记

教案中一定留出写教学后记的位置。教完一节课后，尽快把当堂课出现的问题或教师的心得写下来，可备以后查考。写得好的教学后记，还可以作为教学研究小文章发表。

进行教案编写时，有几个环节是需要特别注意的，例如导语的设计、提问的设计、练习的设计、板书的设计。下面分别对这几个环节加以介绍。

三、导语的设计

导语是教师讲课的"开场白"。俗话说"良好的开端是成功的一半"，导语设计得成功与否，直接影响整堂课的教学效果。成功的导语应该能够迅速调动和激发学生的学习兴趣和求知欲望，为学习新知识做好精神准备。导语只是一个开头，占用时间不能过长，以三分钟左右为宜。下面分别介绍几种常见的导语设计模式。

1. 悬念式导语

悬念式导语是指教师根据教学内容的需要，有意识地设置悬念，制造矛盾，使学生产生种种疑团，激起他们追根溯源的愿望。悬念式导语的作用有两个，一是激发兴趣，二是启迪思维。

魏书生在讲《论语六则》时，设计了下面的导语：

火之光、电之光能照亮世间的道路，思想之光能照亮人们的思想。谁是世界上最伟大的思想家呢？联合国教科文组织确定了全世界最伟大的十位思想家，例如牛顿、哥白尼……谁知道这十位思想家中谁排在第一位？（可让学生们稍议论一会儿）他就是我们中国的孔夫子。

2. 趣味式导语

趣味式导语是根据青少年好奇心强的特点设计的导语。兴趣是最好的老师，如果导语能引起学生的学习兴趣，那么就能在上课伊始，紧紧地抓住学生的注意力，使后面的内容顺利地进行下去。趣味式导语可以是一段有趣的故事，也可以是谜语、诗歌，或者引人注意的消息等。

例如，一位教师针对学生不愿意学习文言文的情况，一走进教室，就煞有介事地向全班同学宣布："'天外来客'大约在900多年前曾经莅临我国！"同学都被这个消息惊呆了，目光刷地一下子集中到老师的脸上，这时，教师不紧不慢地拿出一块抄着一段文言文的小黑板，指着上面的文字说："这就是证据。"小黑板上抄录了《梦溪笔谈》第369条。学生们争相研究小黑板上的文言文，读得懂的兴致勃勃地分析，半懂不懂的急得抓耳挠腮。教师趁机转入到课文的学习。

3. 开门见山式导语

开门见山式导语是指教师用最直截了当的语言点明主题，介绍本节课的教学目的、教学要求或教学内容。例如山东省胜利油田二中赵雷老师在《灯》这一课设计了下面的导语：

同学们，这节课我们学习巴金的散文《灯》。

巴金已经88岁高龄了，重病在身，仍执着地握着他那探求真理的笔。从三四十年代蜚声文坛的《家》、《春》、《秋》，到八十年代颇有争议的《随想录》，作家走过了一条艰难曲折的文学之路，献出了一颗赤诚的爱国之心，留下了一笔丰厚的精神财富。

50年前的巴金是个什么样子呢？通过这篇散文，我们将了解中年时期的巴金在民族危亡时刻心灵的呼声，感受他那载着历史重负的脉搏的跳动。

4. 直转式导语

教师运用直截了当的语言，从旧课的内容直接转入新课；从已知转入未知；从一种文体转入另一种文体；从一位作家的作品转入另一位作家的作品，这种导语叫直转式导语。直转式导语把新旧知识自然衔接，便于学生温故而知新，顺利地实现知识的迁移。于漪老师《风景谈》一课的导语是这样设计的：

说也奇怪，文艺作品就是有难以磨灭的魅力。一旦某个动人的形象进入脑海，往往会常忆常新，经久不忘。不信，请同学们试试看。初中时候，我们学过一篇《白杨礼赞》，请同学们或用文中语句或用自己语言描述一下白杨树的形象。（请三五同学描述）

大家说得很好。白杨树是力争上游的树，笔直的干，笔直的枝，枝枝叶叶团结向上。白杨树伟岸，正直，质朴，严肃，也不缺乏温和，挺拔而坚强不屈，是树中的伟丈夫。作者塑造这样的形象寓意何在呢？我一"点"，你们准知道。（学生回答）以白杨树象征敌后根据地共产党领导下的抗日军民，讴歌他们倔强挺立，不屈不挠的精神。

今天，我们学习茅盾同志另一篇著名散文——《风景谈》。这篇文章写于1940年12月，在《白杨礼赞》前。文中主要描写了延安新气扑面的风光，勾画了好些启人深思的形象。让我们细读深思，作者在文中描绘了哪些"风景"，表达了怎样的写作意图。

5. 情境式导语

情境式导语指教师用生动的语言，进行直接描绘，或者借助其他手段，创设一种情境，使学生在思想上产生共鸣。如《祝福》的导语：

大雪漫天，狂风怒吼，爆竹声声。在现代文学人物画廊里，艰难地走出一位衣衫褴褛、面容憔悴、神色悲哀、白发蓬松、目光呆滞的四十上下的女人。那又瘦又长的左手提着一个装着只破碗的竹篮，干枯的右手拄着一支下端开裂的长竹竿。她，就是祥林嫂——鲁迅著名小说《祝福》中的主人公，一个惨遭封建宗法思想和封建礼教迫害的旧中国农村劳动妇女的典型形象。今天我们就来学习鲁迅先生 1924 年 3 月 25 日发表在《东方杂志》上的小说——《祝福》。(板书)

6. 抒情式导语

抒情式导语指教师用抒情的语言感动学生，使学生产生阅读原文的愿望。如东北师大附中陈凌云教师设计的《济南的冬天》的导语：

一个热爱生活的人，珍惜着生命的分分秒秒；一个热爱祖国的人，赞美着祖国的草草木木、山山水水。他们爱万物萌动的春天，爱娇美炽热的夏天，爱硕硕金果的秋天，也爱深沉含蓄的冬天。祖国幅员广大，美景万千，即使是同一个季节，各地的景色也迥然有别。怎样才能描绘出某个地方、某一时令的景色特征呢？老舍先生的《济南的冬天》为我们提供了一个范本。

7. 背景介绍式导语

从介绍课文背景入手设计导语，可以使学生了解一些背景材料，加深学习印象。东北师大附中刘士俊老师讲授《记一辆纺车》时，设计了如下导语：

《记一辆纺车》选自 1961 年 4 月《人民文学》。它从一个侧面反映了延安军民大生产的伟大运动。这篇文章发表于 1961 年，当时我国正遭受三年严重的自然灾害，赫鲁晓夫集团撤走了帮助我国进行经济建设的苏联专家，撕毁了签订的合同，再加上我们指导工作上的缺点错误，所以造成了国民经济暂时困难的局面。在困难面前应该抱什么态度？《记一辆纺车》的写作目的是要回答这一问题。

8. 审题式导语

从研究课文标题入手设计导语，因为好的标题可以直接揭示文章的内容或者作品的主题。例如程翔老师《庖丁解牛》一课设计的导语：

师：我先提一个小问题，请同学们回答。本文的题目"庖丁解牛"这四个字怎么解释？

生：庖丁宰牛。

师：正确吗？

生：一个姓丁的厨师宰牛。

师：是姓丁吗？

生：名丁。

师：是宰吗？

生：是肢解、分割。

师：宰和肢解的区别是什么？

生：宰是把活牛杀死，肢解是把已死的牛分割。

师：对。"庖丁解牛"就是一个叫丁的厨师肢解牛。那么，文中直接描写庖丁解牛的文字是什么？（以下进入课文的学习）

9. 实验式导语

实验是理科常用的教学手段，在语文课上，也可以借助实验导入课文的学习。因为实验具有直观性，非常形象，容易在学生头脑中留下深刻印象。如《死海不死》的导语设计：

同学们，我手里有一只鸡蛋，讲台上放着一杯清水，如果我把鸡蛋放进水中，它会怎么样？（动手操作，鸡蛋沉入水底）谁能让鸡蛋不沉入水底？（经过讨论，有人提出往水中加盐的办法）好，我们现在试一试同学提出的方法。（徐徐往水中加盐，并不停地搅拌，直至鸡蛋浮到水面为止）大家想一想，为什么水中加了一定数量的盐，鸡蛋就浮起来了？（同学们讨论原因）大家再想一想，人能不能也像这只鸡蛋一样，一动不动地漂在水面上呢？世界上还真有那么一处湖水，人可以躺在水面看书，一点儿也不用担心沉下去，这个地方就是"死海"，今天我们来学习《死海不死》。

四、提问的设计

宋代朱熹说："读书无疑者，须教有疑。有疑者却要无疑。"提问可以引起学生的思考，培养学生的思维能力。提问可以集中学生的注意力，是组织教学的手段之一。提问还可以帮助学生了解教材的重点，提高学习效率。通过提问，师生得到反馈，以便及时调整教学内容和教学进度。提问还能促进师生之间的交流，培养学生的课堂参与能力。在课堂上，教师和学生都可以提出问题。

提问的类型可以有以下几种：

1. 记忆性提问

这类提问考查学生对知识的记忆情况。答案比较现成、单一。如：请同学背诵上节课学过的古诗、请回答本文的作者是谁等。记忆性提问一般用于讲授新的教学内容之前，通过记忆性提问复习旧知识，为讲授新知识打下基础。由于记忆性提问只能再现已知，不需要学生进行深入的思考，所以一节课如果记忆性提问过多，不利于对学生思维品质的培养。

2．理解性提问

理解性提问要求学生经过认真的思考后，用自己的话对事实、事件进行描述，弄清楚知识本身的含义。如教《孔乙己》一文时，教师可以提出如下问题：

①这篇小说以什么为标题？

②孔乙己是主人公的名字吗？

③为什么一个自认为满腹学问的人，竟连一个名字也没有呢？

3．分析性提问

分析性提问是引起学生思考的提问，学生在回答问题时，要弄清事物之间的联系，进行适当的推论，找出答案。例如《孔雀东南飞》的提问：

师：刘兰芝既然是在各方面都无可挑剔的好媳妇，那婆婆为什么还要赶她走呢？

甲：刘兰芝没生孩子，不孝有三，无后为大。

乙：焦母看上了比刘兰芝更好的东家之女，她喜新厌旧。

丙：兰芝太能干，显得婆婆太无能了，面子上过不去。

丁：焦母与兰芝志趣不和，脾气不相投。

戊：焦母与儿子多年相依为命，不愿让兰芝夺走儿子对自己的感情。

师：同学们说的有一定的道理，已经抓住了作品的主要内容，但都是就某一侧面而谈，没有注意作品的中心思想。全诗通过记述刘兰芝和焦仲卿的爱情悲剧，歌颂了他们的忠贞爱情和反抗精神，同时也暴露了封建家长制摧残青年的丑恶本质。而焦母的所作所为正处处体现着一个封建家长的极端蛮横无理，独断专行。

4．激疑式提问

激疑式提问是从学生看起来无疑的地方找出疑问来，调动学生的思考。例如钱梦龙老师讲授《愚公移山》一课，有下面的提问：

师：那个遗男有几岁了？

生：七八岁。

师：你又是怎么知道的！

生：从"龀"字知道。

师：噢，龀。这个字很难写，你上黑板写写看。（生板书）写得很好。"龀"是什么意思？

生：换牙。

师：对，换牙。你看这是什么偏旁？（生答"齿"旁）孩子七八岁时开始换牙。同学们不但看得很仔细，而且都记住了。那么，这个年纪小小的孩子跟老愚公一起去移山，他爸爸肯让他去吗？

（生一时不能回答，稍一思索，七嘴八舌地："他没有爸爸！"）

师：你们怎么知道？

生：他是寡妇的儿子。孀妻就是寡妇。

师：对！遗男是什么意思？

生：（齐声）孤儿。

师：对了！这个孩子死了爸爸，只有妈妈。你们看书的确很仔细！

从以上师生对话中可以知道，钱梦龙老师是要解释"龀"、"孀妻"、"遗男"三个词语，他用了激疑式的提问，引起学生思考，比教师直接解释词语要高明得多。

5. 阶梯式提问

阶梯式提问是针对比较复杂的学习内容设计的一组提问，它偏重于纵向的提问。阶梯式提问的主要特点是各问句间要形成一种递进式的科学序列，每一个问句都要相对构成一个台阶，前一个问句的提出是后一个问句学习的基础，后一个问句是前一个问句的深化和发展，像攀登阶梯一样，由易到难，由简到繁，由低级向高级，一步步发展。

例如，有位教师教《装在套子里的人》一课时，鉴于小说主题的揭示难度较大，学生一下子不好回答，便精心设计了几个小问题，在教学中由易到难、由低到高地逐层提出：

①别里科夫的特点是干什么都有套子，他有哪些套子？

②别里科夫只不过是一个穿着雨鞋、带着雨伞的希腊文教员而已，为什么会有那么大的影响？

③他的婚事失败的根本原因是什么？他在柯瓦连科兄妹的一推一笑中结束了生命，这又说明了什么？

④从上述问题中可以看出别里科夫是一个什么样的人呢？

⑤专制制度的维护者别里科夫死了，为什么"局面并没有因此好一点儿"呢？

⑥作者塑造别里科夫这一形象在当时的社会意义是什么呢？

以上问题组成了层次分明的台阶，使课文的学习由浅入深，每解决一个问题，就爬上一层台阶，问题解决完了，思维便爬至顶点。而且因为问题的设计有易有难，在班组集体授课制的情况下，能让各种学习程度的学生在课堂上都有发言的机会，人人都觉得自己在这节课中有收获，可以调动全班同学回答问题的积极性，可以圆满地完成预定的教学任务。

6. 扩展式提问

扩展式提问和阶梯式提问不同，阶梯式提问多从纵向延伸，用于深化理解某些问题；扩展式提问多向横向发展，扩展某些知识的范围。例如一位教师教《祝福》时，提出了下面的问题：

师：同学们，读了《祝福》，我认为祥林嫂是一个没有春天的女人，大家能否在对课文的研读中，证实教师的看法呢？

生：她是春天没了丈夫的。

生：她是春天被迫改嫁的，她婆婆借口"开春事务忙"，将她绑架回去，"是早已许给了贺家的贺老六的"。回家之后不几天，用绳子一捆，塞到花轿里，抬到男家，"她一路只是嚎，骂……"拜天地时，她一头撞在香案角上，头上碰了一个大窟窿，鲜血直流……身心均受到了巨大的摧残。

生：她后来的丈夫又得伤寒死了，"幸亏有儿子；她又能做……本来还可以守着，谁知道那孩子又会给狼衔去的呢？春天快完了，村上倒来了狼——现在她只剩了一个光身了"。

生：祥林嫂，是在迎春之日死去的，"鲁镇年终的大典，致敬尽礼，迎接福神，拜求来年一年中的好运气的"。在鲁镇的一片祥和的祝福声中，在漫天风雪的街头，她带着对魂灵的有无的疑问悄然无声地离去。实际上，她也是在对春天的向往和对春天的绝望中离开人世的。

7. 分解式提问

分解式提问是把某一个完整而又较大的问题分解为若干个较小的问题，通过一个个小问题的逐步解决，达到理解和把握全局的目的。

例如教授《藤野先生》一文时，教师如果问："鲁迅写藤野先生为自己订正讲义这件事有什么意义？"不如换成如下小问题去问：

①"大约是星期六"和"第二三天便还我"时间差说明了什么？

②鲁迅看添改后的讲义为什么"吃惊"、"不安"和"感激"？

③"连文法的错误……"一句中"连"有什么表达作用？

④冒号后并举的学科名有什么用意？

8. 综合性提问

综合性提问要求学生在头脑中把事物的各个部分、各个方面、各种特征结合起来思考回答。这类问题能激发学生的创造性思维，它常常没有单一性质的标准答案。

9. 评价式提问

评价式提问要求学生根据一定的标准和价值观念，对所学内容进行判断和选择，并提出自己的见解。如一位教师在讲《孔乙己》一课时，提出了"你喜欢孔乙己吗？"这样一个问题，要求学生根据自己的价值观念对孔乙己进行评价。下面是课堂教学实录：

甲：我不喜欢，他又脏，又懒，又不知趣，还酸溜溜的。酒店中所有的人都拿他开心也是他咎由自取。

乙：（一个十分文静的女孩子）我一想他就恶心，还挺小气，几个孩子围住他，他就用长着大长指甲的黑手罩住茴香豆，脏兮兮的，要让我，白给都不吃……于是教室里爆发出一阵阵哄堂的笑声。

丙：他虽好吃懒做，但对酒店从不赖账，虽然酸溜溜的但并没说什么脏字……

师：孔乙己身上还有什么优点吗？

丁：他还有一些学问，能写一笔好字！他偷东西是没办法，我觉得他可怜。

师：你跟鲁迅先生的感觉一样，鲁迅这样表达他的感受："哀其不幸，怒其不争。"为什么孔乙己会成为这样的人？

生：他一心想参加科举，丁举人对他下毒手，短衣帮们取笑他。

至此，同学们不但对孔乙己的陌生感消失，对鲁迅先生准确、深刻的概括也佩服得五体投地。而这一切都源于看似简单的一问"你喜欢孔乙己吗？"

提问设计的方式还有很多，限于篇幅，仅举以上几例，作为教师备课时的参考。

五、练习的设计

建国以来对语文学科性质的定义，一直认为它是工具性学科。新课程标准虽然增加了语文学科的人文性质，但同时仍然承认语文是工具性学科。对语文这个工具的掌握要经过反复的历练才能够完成。因此，语文教师备课时应该设置一定数量的练习，让学生通过练习，掌握语文这个工具。

语文学科的练习分课内练习和课外练习两种。课内练习是在课堂上做的练习，可以分为阅读的练习、写作的练习、口语交际的练习、研究性学习的练习等。课内练习一般是教师在备课时，根据课程标准的要求、根据教材的内容、根据学生的学习情况自行设计的。课外练习主要是教师留给学生的家庭作业。它既可以是教师设计的，也可以是教材中每篇课文后面的思考练习题，还可是学生自行设计的。

下面分别介绍一些常见的练习设计：

1. 复述型练习

复述型练习主要锻炼学生的记忆能力。它既可以按照课文原来的样子复述，也可以变换角度复述，后者更能引起学生的兴趣。例如宁鸿彬老师讲授《蚊子和狮子》一课时，提出了这样的复述要求："假如你是蚊子，请你用第一人称把这个故事说出来。在不违反课文原意的情况下，可以在心理活动、语言、动作等方面作些扩展。"课文原来是第三人称叙述，现在变为第一人称复述，叙述的角度发生了变化。另外，加上了心理、语言、动作描写，扩展了原文的内容，学生在复述时有了发挥自己想象力的余地，是设计得比较巧妙的复述型练习。

2. 分析型练习

分析型练习的重点是培养学生的分析能力。在设计这类练习题时，要讲究一个"巧"字。如果教师对同学们说，下面请大家分析一下课文中的人物形象，学生不一定会感兴趣。但是换一种方法做这个练习，就可能引起学生极大的兴趣。仍以宁鸿彬老师讲授《蚊子和狮子》为例，在学生变换角度复述课文之后，他设计的第二个练习是："假如你是一个单位的领导干部，现在你要选择确定一个基层领导干部，供你选择的人只有三个，就是这则寓言中的蚊子、狮子和蜘蛛，而又必须从中确定一个，那么你选择谁呢？为什么选择他？"这个练习要求学生在选定一个干部的同时，还要分析这个人的优缺点，以便使用时加以注意。因为学生模拟当了一次领导，有人事选拔任用权，所以课堂发言积极踊跃，比单纯地要求学生分析人物形象效果好得多。

3. 背诵型练习

中学语文课程标准规定初中生最少背诵优秀诗文 80 篇，高中生也要背诵一定数量的名篇。因此教师备课时应当设置一定数量的背诵型练习。背诵型练习可以在课堂上做，也可以布置学生在课后做。教师同时应该教给学生背诵的方法，如：先通读全文，对作品的大意有一个概括的了解之后，再分段背诵，效果比较好。集中时间背诵十遍，不如把时间分在两三天内，每天背诵两三遍。假定读十遍刚好能背出全文的话，适当地过量背诵，背它十五遍，效果最佳。背诵下来的东西，时间一长就容易遗忘，防止遗忘的最好办法是隔一段时间复习一下。学生利用上述方法背诵课文，可以收到事半功倍的效果。

4. 标题型练习

标题型练习是按照课文的脉络，给每一个故事或情节加一个小标题，这样可以加深对课文的理解，理清文章的脉络，锻炼学生归纳、总结的能力和文字概括能力。例如人民教育出版社 2003 年 12 月版的全日制普通高级中学教科书《语文》(以下简称"高中《语文》")第二册《荷花淀》一课的练习一："阅读全文。给课文的三个部分各拟一个小标题，拟题的角度应该一致，并能概括基本内容"，就属于标题型练习。

5. 填空型练习

填空型练习的主要特征是提出一个不完整的陈述，要求学生在空缺处填入恰当的字词或语句。四川师范大学附属中学的魏宗峤老师在讲授《小桔灯》一课时，设置了如下填空练习：

根据对课文的分析，请考虑选择哪些双音词口头填空，归纳小姑娘的神态、动作和语言。(打出投影片)

(由怜到爱)

____、____的神态 { 愣　微笑　笑着说 }

____、____的动作 { 打量"我"　给妈妈削梨　给"我"做灯　用小手画圈　按到"我"手上 } "我"所见

(由爱到敬)

____、____的话语 { 我爸爸到外面去了　我爸爸一定会回来的　我妈妈就会好了"我"所闻　我们大家都好了　安慰"我"（两次） } "我"所感

我似乎觉得眼前有无限光明——"我"所感

(以上六个空分别填入镇定、乐观、灵巧、稚气、勇敢、乐观)

6. 质疑型练习

质疑型练习重在启发、引导、鼓励学生质疑问难，培养学生发现问题、解决问题的能力，培养学生的求异思维能力。例如高中《语文》第二册《拿来主义》练习二："本文的重点是论证拿来主义，但在前半部分却论述'闭关主义'和'送去主义'，作者为什么这样写？"

7. 发想型练习

发想型练习鼓励学生驰骋想象，充分发挥自己的想象力，对原文做增添和补充，训练学生的创造性思维能力。例如，学习《项链》以后，可以让学生做续写练习，当路瓦栽夫人与佛来思节夫人在公园见面后，知道了当初借的是一挂假项链，公园谈话之后又发生了什么事情，可以让学生尽量发挥自己的想象力，为小说续一个结尾。

8. 讨论型练习

讨论型练习是在课堂上布置讨论题，让学生在讨论中发表自己的看法，培养学生分析问题能力和口语表达能力。如高中《语文》第二册《祝福》课后练习四："有人说，祥林嫂是封建礼教的牺牲品；有人说，祥林嫂是被鲁四老爷之流逼迫死的；也有人说，是柳妈这一类人害死了祥林嫂。全班或分组讨论：造成祥林嫂人生悲剧的原因到底是什么？"

9. 扩写、改写型练习

这是培养学生写作能力的练习。扩写是增加内容，把较短的原文扩写成较长的文章；改写可以是古文改写成现代文，也可以是改写原作的结尾或改写原作的部分内容等。如例如学习《药》时，可以让学生扩写夏瑜与红眼睛阿义在狱中的一段对话。学习陆游的《示儿》，可以把它改写成记叙文等。

10. 仿作型练习

仿作型练习是让学生仿原作的"形"，创造出自己"独特的神"。仿作既可以模仿原作的结构，也可以模仿原作的语言风格。下面是一位学生的仿作练习，模仿的是《论雷峰塔的倒掉》。

论岳坟四铁像的被窃

听说，杭州西湖边的岳坟又重新修好了，在岳坟前四个铁铸的人像仍然跪在那里。这四个铁像我没有亲见，只在图片上见过，三男一女，其中两个就是当年害死抗金名将岳飞的罪魁祸首——秦桧夫妇，另外两个也是卖国求荣的奸臣。看到这"四害"永远跪在岳坟之前，我感到解恨，也引起了不少联想。

回想起来，我从小就对这"四害"没什么好印象，这也许是受了大人们的影响吧。我的祖父就爱说岳飞"精忠报国"的故事，说起来真是有声有色。后来我看《西湖民间故事》，里面有一则《臭秦桧》，说的就是岳坟前四个铁像的事。据说明朝时候，杭州来了个姓秦的新抚台，此人是秦桧的后代。上任不久，他便派人偷偷地把四个跪着的铁像丢进了西湖。哪知第二天西湖里的水忽然变得臭气冲天。老百姓看到岳坟前的铁像丢了，知道是有人把它们丢进了西湖，便一齐哄到抚台衙门，要求拿办偷铁像的坏蛋，并把抚台拉到了西湖边上。抚台还想狡赖，忽然墨黑的湖水一下变得清澈见底，四个铁像从湖底浮起，直向抚台飘来，吓得抚台屁滚尿流，连夜逃出了杭州城。老百姓把铁像打捞上来，重新搬到岳坟前跪着。中间还有不少有趣的细节，但我现在都忘了。

这当然只是个民间故事，并非实有其事。然而在现实生活中，铁像被窃的事确曾有过。就在那十年动乱期间，岳坟被夷为平地，四个铁像也不翼而飞了。是否有"秦抚台"之流的人物在暗中捣鬼，我不得而知，但铁像是确确实实失踪了。那时人们的希望就是要重修岳坟，并把"四害"揪回来，让他们永远跪在岳坟之前，受人唾骂。

现在岳坟居然重新修好了，四个铁像也恢复了他们原来的丑态。则普天之下的人民，其欣喜为何如？

这是有事实可证的。凡到杭州去游览的人，不管男女老少，都要到西湖边的岳坟去走走，对跪着的铁像吐上几口唾沫，骂上几句，才觉得解恨。人民要把这四条"害人虫"永远钉在历史的耻辱柱上！

其实，偷铁像的人也太笨了，他们不懂，即使把铁像偷掉了，可"四害"留在人民心里的丑恶形象是永世"偷"不掉的。这也是有事实可证的。在全国任何一个小镇上，你随便走进哪一家点心铺，都能买到一种廉价的小吃。这是用两根面条子绞在一起，放在一口大油锅里炸成的，我们叫它"油条"，老人们则把它叫做"油炸桧"，据祖父说，那就是油炸的秦桧。想不到这区区油条，也寄托着人民心中的爱憎。

一片丹心昭日月，千秋青史判忠奸。当年秦桧们在风波亭害死岳飞父子时，当然不会想到自己会落得这样的下场；而那些秦桧的徒子徒孙们在偷铁像之时，又何曾想到历史是不容篡改的呢?

活该!

11. 批注型练习

古人讲究不动笔墨不读书,批注型练习继承了古人这个好的读书习惯,要求学生读书时,把自己的读书心得写在书本的空白处,培养学生动脑、动笔的能力。下面是东北师范大学附属中学批注型练习一例,学生读的是顾城的《我是一个任性的孩子》(节选)。

原文	学生的批注练习
我希望 每一个时刻 都像彩色蜡笔那样美丽 我希望 能在心爱的白纸上画画 画出笨拙的自由 画下一只永远不会 流泪的眼睛 一片天空 一片属于天空的羽毛和树叶 一个淡绿的夜晚和苹果	"永远不会流泪的眼睛"表现出诗人对快乐的追求与向往。在他的幻想中,他任性地希望世界上没有忧愁、没有烦恼、没有痛苦,只有一双双不会流泪的眼睛和一颗颗无忧无虑的心。 多么奇妙的联想!夜晚和苹果本来是两个很遥远的事物,但是在这首童话般的诗中,在作者幻想的王国中它们却被组合在了一起,是苹果的颜色使黑夜充满了淡淡的绿色,还是在作者的眼中,夜晚本身就拥有绿色,这个既柔和又代表活力与希望的颜色。 天空、羽毛、苹果、树叶和夜晚,都是毫无关联的事物,但是都透出了一种自然、舒适、和谐的感觉。

12. 综合型练习

综合型练习是在阅读理解一段文字或一篇文章的过程中所做的一套连续性和综合性习题。它的答案往往涉及到对字、词、句、篇各个层次的理解。中考或高考中的阅读理解题一般都是综合型考题。下面是选自 2004 年第 3 期《语文教学与研究(学生版)》中的一套综合型练习题:

〔双调〕清江引·咏梅①

贯云石

其一

南枝②夜来先破蕊,泄露春消息。偏宜雪月交③,不惹蜂蝶戏。有时节暗香来梦里。

其二

芳心对人娇欲说，不忍轻轻折。溪桥淡淡烟，茅舍澄澄月。包藏几多春意也。

〔注释〕①咏梅，贯云石《咏梅》，小令共四首，这里所选为第一首和第三首。②南枝：朝阳的梅枝。③雪月交：与冰雪，夜月交相映衬。

思考练习：

1．"泄露春消息"里"泄露"二字用的精妙，说说妙在哪里？

2．"芳心对人娇欲说"一句采用什么修辞手法，有什么好处？

3．两首小令均为咏梅之作，其一通过咏赞梅花的高尚芳洁的品格，表现作者_____；其二描绘野梅的幽姿神韵，抒发了诗人对野梅_____之情。

4．两首《咏梅》各有特点，其一作者借_____自况；其二作者用拟人化手法写作者_____。其一侧重写梅的_____；其二侧重写梅的_____。其一写_____；其二写作者_____，各有其妙。

练习的设计方法不止以上几种，不论用哪种方法设计练习，一定要讲究练习的效率，争取用最少的时间，取得最优化的练习效果。

六、板书的设计

板书是教师为配合教学需要，提纲挈领地在黑板上写出的文字或画出的图表。板书作为一种微型教案，对于理清课文脉络，突出教学重点，强化直观效果，体现教学意图，发展学生的思维能力，培养他们的审美情趣和良好的书写习惯，都将起到示范和教育作用。

教师在设计板书时，要有明确的目的性和较强的针对性，还要有高度的概括性和清晰的条理性，板书的文字一定要简约，可写可不写的东西，一律不要写在黑板上。最后完成的板书应该从内容到形式都给学生以美感。由于板书是在备课时就已经设计好的，因此要有周密的计划性。在使用时，根据课堂实际情况，还可以做适当的调整。

板书常见的形式有以下几种：

1．提纲式板书

提纲式板书是指教师按照课文各段落间的内在联系，概括出各段的中心要点，列出一个提纲，显示课文的结构层次。例如《沁园春·长沙》的板书：

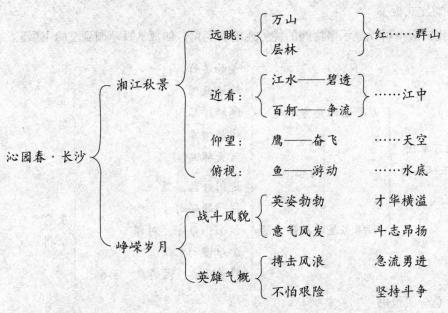

2. 并列式板书

并列式板书是以条文形式出现的板书，其特点是条文之间呈并列关系，它的格式整齐，眉目清楚。文章结构呈并列关系的，常用此式。例如天津 57 中学及树楠老师设计的《荷塘月色》四、五、六三个自然段的并列式板书：

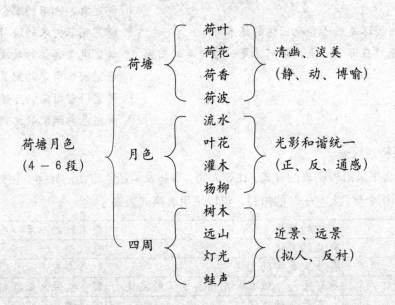

3.对比式板书

对比式板书可以显示事物间的优劣或前后变化，如《从百草园到三味书屋》：

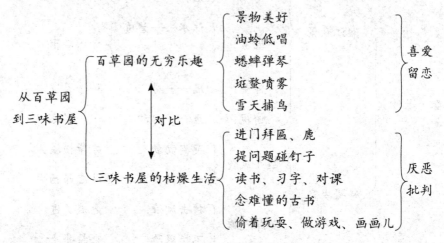

4.总分式板书

有些课文采用总分式结构方式,这类课文可以设计总分式板书。如《苏州园林》的板书：

总　说

1.苏州园林是我国各地园林的标本
2.无论站在哪个点上，眼前总是一幅完美的图画

分　说

讲究亭台轩榭的布局
讲究假山池沼的配合
讲究花草树木的映衬
讲究近景远景的层次
讲究园林角落的配置
讲究门窗图案的雕镂
讲究色彩调配的协调

5.表格式板书

此种板书采用列图表的方式，比较人物、事物及写法等方面的异同。例如《拿来主义》中关于"大宅子"的描写，可以采用表格式板书：

文化名称	文化的性质	应采取的态度
鱼翅	有益的文化	吸收
鸦片	有益又有害的文化	取益去害
烟枪和烟灯	虽有害处，但有一定借鉴意义的文化	留少数做反面教材
姨太太	有害无益的文化	完全抛弃

6. 线索式板书

线索式板书是通过抓住课文内容发展的线索，进而把握全文主干的板书方式。例如《药》的线索式板书：

$$《药》\begin{cases} 明线：（华家）买药→吃药 \\ \\ 暗线：（夏家）就义→被吃 \end{cases} \Bigg\} →谈药→上坟$$

7. 综合式板书

综合式板书是将教学中涉及的几个方面的知识内容综合在一起，使板书形成一个统一的整体。如《白杨礼赞》的板书：

```
    形象        表现的品格              象征的精神
干——笔直  绝无旁枝→正直 ⎫
枝——向上  紧紧靠拢→团结 ⎪  北方农民的可贵品质
叶——宽大  片片向上→进取 ⎬
皮——光滑  银色晕圈→质朴 ⎭  中华民族质朴、坚强、上进的精神
```

板书设计的样式很多，上面所举例子只是九牛一毛，授课教师可以根据授课的内容，设计出各种具有个性的板书。

附录一

教案案头格式

课　题		课　型	
教学目的			
重点难点			
教学方法			
课时安排		教　具	

完整的教案格式

课文标题
教学目的

重点难点	
教学时数	
教学过程	教学步骤、内容和方式
时间安排	一、
× 分钟	二、
× 分钟	三、
× 分钟	四、
作业布置	
板书设计	
教学后记	

附录二 《从百草园到三味书屋》教案①

教学目标及重点

一、学习以下知识

1. 给下列加点汉字注音：确凿、菜畦、蟋蟀、缠络、竹筛、觅食、渊博、鼎沸、绣像、锡箔

2. 解释下列词语：鉴赏、人迹罕至、书塾、方正、宿儒、蝉蜕、人声鼎沸、倜傥

二、这篇回忆性散文如何描写百草园和三味书屋的景物？

三、体会作者用轻松愉快、幽默风趣的散文笔法来追恋童年趣事的写作特点。

教学课时 两课时

第一课时

教学步骤

一、导入新课

本篇散文是初中生进入中学后首次接触到的鲁迅作品。因此，教师应简要介绍有关情况，具体内容基本按照课本中"预习提示"即可。

鲁迅(1881—1936)，原名周树人，浙江省绍兴市人；伟大的文学家、思想家、

---

① 程翔. 语文课堂教学的研究与实践. 语文出版社, 1999: 309—315.

革命家。著作有杂文、小说、散文、诗歌等。

本文写于 1926 年，是回忆童年生活的散文。百草园是绍兴城内鲁迅家房屋后面的园子。三味书屋在鲁迅家附近，鲁迅 12 岁至 17 岁在这里读书。

二、教授新课

（一）明确教学目标及重点

1. 字词（略）

2. 作者是如何描写百草园的？

（二）整体感知

教师在把握文章轻松愉快、幽默风趣的基调的基础上朗读全文。这遍示范朗读非常重要，为学生理解文意题旨及风格特点起铺垫作用。如换成学生自读或听录音，效果就很难保证。

（三）重点学习与训练

1. 给下列加点的汉字注音：

确凿(záo)　菜畦(qí)　蟋蟀(shuài)　缠络(chán)　竹筛(shāi)　觅食(mì)

渊博(yuān)　鼎沸(dǐng fèi)　绣像(xiù)　锡箔(bó)

2. 解释下列词语：

鉴赏：鉴定和欣赏。　人迹罕至：少有人来。迹，足迹、脚印。罕，稀少。　书塾：私塾。旧时家庭、宗族或教师自己设立的教学处所。一般只有一个教师。　方正：正直。　宿儒：老成博学的读书人。宿，长期从事。　蝉蜕：蝉的幼虫变为成虫时脱掉的壳。　人声鼎沸：人声喧闹的意思。鼎，古代一种铜铸的锅。沸，水开。鼎沸，本意是锅里的水烧开了，发出响声，此处喻指人声喧闹。　倜傥：洒脱，不拘束。

3. 学习对百草园的描写：

教师问：从第 1 段的哪些词语中可以看出本文是回忆性文章？

"现在是早已"，"连那最末次的相见也已经隔了七八年"，"但那时却是我的乐园"。

教师问：为什么说百草园是"我"的乐园？

有碧绿的菜畦，光滑的石井栏，高大的皂荚树，紫红的桑椹；还有长吟的鸣蝉、肥胖的黄蜂、轻捷的叫天子、低唱的油蛉、弹琴的蟋蟀；也有斑蝥、何首乌、木莲、覆盆子等。13 种动植物，可谓是"动物王国""天然植物园"，充满了"无限趣味"，正是少年儿童理想的玩耍场所。作者从色彩、光泽、形体、声音、动作、味道六个方面表现百草园的有趣。

教师问：作者写百草园有"无限趣味"采用了什么句式？有什么效果？

采用"不必说……也不必说……单是……就……"这种句式，突出了百草园的乐趣数不胜数。

孩子的天性就是好奇好玩，百草园正好满足了孩子的欲望。作者运用优美的笔调写出了孩子的天性，读来妙趣横生，回味无穷。教师要求学生反复朗读第2段，并尝试背诵。然后，教师扩展学生思路，让学生回忆自己的童年生活，讲一段类似的趣事。

教师问：谁来复述美女蛇的故事？（此问目的有二：一是锻炼学生的口头表达能力；二是进一步熟悉故事，为下面回答教师提问做准备。）

教师问：长妈妈讲的美女蛇的故事并不是发生在百草园中，作者为什么还要写？写美女蛇的故事有什么作用？

虽然美女蛇的故事与百草园无关，但相传百草园的长草里有一条很大的赤练蛇。提到赤练蛇，作者很自然就想到了美女蛇的故事。换句话说，是百草园中的赤练蛇引出了美女蛇的故事。这属于相关联想。幼小的鲁迅听了长妈妈的故事后，大脑受到"刺激"而兴奋，印象深刻。因此，只要一提蛇，就立刻反应出"美女蛇"，这也符合"刺激——反应"的心理过程。作者之所以写这个故事，是因为在幼小的鲁迅心中它在百草园的"无限趣味"中占有重要地位，同时也增加了百草园的神秘色彩。

教师问：从文中能否看出上面内容属什么季节？那么冬天的百草园如何呢？

夏秋季；不下雪的百草园比较地无味。"雪一下，可就两样了"。因此，作者开始描写雪后的百草园也是充满乐趣的，作者重点写捕鸟。

教师要求学生熟读"扫开一块雪……养不过夜的"一段，体会作者运用动词的精妙：扫、露、支、撒、系、牵、拉、罩。教师还可以让学生结合自己捕鸟的经历，谈谈捕鸟时紧张而愉悦的心情。

（四）梳理、总结、扩展

以上重点学习了鲁迅先生对百草园的描写，表现了作者对童年生活的追恋。作者是分三层来写的：第一层写百草园的动植物，第二层写与百草园相关的"美女蛇的故事"，第三层写冬天雪后捕鸟。所有这些都紧紧扣住"无限趣味"，展示天真幼稚可爱的"童趣"。

布置作业

一、背诵第2自然段和冬天雪后捕鸟一段。

二、运用"不必说……也不必说……单是……就……"的句式仿造一个句子。

三、预习课文的后半部分。

板书设计

从百草园到三味书屋

鲁 迅　　　

百草园（乐园）{ 一、动植物　二、美女蛇的故事　三、冬天雪后捕鸟 } 无限趣味

第二课时

教学步骤

一、导入新课

百草园是有着无限趣味的乐园，那么三味书屋的情况又如何呢？我们来学习文章的第二部分。

二、教授新课

（一）明确教学目标及重点

1. 作者是如何描写三味书屋的？

2. 体会作者幽默风趣的笔调。

（二）整体感知（略）

（三）重点学习与训练

1. 让学生理解从描写百草园到三味书屋，作者运用了过渡段。

教师问：作者是如何从描写百草园过渡到描写三味书屋的？

作者运用了过渡段

教师问：请同学们朗读这个过渡段，你从中能体会到语言上有什么特点？

语言幽默风趣。"也许是……也许是……也许是……"的句式表达了少年鲁迅对百草园的留恋，而"Ade，我的蟋蟀们！Ade，我的覆盆子们和木莲们！……"更

是把这种留恋表现得淋漓尽致，读来令人忍俊不禁。这非常符合少年儿童的心理特点。

教师问：少年鲁迅是怀着什么样的心情到三味书屋读书的？

恐惧。因为是去全城最为严厉的书塾。"严厉"二字预示着少年鲁迅将失去"自由"，甚至有挨板子的危险。

2. 学习对三味书屋的描写。

教师问：那么三味书屋真的是非常严厉吗？

不是。从文中描述来看，书塾里的先生是"和蔼"的。他是本城中"极方正，质朴，博学的人"。他是"一个高而瘦的老人，须发都花白了，还戴着大眼镜"。作者写了先生的神态、品质、学问、外貌。应该说，给少年鲁迅的第一印象是好的。

教师问：作者写了先生几件事，从中可以看出少年鲁迅对先生是什么态度？

写了两件事：一是少年鲁迅问先生"怪哉"是怎么回事，先生很不高兴，脸上还有怒色了。少年鲁迅并没因此而怨恨先生，而是从"做学生是不应该问这些事的，只要读书"的积极方面去理解。这件事说明先生虽然缺乏开明进步的教育思想，似乎有点迂腐，但他对学生的要求是严格的，责任心是强的。我们不能据此认为是鲁迅借以批判封建教育制度对青少年的"束缚"、"摧残"，鲁迅在本文中没有表现出对先生的恶感，也不把主题放在批判旧的教育制度上。在鲁迅看来，三味书屋的生活也同百草园一样，是值得留恋和回忆的。第二件事写在三味书屋读书的小孩子们到教室外的花坛上去折腊梅花，在地上或桂花树上寻蝉蜕，还捉了苍蝇喂蚂蚁。但去得太多、太久，可就不行了，先生在书房里便大叫起来："人都到哪里去了！"这件事说明先生是理解儿童心理的，在教室外面适当玩一会儿未尝不可，但人太多了，时间太久了，那会影响读书的，所以要管一管。而且"他有一条戒尺，但是不常用，也有罚跪的规则，但也不常用，普通总不过瞪几眼，大声道：——'读书'！"这充分说明先生是一位心地善良的老人，是可敬可爱的。大家被先生叫回屋后，装模作样地大声读书，"真是人声鼎沸"。作者故意写出"有念'仁远乎哉我欲仁斯仁至矣'的，有念'笑人齿缺曰狗窦大开'的，有念'上九潜龙勿用'的，有念'厥土下上上错厥贡苞茅橘柚'的"，目的并不是批判封建教育制度向学生灌输他们根本就不理解的东西、只是死记硬背的教育方法，而是渲染一种气氛，表现这群小孩子调皮、可爱的天性。接下去写先生大声朗读"铁如意，指挥倜傥，一座皆惊呢——；金叵罗，颠倒淋漓噫，千杯未醉嗬——……"，而且绘声绘色地描写先生如醉如痴，沉浸其中的神态："他总是微笑起来，而且将头仰起，摇着，向后面拗过去，拗过去。"多么精彩的语言！在少年鲁迅眼里，这位先生是好玩的。作为成年人的鲁迅一定体会到，这毫无掩饰，醉心忘情的朗读，不正是人的本性的流露吗？鲁迅先生幽默风趣的语言风格在此得到了集中的体现。

教师问：百草园与三味书屋都值得作者回忆和留恋，那么二者留给作者的分别是什么呢？

百草园留给作者的是自然景物的无限趣味，三味书屋留给作者的是一座善良、可爱的老先生的品行。这在少年鲁迅心中，同样美好，终生难忘。二者互为补充，相映成趣。

（四）梳理、总结、扩展

本文思路清晰，先写百草园，后写三味书屋，中间用过渡段。写百草园重点写了三方面内容，写三味书屋重点写了两件事，层次非常分明。作者的语言轻松愉快，幽默风趣，可读性很强。笼罩全文的是一种恋恋不舍、依依情深的怀旧感情。

布置作业

写一篇记叙文。题目：童年趣事

要求：1. 写两三件童年趣事；

　　　2. 语言欢快、活泼。

板书设计

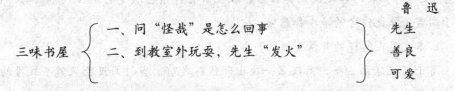

从百草园到三味书屋

三味书屋　一、问"怪哉"是怎么回事　　　鲁　迅

　　　　　二、到教室外玩耍，先生"发火"　先生

　　　　　　　　　　　　　　　　　　　善良

　　　　　　　　　　　　　　　　　　　可爱

附录三　《出师表》教案[①]

教学目的

一、理解课文基本内容

二、熟读、背诵全文

①宁鸿彬、张彬福编著．中国特级教师教案精选．北京师范大学出版社，1995：188—194．

教学设想

本文内容，可教读的东西很多。从教学实际出发，重点放在疏通全文文意和理解以下两个问题上：(1)诸葛亮所提出的建议内容是哪几条；(2)他反复陈说的是哪一条，为什么。

指导学生借助课前"阅读指导"来理解课文内容，引导他们重视课前阅读提示；并以此来辅助阅读课文。

以学生的活动为主，包括读书、疏通文意、理解基本内容等，教师适当讲解。

本课教学拟两课时。完成熟读和理解基本内容的任务；条件允许，再加一课时指导背诵。

第一课时

教学重点

一、认真阅读"阅读指导"的内容，了解本文写作的背景、目的和全文主旨。

二、熟读课文。

教学过程

板书课题、作者：出师表　诸葛亮

一、自读"阅读指导"，了解下面几个问题：

1."表"这种文体的一般内容和作用。

"表"的一般内容是议论和叙事，往往常有抒情色彩；它是古代奏议的一种，用于向君王陈说作者的请求和愿望。

2.本文是在怎样的背景下写的？

写于蜀汉建立五年，蜀汉第一次出师伐魏之前，当时蜀汉已从猇亭战役的惨败中恢复过来，既与吴国通好，又平定了南方叛乱，所以诸葛亮决定北上伐魏。

3.诸葛亮写本文的目的是什么？

希望国内政治修明，有一个稳定的后方，使他"北定中原"的计划得以实现。

4.全文的主旨是什么？

使后主刘禅认识到必须亲贤远佞，才能修明政治，完成"兴复汉室"的大业。

〔说明〕本文内涵较深，学生不易理解其中之意。未学课文之前，先对全篇内容有个初步了解，便于后边对基本内容的理解；指导学生先读"阅读指导"，再读课文,养成一种好的学习习惯和学习方法。因为还没有接触课文,所以读"阅读指导"的主要目的是让学生对本文内容的重点有个初步印象。

二、熟悉课文

1.教师范读。

要求:认真听读,注意字的读音。

〔说明〕本文情词恳切,有不少脍炙人口的名句。同时,需要正音的字也不少。教师范读,是从文章实际出发,使学生通过听读,对课文有一个初步的整体感知。

2.学生各自放声读两遍课文。

要求:读准字音,尽量读好句中的停顿。

3.请8位学生每人读一段课文(第8位同学读最后两段)。

教师随时纠正学生的读音错误。

准备如下卡片,用于正音。

崩殂(cú)　　侍(shì)卫　　殊(shū)遇　　陛(bì)下

陟(zhì)罚臧否(zāng pǐ)　　昭(zhāo)　　郭攸(yōu)之

费祎(yī)　　以遗(wèi)陛下　　裨(bì)　　补阙(quē)漏

性行淑均(xìng xíng shū jūn)　　行(háng)阵和睦

倾颓(qīng tuí)　　苟(gǒu)全　　卑鄙(bēi bǐ)　　猥(wěi)

夙(sù)夜　　庶竭驽钝(shù jié nú dùn)　　斟酌(zhēn zhuó)

以彰(zhāng)其咎(jiù)　　咨诹(zōu)　　遗诏(yí zhào)

临表涕(tì)零

4.读课后练习一中列出的长句子。

读读,议议——请学生说说每句话大意。

5.齐读课文。

要求:读准字音和句中停顿,尽量读得流利。

〔说明〕用一些方法引导学生熟读课文,是初中文言文教学中的基本要求。在熟读中注意议——议一议词语或句子的大意,为疏通文意做好准备。

布置作业

对照书上注释,读懂全文大意。

第二课时

教学重点

一、疏通文意，理解课文基本内容。

二、了解词的本义和引申义；了解"以"的用法。

教学过程

一、疏通文意

方法：二人小组，对照注解逐句弄懂课文大意；将二人都不明白的语句画下来，待集体解疑。集体解疑：教师适当讲解，重在指导学生自己读懂语句的意思。最后，请几个同学每人评一段课文大意；教师在学生译课文时，提示语句里的重点词语。

二、朗读课文

要求：读出语气。思考：诸葛亮就国内政治问题向刘禅提出了几条建议？他反复陈说的是哪一条？

请班里一位朗读水平较高的学生朗读。

〔说明〕借助注解串译课文大意，培养使用工具书和自学能力。疏通文意后，再朗读一遍课文，利于了解全文思路，整体把握课文内容。带着问题听读，自然引入下一个教学环节。

三、理解课文基本内容

1. 讨论刚才提出的思考题。

提示学生再读"阅读指导"。

2. 诸葛亮就国内政治问题向刘禅提出了几条建议？

共3条。①广开言路——"开张圣听"；②严明赏罚——"陟罚臧否，不宜异同"；③亲贤远佞——"亲贤臣，远小人"。

3. 他反复陈说的是哪一条？为什么？

是亲贤远佞这一条。因为刘禅是个昏君，容易受坏人蛊惑，如不亲贤远佞，就会出现"妄自菲薄，引喻失义"，"偏私，使内外异法"等情况，再好的方针、政策也不能贯彻执行。而"亲贤"更重要。"开张圣听"，对贤臣"亲之信之"，要"咨诹善道，察纳雅言"等，都是开导刘禅要"亲贤"。

〔说明〕第2个问题教师可作适当讲解，帮助学生理解。理解了这两个问题，就理解了基本内容。

4. 参看"阅读指导"划分全文结构，明确每一部分的意思。

〔说明〕指导学生看"阅读指导"，对照课文划一划部分，概括每一部分的意思，起梳理全文内容的作用。

四、当堂完成练习三、四

先二人小组讨论，后全班讨论答案。

〔说明〕将课后练习放在课内做，以减轻学生负担，落实本课"训练重点"的内容。

布置作业

背诵全文。

译文（略）

总体说明

本课内涵较深，因此，抓住重点，集中理解这样两个问题：诸葛亮就国内政治问题向刘禅提出了什么建议和他反复陈说的是哪一条建议？为什么？能大致理解了这两个问题，就可以看作是理解了基本内容。最后，借助课前"阅读指导"梳理一下全文结构，使学生进一步从整体上了解全文内容。

一篇课文，在可教读的内容很多的时候，教师能够从教材特点和训练重点出发，有所取舍，学生在课上的收益相对多一些，教学效果也较好，原因是重点突出。

附录四 《木兰诗》教后记①

"弓足"

《木兰诗》上了两节课，学生兴趣盎然，口诵心维，十分喜爱。我为学生学习的积极性所感染，课结束时，情不自禁地表扬了他们。谁知，小唐在座位上嘀咕开了："写得倒蛮好，不过是假的，吹牛。"话音刚落，教室里开了锅，七嘴八舌，都冲着我来了："同行十二年，不知木兰是女郎，根本不可能。""十二年，这么长的时间同生活同打仗，怎么会认不出是女的呢？""不说别的，一洗脚就露馅，小脚怎么藏得住？"……在一片喧嚷声中我说了一句："南北朝时代妇女还不缠脚。"课堂上刹时安静下来。约莫几秒钟光景，小陶首先站起来一本正经地问："那么，中国妇女什么时候开始包小脚的？"其他同学顿时活跃起来，说："是啊，哪个时

---

①于漪. 语文教苑耕耘录. 福建教育出版社，1984：272－273.

代啊？"我被问懵了。备课哪会备到包小脚这个问题呢？课后查阅了好些书，在赵翼的《陔余丛考》中查到了"弓足"，方知妇女弓足起于五代，"李后主令宫嫔窅娘以帛绕脚，令纤小作新月状，由是人皆效之"。

其实，何止是"弓足"一事？类似这种情况常有发生。教《我们把春天吵醒了》一文时，学生问"为什么叫'春幡'，不叫'春旗'？'幡'和'旗'有何区别"；教《谁是最可爱的人》一文时，学生问"志愿军思念祖国而又不愿回来，是因为朝鲜还半边红半边黑；现在还是半边红半边黑，怎么又回来啦"。凡此种种，不胜枚举。即使是名家名篇，他们也同样咀嚼、推敲、评论、质疑。总之，在教学过程中，小脑袋里的问题层出不穷，他们追根溯源，打破砂锅问到底，希望从教师那儿获得满意的解答。

教然后知困。由于时代在前进，社会在进步，学生思想活跃，视野广阔，想得宽，想得深，也想得杂，涉及的问题五花八门，常常超出教师的估计，这就大大添了教者"困"的程度。"知困"远远不够，更重要的是解"困"。怎样才能解"困"呢？怎样才能在有限的课堂教学时间内，正确而及时地解答学生提出的各种各样的问题呢？关键在于自己必须开拓备课的广阔天地，下双倍、三倍，甚至更多倍的功夫。狭窄的溪流经不起小雨的灌注，汪洋大海才能容纳千江万河。自己知识浅薄，满足不了学生旺盛的求知欲，只有教师自己学而不厌，才能引导学生在知识的海洋里破浪远航。

第三章 语文教师讲课艺术

讲课是一门艺术，课堂是教师展示自己独特个性和艺术特点的平台。本章从教师的语言艺术、教师组织课堂教学的艺术两方面谈语文教师的讲课艺术。

第一节 语文教师的语言艺术

教师的职业特点决定教师的语言一定要简捷、清楚、流畅。语文教师的语言表达水平，要高于其他学科的教师，这是由语文学科的特点决定的。教师的语言包括教学语言、教育语言和交际语言。教学语言主要指在课堂上传授知识时使用的语言；教育语言主要是对学生进行思想品德教育时使用的语言，它既可以在课内使用，也可以在课外使用；交际语言是教师与别人交往时使用的语言，主要在课外使用。本节拟从有声语言和无声语言两方面研究语文教师的教学语言。

一、有声的教学语言

用声音语言向学生传授知识，是教学工作的一项重要内容。声音是有个人特质的，有的教师声音悦耳、洪亮，能像磁石一样抓住同学的心；有的教师则声音干瘪、沙哑，使听课者昏昏欲睡。作家汪曾琪回忆闻一多先生时说："闻一多先生讲课真是神采奕奕，能把本来很枯燥的考证，讲得层次分明，引人入胜，逻辑性很强，而又文词生动，讲话很有节奏，顿挫铿锵，有'穿透力'，如同第一流的演员。"其中的"讲话很有节奏，顿挫铿锵，有'穿透力'"，就是指闻一多讲话时表现出来的声音语言的节奏，由于节奏分明，所以听起来声音具有很强的穿透力。

伊凡·基里耶夫斯基谈到他对著名哲学家黑格尔讲课的印象时则说："他的讲话简直叫人受不了，说一句就咳嗽一阵，声音给吞掉了一半，他那颤抖的哭泣似的语调几乎不能把最后一句话说完。"这里批评的是黑格尔讲课时的语调，尽管黑格尔是著名学者，但其个人声音特质太差，所以听他的课，不能带给学生美感，反而让学生感到非常痛苦。

调查表明，语文教师教学语言质量的高低，直接影响学生的听课情绪，直接影响语文教学的质量。因此，努力提高自己的语言表达水平，是每个教师必须注意的问题。

(一) 有声教学语言的特点

1. 规范性

所谓教学语言的规范性，包含两层意思。一是教师授课时，必须用标准的普通话讲课，而不能用方言土语讲课。尤其是在方言区，虽然人们日常交往都习惯用当地的方言，但在语文课堂上，教师必须用标准的普通话讲课。因为推广普通话，是我们国家一项重要的语言政策，语文教师有义务把推广普通话的工作落实到每一位同学身上。

教学语言规范性的第二层含义是，教师用词必须准确，说出的话必须符合语法。不应该有明显的语病，不应该含混不清，或者颠三倒四，前言不搭后语。

2. 科学性

学校传授的所有学科知识都必须是科学的，语文学科也不例外。讲授科学知识，必须用科学的语言。教师语言的科学性表现为两个方面，一是语言传递的信息内容是科学的，不能用伪科学的东西误导学生。例如，一位教师在上作文指导课时，向同学们郑重宣布："陈景润经过刻苦努力，终于攻克了哥德巴赫猜想。"这句话明显与事实不符。陈景润并没有最后攻克哥德巴赫猜想，他攻克的是"陈氏定理"——一个足够大的偶数可以写成一个素数与另外两个素数乘积的和形式，即著名的"1 + 2"。

教学语言的科学性还表现为用词的科学性。教学语言是口头语言，口头语言有转瞬即逝的特点，如果教师用语不科学，学生听不清楚，或者听不明白，就会产生误解，所以教师用语应该尽量准确、严密，尽量避免学生听课时产生歧义。

3. 启发性

教学语言还应该具有启发性，能留给学生思考和想象的空间。语文新课程标准中强调"学生是学习和发展的主体。语文课程必须根据学生身心发展和语文学习的特点，关注学生的个体差异和不同的学习需求，爱护学生的好奇心、求知欲，充分激发学生的主动意识和进取精神，倡导自主、合作、探究的学习方式"。根据新课程标准的要求，教师在课堂上不应该把现成的结论告诉学生，而应该用富于启发性的话语，引导学生主动探求问题的答案。正如威廉所说："平庸的教师只是叙述，好教师讲解，优异的教师示范，伟大的教师启发。"[1] 教师用启发性的语言，引起学生的思索和注意，使他们在课堂上积极思维，比单纯地告诉学生最后的结论效果要好得多。

4. 趣味性

中国的百姓大多数喜欢听评书和相声。因为评书和相声演员的语言非常生动有趣。教师虽然不是演员，其实也应该像演员那样，使自己的语言充满情趣，能在四五十分钟内，始终像磁石一样吸引住学生的注意力。心理学研究表明，学生在上课之初，注意力比较集中，这种最佳注意状态一般能保持 15－25 分钟，然后大脑产生疲劳，注意力开始分散。在学生感到疲劳时，用生动风趣的语言讲点形象的故事或者与课文有关的轶闻趣事，可以减缓疲劳，引起学生的无意注意。当然，整堂课都能使学生感到老师的讲述充满了情趣，那是很高的教学境界。

有声教学语言的主要特点有以上四种，除此之外，教学语言还应该带有一定的示范性，可以成为学生模仿的榜样。同时要通俗易懂，能带给学生美感等等。总之，教学语言带有强烈的个性化色彩，每一位教师都应该对提高自己教学语言的水平下一番苦功。

(二) 有声教学语言的分类

1. 导语

导语是上课之初教师导入新的教学情境时所说的一段话。精心设计的导语通过教师之口讲出来时，应该立刻引起学生的注意和兴趣，同时激发学生的思维，引起他们强烈的听课欲望，使他们的精神处于高度兴奋状态，水到渠成地进入下一步的学习。

导语不要太长，简洁、明白、易懂就好。每节课的导语都力求有新意，不能千篇一律。由于上课之初，学生的注意力还处在下课时的兴奋状态，因此导语应该能立刻抓住同学的注意力，使大家迅速进入听课状态。

2. 讲授语

讲授语是课堂教学中使用频率最高的一种教学语言。它是把教师备课时写在教案中的内容通过有声语言传授给学生。教师的讲授语言应该清楚、流畅、抑扬顿挫、快慢适中。讲到重点或需要学生记笔记的地方，语速要慢一些，留出充分的思索和记笔记的时间。对学生感到生疏的内容，或者需要强调的地方，也可以

---

①翁向新主编．谈教师的素质与修养．北京：群众出版社．1992：93．

适当重复，以加深学生对所学内容的理解。

教师的讲授语是口头语言，尽量不要用太长的语句，以免学生听起来感到吃力。同时尽量避免出现"嗯"、"啊"、"然后、然后"之类的口头禅。讲授语要完整，不要说半截子话，避免让学生感到疑惑不解。

3. 提问语

提问是课堂教学必不可少的环节之一。提问是一种教学反馈，通过提问可以了解学生对所学知识的掌握情况，以便教师及时调整自己的教学内容和教学进度。提问者可以是教师，也可以是学生。教师的提问是启发式教学的重要形式，学生的提问是他们主动学习的标志。

复习性提问能督促学生及时复习巩固所学知识，达到当堂消化理解的目的；激疑性提问能集中学生的注意力，活跃课堂气氛，促进对新知识的学习；启发性提问能培养学生的学习兴趣，使学生养成积极思考、独立思维的习惯。

提问语应该是教师事先设计好的，不应该在课堂上不负责任地随机一问。设计的问题应该有价值，类似"好不好哇"、"对不对呀"、"行不行啊"这类问题，虽然全班同学轰然作答时声音响亮，但于所学知识无补，课堂上这类提问太多，不仅浪费时间，而且容易形成学生思维的简单化，所以应当坚决摒弃。提问还应该简捷、明确，不能过于空泛，不着边际，让学生无从回答。当然提问也不可过于艰深，超出了学生的知识范围，就会使学生失去了思考和回答的兴趣。

教师提问时，声音要有所变化，可以利用减慢语速、提高语调、适当停顿等方式引起学生的注意。提问之后，要给学生思考的时间，然后再让他们回答。对回答得不清楚的地方，可以进一步追问，训练学生思维的严密性。

4. 阐释语

阐释语是教师向学生传授知识和技能，或者问答学生提问时使用的解释性教学用语。阐释语解释的问题常常是比较难懂的问题，因此阐释语应该准确、明了，最好能用通俗易懂、生动形象的语言解释那些难懂的问题，使学生听后有启发，感到明白有趣。

例如浙江的王朝林老师讲授《故都的秋》时，有同学问："既然郁达夫喜欢故都的秋，为了留住北国的秋天，他甚至愿意把寿命的三分之二折去，换得一个三分之一的零头。他为什么还要把这篇散文的总基调定为'清、静、悲凉'？这样写根本就不是赞美故都的秋。"王老师对这个问题的阐释是："郁达夫始终保持了爱国进步知识分子的高尚情操，所以他描绘北平的秋色，赞美了故都的自然景观，抒发了向往眷恋的感情。但由于帝国主义的侵略和国民党反动派的腐败统治，国家经济萧条，民不聊生，衰败的现状使他忧郁、悲观、痛苦，所以，他赞美秋天也选择些冷色的景物来写，流露出他心灵深处的忧思和孤独者的落寞之感。唯其如此，才真正做到以情驭景，以景显情。"

阐释语也可以不作直接阐述，而是用谈话法引导学生自己思考分析，最终得出正确答案。如教师在讲述什么是"冬眠"时，师生间有一段有趣的对话：

师：眠是什么意思？

生：是睡觉的意思。

师：冬眠呢？

生：冬眠是冬天睡觉的意思。

师：人冬天也睡觉，这是冬眠吗？

生：（知道回答有误）不是。冬眠是指动物在冬天不吃不喝，只睡觉。

师：（风趣地）"噢"，骑兵部的战马到冬天不吃不喝，睡觉去了，敌人来了怎么办？

生：（笑了，知道又错了，于是补充）冬眠是指有的动物在冬天不吃不喝去睡觉。

师：这样解释就对了。冬眠是指有些动物，如青蛙、蛇在冬天不吃不喝一直睡一个冬天。看来把词理解准确是要动一番脑筋的。

5. 过渡语

在教学过程中，由对一个问题的讲述转入对另一个问题的讲述，常常要用过渡语。巧妙的过渡语会使整堂课脉络贯通，气韵流畅，浑然一体。

课堂的过渡语要求自然流畅，能够引起学生的思考。比如下列《祝福》的过渡语属于串珠型过渡语，它把祥林嫂的第二次嫁人和第二次守寡串联起来，顺利地进入后面内容的学习："不论祥林嫂怎样哭闹，最终还是跟贺老六进了洞房。丈夫有的是力气，房子又是自家的，第二年还生了个胖儿子，卫老婆子说她'真是交了好运了'，命运之神真的垂怜这个苦命的女人，让祥林嫂交了好运吗？请同学们接着学习下面的内容。"

教师也可以利用过渡语设置悬念，引起学生的听课兴趣。如《装在套子里的人》的过渡语："整天把自己装在套子里，慎重、多疑，跟所有人都不来往的别里科夫，居然谈起了恋爱，而且差点就要结了婚。是哪位姑娘叩开了别里科夫被装在套子里的心扉，她最终获得了理想的爱情吗？请同学们继续往下看。"

6. 应变语

在课堂上，有时会发生一些教师备课时没有想到的情况。比如同学提出了一些旁逸斜出的问题，或者发生了临时事件，此时就需要教师有机敏的应变能力。应变语就是教师为应付特殊情况而临时组织的课堂语言。

如钱梦龙老师讲授鲁迅先生的小说《故乡》时，对一名学生的提问，采取了机智的应变语，使全体学生的注意力迅速回到课文中来：

生：鱼怎么会有青蛙似的两只脚呢？

师：是啊，鱼怎么会有脚？

生：有！

师：什么鱼啊？

生：娃娃鱼。（笑）

师：啊，见多识广！我想跳鱼也有两只脚，你们看到过没有？

生：（齐）没有。

师：这说明什么问题？书上怎么说？

生：这说明闰土见识广。

生：闰土的心里有无穷无尽的稀奇的事。

师：对了。我们以后可以到闰土的家乡去看看，大概总会看到这种跳鱼的吧。还有什么问题？（顺利地过渡到后面的学习）

7. 收束语

收束语也叫结语，是教师在下课之前对一堂课的总结性语言。优秀的教学结束语既可以巩固当堂课的教学效果，也可以衔接新旧知识，是贯穿课内、课外，由知识向能力过渡的桥梁和纽带。

如：北京师大附中的时雁行老师《琵琶行》一课的结束语：

《琵琶行》开始于"无管弦"而"醉不成欢"，结束于"闻仙乐"而泣成一片。这样遥相呼应的开头结尾，既形象地表现出"无管弦"时固然凄惨，"闻仙乐"后更增悲戚，诗人——正直人物的悲凄情绪实在无法纾解；又创造出笼罩全篇的悲怆气氛。在这悲怆气氛笼罩之中，塑造出伟大诗人自身横遭贬谪、抑郁寡欢的形象，艺绝琵琶女漂流沦落、凄楚孤苦的形象，更具有了强烈感染力量，有力地揭露了当时社会的黑暗凶残。

（三）有声教学语言的运用技巧

每个人的语音都有其生理特性和社会心理特性。语音是物理现象，语音的物理特性是声带振动或声腔里空气扰动，使周围的空气也发生震荡，形成一种音波，音波传到人的耳朵刺激了听觉神经，人就听到了声音。也就是说，声音经过了音波形成、传递与刺激的过程，形成一个完整的由说到听的过程。

人的发音器官可以分为三部分，一部分是动力器官，包括肺和气管。肺里的空气为发音提供了原动力，说话的时候，主要利用肺部呼出的气流发音。第二部分是发音器官，包括喉头内的声带，及与声带相连的几块软骨。声带为语音提供主要声源，发音时，通过声带的闭合发出不同的声音。第三部分是共鸣调节器官，包括口腔、鼻腔和咽腔。声带振动时发出的声音很小，像蜂鸣一样，它通过发音共鸣器的调节，可以把声音放大很多倍。经过科学的训练，人的音量是可以提高的。

语音具有音高、音强、音长、音质四个要素。

所谓音高，是指声音的高低。它取决于发音体振动的频率。频率是发音体每秒钟振动的次数。每秒钟振动一次叫一赫兹。人耳能听到的频率范围大约在 16 到 2 万赫兹之间。发音体振动频率快的，声音就高；频率慢的，声音就低。发音体振动的频率与发音体的粗细、厚薄、长短、弹力有关。体积大的发音体，如粗、厚、长、阔的频率就小，反之，那些体积小的细、薄、短、窄的发音体，振动的频率就快，声音也高。弹力强的（如弦绷紧时），频率大；反之频率就小。

所谓音强，是指声音的强弱，它取决于发音体振动的振幅。振幅是由发音体的大小和受力的强弱决定的。比如大锣与小锣的音强就完全不同。即使是同一面锣，由于敲打的力量不同，音强也不同。说话的道理也一样，用力大，气流强，声音就强，反之则弱。音强对教师的教学语言是非常重要的。教师发出的声音必须被全班同学听到，如果音强太弱，只有前几排的同学才能听到，那就会大大影响教学效果。反之，如果音强太大，震耳欲聋，学生容易产生抑制状态，教师也容易疲劳，同样会影响教学效果。按照普通教室的大小，教师讲课时的音强，以十米之内能听清，三米之内不震耳为宜。

所谓音长，是指发音体振动时间的长短，它直接影响了声音的长短。发音体振动持续的时间长，声音就长，反之则短。

所谓音质，是指声音的个性或特色，也叫音色。比如同一首乐曲，用不同的乐器演奏，就会出现不同的音色，效果也就大不相同。每个人的音质都与别人不同，造成语音音质不同的原因有：1. 发音体不同，即每个人的声带与别人不同，因此发出的声音音质也不同。2. 发音方法不同，有人发音位置靠前，有人发音位置靠后。我们听歌唱演员的表演，男低音的发音位置与女高音的发音位置就有很大差异，因此才能造成不同的音质。3. 共振腔的形状不同。改变口腔、鼻腔或咽腔的形状，就会形成不同的音质。

了解了上述关于语音的基本知识，有助于帮助教师有声教学语言水平的提高。掌握了科学的发音技巧，可以使声音洪亮、悦耳。如果不掌握科学的发音技巧，在长时间的讲课后，往往容易造成声带充血，严重的还会变成慢性咽炎，直接影响讲课工作。下面谈谈教师有声教学语言的使用技巧。

1. 用本色发音

语文教师几乎每天都要说大量的话，声带比较疲劳。讲课与平时交谈不一样，必须提高音量，字正腔圆，所以讲课比平时说话要累得多。有些初上讲台的教师，为了吸引学生的注意力，加倍用力讲课，一味地发高音，导致声带过分疲劳；有些教师在课堂上又过于随便，用平时唠嗑的声音去讲课，声音平淡松软，让人觉得有气无力，不能吸引学生的注意力；有些教师讲课时拿腔拿调，声音做作，表演的痕迹太浓，让人听了以后浑身不舒服。以上种种不正确的发音方式，都是不足取的。正确的做法是用本色自如地发声。每个人都有自己的最佳声域和最佳音量，在这个最佳声域里，用最佳的音量发音，自己就不会感到吃力。别人听了也觉得声音自然、舒服。

2. 音量的控制

讲课与二人对面交谈不一样，与人对面交谈，距离一般不会超过两米，音量不必放得太大。讲课则不然，教师要面对四五十名学生，最后排的学生离教师有十米以上的距离，如果教师讲课的音量太小，后面的学生就听不清楚。教师的讲课能让全班同学都听清楚，这是对教师的最起码要求。

有些人天生音量较小，应该想办法提高自己的音量。提高音量有两种办法，一是增加肺活量。因为声音是靠气息传出来的，没有足够的气息，就不能发出洪亮的声音。平时多注意锻炼身体，经常参加游泳、跑步、打球、跳健美操等有氧体育运动，可以有效地增加肺活量。二是学会用共鸣音讲课。口腔、鼻腔、咽腔是发音的共鸣器，有的人讲话，嘴张得很小，不仅听起来含混不清，而且音量也难以放开。因此，讲话的时候，使共鸣器尽量打开，让声音产生共鸣，也能有效地提高音量。这些发音技巧，应该在平时不断的练习中慢慢摸索经验，当然，请教有经验的老教师或专业演员，效果会更好。

3. 语调的控制

语调是指讲话时声音的高低升降、轻重缓急的变化和配置。句子都有一定的语调，用来表示不同的语气和情感。在书面语中，语调并不能显示其重要性，但在口语中，语调就显得非常重要了。正如爱尔兰著名作家、演说家萧伯纳所说："文学艺术，不管它在语法上如何精确，也不能把语调表达出来。因为说一个'是'有五十种方法，说一个'不'有五百种方法。可是写下来的只有一个。"[①] 前苏联教育家马卡连柯也说过："一个教师如果不能用二十种不同的语调说'到这边来'，那就不能算是一个教育行家。"

教师的语调不是一成不变的，应该根据所讲授的内容随时变换语调。讲到快乐的地方，语调应该上扬，讲到愤怒的地方，情绪很激昂，语调也应该有所变化。也就是说，语调与所讲授的内容、与教师的情绪是有直接关系的。语调有四种：

高升调。高升调是指在一句话中，语调前低后高，说到结尾处，语气上扬。在疑问句、反诘句和表示愤怒、紧张、警告、号召的句子时，多用高升调。例如朗读高尔基的《海燕》，用高升调效果就比用其他语调要好。

降抑调。降抑调是指一句话中，语调由高渐低，这句话的最末一个字应该低而短，在念祈使句、感叹句，或者表示坚决、自信、悲愤的感情时，常用降抑调。鲁迅的《故乡》第二自然段："时候既然是深冬；渐近故乡时，天气又阴晦了，冷风吹进船舱中，呜呜的响，从篷隙向外一望，苍黄的天底下，远近横着几个萧索的荒村，没有一些活气。我的心禁不住悲凉起来了。"这段话表达了主人公渐近故乡时，看到故乡的变化，不禁引起胸中的悲愤之情，所以读的时候，宜用降抑调来表达人物的这种心情。

平直调。平直调指讲课时，声调无明显的高低变化，语调平直舒缓，适于一般的叙述、说明和表示迟疑、思索、冷淡、追忆悼念的句子。如读《在马克思墓前的讲话》，宜用平直舒缓的语调读第一自然段："三月十四日下午两点三刻，当代最伟大的思想家停止思想了。让他一个人留在房里还不到两分钟，当我们进去的时候，便发现他在安乐椅上安静地睡着了——但已经永远地睡着了。"

曲折调。曲折调的语调由高而低后又高，故意加重加高或拖长某些音节，用

---

① 李如密. 教学艺术论. 山东教育出版社，2000：256.

于表示讽刺、嘲笑、夸张、强调、双关、惊异等感情。例如鲁迅的《故乡》中豆腐西施杨二嫂的几句话，用曲折调最能表现杨二嫂讽刺中带有一丝嘲笑和夸张："阿呀呀，你放了道台了，还说不阔？你现在有三房姨太太；出门便是八抬的大轿，还说不阔？吓，什么都瞒不过我。""阿呀阿呀，真是愈有钱，便愈是一毫不肯放松，愈是一毫不肯放松，便愈有钱……"

语调由于轻重缓急的不同，可以使声音变得抑扬顿挫，这种抑扬顿挫的声音可以用来表示非常细腻的情感变化，教师情感的细腻变化，又可以直接影响学生的听课情绪。于漪老师在总结自己教学语言经验时说："教学语言要做到优美生动，除了知识素养、语言技巧之外，还必须倾注充沛、真挚的感情。情动于中而言溢于表，只有对所教学科、所教对象倾注满腔热情，教学语言才能充分显示其生命力，熠熠放光彩，打动学生的心，使学生产生强烈的共鸣，受到强烈的感染。"

4. 语速的控制

语速指讲话的速度。语速因人而异，有人说话速度非常快，有人说话速度就比较慢。语速还与所说的内容有关，讲非常紧急的事情时，语速要快；叙述比较长的故事时，可以速度慢一些。教师的语速对课堂教学效果也有直接影响，如有的教师语速过快，学生还没有听清楚上一句，下一句马上就来了，使学生没有思考的时间，在讲新知识时，这种过快的语速显然不利于学生对新知识的消化理解。有的教师语速过慢，每讲一句都要休息几秒钟，使学生的思维始终处于疲散等待的状态，大脑皮层不能形成兴奋中心，不能产生主动学习的愿望；还有的教师整节课都用同一种语速讲课，由于语速缺少变化，久而久之，会使人产生昏昏欲睡的感觉，学生的注意力也容易分散。

语文教师应该根据教学内容，及时调控自己的语速，使整堂课的节奏呈现快慢不同的变化，通过语速的变化吸引学生的注意力。一位语文特级教师讲《武松打虎》一课，根据武松性格的勇猛过人和打虎情节的紧张生动，教师用了不同的语速处理不同的内容，收到了非常好的教学效果。如讲到武松过景阳冈前，用不快不慢的一般语速讲武松连喝十八碗酒，并且不顾酒保的劝阻，执意要夜过景阳冈，突出了武松"便有虎，我也不怕"的沉着和自信。讲到武松上了景阳冈，并且醉眠青石时，用较慢的语速，甚至还稍微停顿了一下，为下面打虎制造悬念和气氛。紧接着，狂风过后，老虎扑来，武松与老虎进行了一番生死搏斗，此处必须用快节奏的语速渲染浓烈而惊险的气氛，否则不能表现武松的大智大勇。最后武松因打虎有功，做了清河县衙等故事情节，用中等语速交代了故事的结局。整节课上得既紧张又生动，学生的思路始终跟着教师的语速走，语速慢时，学生情绪舒缓，心情放松；语速快时，学生的心也跟着提到了嗓子眼儿，想精神溜号都做不到。因此，语速也是教师调控课堂气氛的要素之一。

5. 语气的控制

语气也叫"式"，属语法范畴之一。通过一定的语法形式表示说话人对行为动作的态度。如："你很细心"，是陈述语气；"细心一些"，是祈使语气；"但愿你更细心些"，是虚拟语气。现代汉语用语气助词"的、了、吗、呢"等和语调表示各种语气。

教师讲课时，根据所教内容和教学目的的不同，以及学生接受能力和教师表达的情感不同，语气也应该有所变化，有时说话的语气轻盈舒缓，有时凝重深沉。根据说话时的语气不同，人们把句子分为陈述句、疑问句、祈使句和感叹句。下面以台湾作家李乐薇的散文《我的空中楼阁》为例，研究一下在不同的句子中应该用什么样的语气来读课文。

陈述句是叙述或说明事实的具有陈述语调的句子。它有时可以带语气词"了、的、呢、罢了、嘛、啊"等。说陈述句时，语气应该是平和的，不轻不重，不急不缓，有的时候句末语气可以稍降。如"世界上有很多已经很美的东西，还需要一些点缀，山也是。小屋的出现，点破了山的寂寞，增加了风景的内容。山上有了小屋，好比一望无际的水面飘过一片风帆，辽阔无边的天空掠过一只飞雁，是单纯的底色上一点灵动的色彩，是山川美景中的一点生气，一点情调。"读这一段时，应该用舒缓的语气，把作者对小屋的喜爱之情蕴含其中，语气应在平静中略显深情，不要读得太重，否则就会破坏这一段的宁静温馨的气氛。

疑问句是具有疑问语调，表示提问的句子。它有两种形式，一种是有疑而问，叫询问句，如"今天是星期几？"另一种是无疑而问，叫反问句。在说疑问句时，语调是不可或缺的，疑问句的结尾处语调一定要上扬。同时，在疑问句中，疑问词和语气词有时也是必要的。读疑问句时，句末语气要说得重一些、急一些，同时句末一般语气应该上扬。如："我出外，小屋是我快乐的起点；我归来，小屋是我幸福的终点。往返于快乐与幸福之间，哪儿还有不好走的路呢？"这句话的最后一个字，语气一定要上扬，把作者反问的语气读出来。

祈使句是要求对方做或不做某事的句子。它可以分为两大类：一类是表示命令或禁止的，因为这样的句子一般都带有强制性，言词比较强硬、坚决，所以读的时候宜用重而急的语气。另一类是表示请求、劝阻的，包括请求、敦促、商请、建议和劝阻等，有同对方商量的意思，读的时候可以用次重或者舒缓的语气。这两类句子在语气上都应该用降语调。

如鲁迅的《祝福》中的一段话：

"祥林嫂，你放着罢！我来摆。"四婶慌忙的说。

她讪讪的缩了手，又去取烛台。

"祥林嫂，你放着罢！我来拿。"四婶又慌忙的说。

她转了几个圆圈，终于没有事情做，只得疑惑的走开。

在这里，四婶两次说的"祥林嫂，你放着罢！"就是祈使句，应该读得短促、急迫，表现四婶阻止祥林嫂动祭器时的惶恐心情。当祥林嫂在庙祝那里花了十二千大钱捐了门槛之后，她在祭祖时节，坦然的去拿酒杯和筷子时，四婶再一次禁止祥林嫂动祭器，并且大声说："你放着罢，祥林嫂！"这一次应该语气更坚决、更短促，这不是一般的劝阻语气了，而是非常坚决的命令，所以语气比上面两次说到的"祥林嫂，你放着罢"应该更强硬。

感叹句带有浓厚的感情色彩，用来表示快乐、惊讶、悲哀、愤怒、厌恶、恐惧等浓厚的感情。读感叹句时，一般用降语调，在语气上，多用较重和缓急交替的语气。例如孙犁的小说《荷花淀》中，描写几名年轻妇女在荷花淀中遇到了鬼子时的那段对话，就有很多感叹句：

"现在你知道他们到了哪里？"

"管他哩！也许跑到天边上去了。"（嘴上说是不管，其实心里非常惦念，说丈夫跑到天边上去了，带有一丝怨恨，要把这种感情读出来。）

她们都抬起头往远处看了看。

"唉呀！那边过来一只船。"

"唉呀，日本！你看那衣裳！"

"快摇！"（这几句对话，要读得急迫，把妇女们见到鬼子时的惊恐、厌恶的感情读出来。）

读课文需要根据内容变换语气，讲课也一样，需要根据所讲的内容，不断变换语气，使教师的语言生动、丰富，避免呆板、单调。

6. 停顿的控制

停顿是指说话或朗读时，段落之间、语句中间出现的间歇。停顿得正确与否，对理解内容有直接影响。比如：

　　公园锻炼的人群中老年人居多。

　　这句话有两种停顿方法，一种是"公园锻炼的人群中，老年人居多。"另一种是"公园锻炼的人群，中老年人居多。"由于变换了停顿的位置，两种读法表示的内容就不一样了。

　　停顿分为语法停顿和逻辑停顿两种。

　　语法停顿是从语法的角度设置的停顿。语法停顿往往和词、短语或句子直接联系起来，其中较显著的停顿都有标点符号表示出来。

　　标点符号包括标号和点号两部分。标号有九种：破折号、括号、省略号、书名号、引号、连接号、间隔号、着重号、专名号；点号有七种：句号、问号、感叹号、逗号、顿号、分号、冒号。

　　点号主要表示语句中的各种停顿，有的兼表语气，标号标明词语或句子的性质和作用。问号和叹号是点号，也兼属标号：就它表示问句、感叹句末尾的停顿而言，是点号；就它表示疑问、感叹的性质而言，是标号。有的标号，如破折号、省略号、间隔号，也兼有表示停顿的作用。

　　下面以点号为例，说明它们应该停顿的时间：段落＞句号、问号、感叹号＞分号、冒号＞逗号＞顿号。也就是说，顿号的停顿最短，逗号较长，分号和冒号又较逗号为长。句号、问号、感叹号的停顿较分号为长。章节段落之间的停顿还要更长。根据标点符号采取不同停顿，可以使说话顿挫有度，语意层次分明。

　　逻辑停顿是为了突出某一事物，强调某一观点，表达某种感情，虽然在句子中没有标点符号，但是也必须做适当的停顿，这种停顿通常叫做逻辑停顿。如：指点／江山，／／激扬／文字，／／粪土／当年／万户／侯。／／／（其中单斜线表示短暂的停顿，双斜线表示稍长的停顿，三条斜线表示更长的停顿。）

　　7. 重音的控制

　　重音是指在语句中念得比较重，听起来特别清晰的音。重音因为延续的时间比较长，音域也比较宽广，读音的强度也较其他字音要重，所以听起来有特别强调的意味。在句子中，重音可以分为两种：一种按照语法结构的特点而重读的，叫语法重音；一种是为了突出句中的主要思想或强调句中的特殊感情而重读的，叫逻辑重音。

语法重音是根据句子中的某些语法成分，把某些字或词读成重音。下面举几个例子：

①谓语中的主要动词常常读重音。例如鲁迅的《社戏》中：

一出门，便望见月下的平桥内泊着一支白篷的航船，大家跳下船，双喜拔前篙，阿发拔后篙，年幼的都陪我坐在舱中，较大的聚在船尾。母亲送出来吩咐"要小心"的时候，我们已经点开船，在桥石上一磕，退后几尺，即又上前出了桥。

②表示性状和程度的状语常常读重音。例如《祝福》中：

她转了几个圆圈，终于没有事情做，只得疑惑的走开。她在这一天可做的事是不过坐在灶下烧火。

③表示状态或程度的补语常常读重音。例如人教版《语文》七年级下册的《斑羚飞渡》中：

我没想到，在面临种群灭绝的关键时刻，斑羚群竟然能想出牺牲一半挽救另一半的办法来赢得种群的生存机会。我更没想到，老斑羚们会那么从容地走向死亡。

我看得目瞪口呆，所有的猎人都看得目瞪口呆，连狗也惊讶地张大嘴，伸出了长长的舌头。

④表示疑问和指示的代词通常读重音。如：

这样的好事是谁做的？

逻辑重音是指句子中需要强调或突出的词语，常常要重读。至于哪些词应该读成重音，哪些词不需要读成重音，则要依据作品或说话人的要求和情感的发展来确定。重音的位置不同，表现的意思也绝不相同。如：

我知道你会唱歌。（别人不知道你会唱歌。）

我知道你会唱歌。（你不要瞒着我了。）

我知道你会唱歌。（别人会不会唱我不知道。）

我知道你会唱歌。（你怎么说不会呢？）

我知道你会唱歌。（会不会唱戏我不知道。）

上面谈了有声教学语言的特点、分类和运用技巧，教师在使用有声语言教学时，一要看教学内容，二要看教学对象，三要根据自身的特点去灵活运用语言。因为教师的语言对学生有示范作用，所以教师应该努力提高自己的教学语言水平，争取使语文课上得生动活泼。除有声教学语言之外，在课堂上还需要运用一些无声的教学语言，下面谈谈无声的教学语言。

二、无声的教学语言

　　法国作家都德在《最后一课》的结尾写道，教堂的钟声敲了十二下，祈祷的钟声也响了。窗外传来普鲁士兵的号声，韩麦尔先生"转身朝着黑板，拿起一支粉笔，使出全身的力量，写了两个大字：'法兰西万岁！'然后他呆在那儿，头靠着墙壁，话也不说，只向我们做了一个手势：'放学了，——你们走吧。'"韩麦尔先生最后虽然没有说话，只朝大家做了一个手势，但是他对法国的热爱之情，对法语的恋恋不舍之情，对普鲁士人侵占了自己国土的悲怆之情，都包括在这最后的手势中了。这就是教师的无声的教学语言。

　　教师的无声教学语言，指教师为配合讲课，用手势、姿态和表情来表达信息的一种形体语言，有人把它称为体态语。体态语虽然有形无声，但是同样可以起到信息的传递作用，也是教学语言的一部分。前苏联著名教育家马卡连柯指出："教育技巧，也表现在教师运用声调和控制面部表情上。""我相信在高等师范学校里，将来必然要教授关于声调、姿态、运用器官、运用表情等课程，没有这样的训练，我是想象不出来可能进行教师工作的。"[①] 这段论述号召高等师范院校把训练师范生的无声教学语言作为师范教育的一项重要内容。不仅在校的师范生要训练无声的教学语言，在职教师也应该加强无声教学语言的学习和使用。有些科学家经过实验证明，人的记忆，80%是靠视觉来确定的。学生听课时，如果只有听觉刺激，而无视觉刺激，所接收的信息就会大打折扣。比如，听收音机播出的广播剧和看电视中播出的电视剧，肯定是后者接受效果好。这是因为看电视时，不仅有声音信号刺激大脑的左半球，而且有图像信号刺激大脑的右半球。也就是说，看电视时大脑的左右半球同时工作，当然理解和记忆的效果比听广播时只用大脑的左半球要好得多。美国心理学家艾帕尔·梅拉别思通过许多实验，总结出了这样一个公式：

　　信息效果 = 7%的文字 + 38%的音调 + 55%的面部表情

　　从上述公式中也可以看出以面部表情为代表的视觉语言在信息传递中的重要作用。

　　体态语在课堂上的作用有时不亚于有声语言。比如，学生发言时，由于不自信，声音吞吞吐吐、断断续续，这时教师可以鼓励学生："你说得很对，大点声音继续说下去。"也可以不用有声语言，而是用信任、亲切、鼓励的目光注视学生，同样

---

　　①马卡连柯．论共产主义教育．人民教育出版社，1980：442，303．

可以收到"此时无声胜有声"的效果。

（一）无声教学语言的特点

1. 直观性

无声教学语言是一种视觉语言，只要学生注视教师，教师的一举一动就会直观地显现在学生面前，给学生留下深刻的印象。伴随着讲课的内容，教师适当地加以无声语言的配合，会加深学生对所学内容的理解。

2. 表情性

无声的教学语言既有表义性，也有表情性，人们可以从某人的表情、眼神、姿态等体态语中看出这个人内心世界的微妙变化。也就是说，一个人可以言不由衷，但是他的体态语却会把他的内心世界暴露无遗，正如心理学大师弗洛伊德所说，没有人可以隐藏秘密，假如他不说话，他则会用指尖说话。

3. 动作性

无声的教学语言是由一系列动作完成的。有人曾经做过实验，一个人识别同一种物体，用语言描述需要 2.8 秒，而用眼睛观察只需要 0.4 秒。可见，人们通过眼睛捕获的信息量最大，因此无声教学语言的动作性就具有了有声教学语言所没有的优势。

（二）无声教学语言的分类

无声教学语言是形体语言，根据形体部位的不同，无声教学语言大体上可以分为面部语言、眼神语言、手势语和姿态语四种类型。

1. 面部语言

面部语言即人的面部表情所表达的信息。在课堂上，面部表情是指教师通过面部肌肉的运动表达或辅助表达有关课堂教学信息的活动。面部是一个人内心世界的荧光屏，从一个人的面部表情可以看出他的心灵、思想、情绪等。按照中医的观点，一个人的面部汇聚了五脏六腑之精气，是肺腑的外窍。人的喜、怒、忧、思、悲、恐、惊七情都可以通过面部语言表现出来。

最适宜在课堂运用的面部语言是微笑，微笑不仅能使教师的肌体放松，减轻紧张、压抑的情绪，使教师看起来精神焕发，而且这种由微笑表现出来的自信、乐观、向上的态度也会感染学生，使课堂气氛活跃，使学生乐于配合教师共同完成学习任务。美国 1988 年总统教育奖获得者埃斯卡兰就是用爱的微笑去征服学生心灵的。当学生取得成绩时，用微笑鼓励学生固然重要，当学生失败时，用微笑鼓励学生显得更为重要。教师的一个微笑能使学生产生继续前进的勇气，有时会比批评学生效果来得更好。

微笑会牵动面部很多器官一起运动，微笑可以有很多种变化，下面引录胡淑珍《教学技能》一书中关于微笑变化的几个例子。

①眉毛轻扬，嘴角向上，鼻孔开合程度正常，微笑——表示有兴趣。

②眉毛平，嘴角平，微笑——平时常用表情。

③眉毛平，眼平视，微笑——表示不置可否、无所谓。

④眉毛平，视角向下，微笑——表示略带蔑视。

⑤眼睁大，眉毛上扬，嘴略开——表示快乐、高兴。

⑥眼睁开，眉上扬，嘴角平或微微向上，微笑——表示兴奋、幸福、暗喜。

2. 眼神语言

眼睛是心灵的窗口，眼神是面部最有表现力的部分。由于眼睑、眉毛等的活动可以引起眼睛大小的变化，通过这种外在的变化可以判断人的内心世界。尤其是瞳孔的变化，更是观察人的内心世界的最好窗口。瞳孔的变化是靠瞳孔四周可以收缩的圆盘状组织调控的，这种调控是由不随意肌执行的，因此人类不能随意控制自己瞳孔的大小，于是内心的秘密就由瞳孔泄露了出来。

教师可以用眼睛控制课堂，学生也可以从教师的眼神中体会到非语言表达传出的信息。在正常讲课的情况下，教师应该把目光投向靠近讲台三分之一处的学生，用眼睛的余光照顾后面三分之二的学生以及左右两旁靠墙坐着的学生。使所有学生都感到教师在用眼睛注视着自己，必须认真注意听讲。使用眼神语言时忌讳教师把眼光长时间盯在教室的某一角落，让学生误以为那里发生了什么事情；也忌讳把眼睛一直盯着窗外，引得学生跟教师一起看窗外的风景；同时忌讳一直抬头看着天花板讲课，或者只顾低头看自己的教案等，因为这样做，不仅达不到用眼神语言唤起学生认真听课的目的，反而会使学生精神涣散，影响听课的效果。

经过训练可以提高眼神语言的表达技巧。如著名京剧表演艺术家梅兰芳，他的眼睛的先天素质并不好，眼皮下垂，遮住了外露的目光，使人很难看清从眼睛里表露出来的情绪。同时声音也不响亮，说话或者念台词时，口齿不伶俐，根本不具备做演员的天赋。当时师傅给他的评语是："貌不惊人，语不压众"，"祖师爷没给你这碗饭吃"。后来梅兰芳苦练眼神，放一群鸽子在空中上下左右翻飞，他的眼睛盯着鸽子的动作也跟着上下左右转个不停，最后终于克服了眼睛呆滞的毛病，练出了一双在舞台上能摄人心魄的炯炯有神的大眼睛。

具体说来，教师的眼神语言有三种：

第一种是环视法。这是针对全班学生使用的一种方法，教师可以在适当时机环视一下全班同学，使每个人都感到教师在用眼睛与自己交流。如果有个别没有注意听讲的学生，当教师环视的目光扫过自己时，也会悄悄地停止手中的小动作，及时进入听课状态。

第二种是注视法。这是针对某个学生使用的方法。当学生起立发言时，教师应该摒弃所有的语言和动作，全神贯注地听学生的发言，同时眼睛要注视发言的学生，用眼神与该学生交流，这不仅是教学的需要，也是对学生发言的尊重。经常看见有些教师在学生发言时，忙着回头去写板书，或者低头去看自己的教案，这种一心二用的做法是不足取的。

第三种是点视法。教师可以不时地把视力的焦点对准某一学生，有时虽然仅仅是匆匆一瞥，但也足以让那些开小差的学生收回自己的注意力。由于没有语言的批评就能唤起学生听课的注意力，所以是比较有效的调控课堂的方法。

3. 手势语

手势语是指由手掌、手指、手腕、手臂共同协调完成的动作。手势语是无声语言中最有表现力的语言。据说一个人种学家记录了大洋洲阿兰达部落所用的手势语共有 450 个符号，这些手势符号不但能表达具体事物，而且在一定程度上能表达抽象的概念。课堂上手势的表达潜力也是十分惊人的，教师应该熟练地掌握手势语。

根据手臂活动的位置，手势语可以分为上、中、下三区。上区指手臂在肩部以上活动，一般用来表示希望、胜利、喜悦、祝愿或抗议等比较激烈的感情；中区指手臂在肩部至腹部这一带活动，一般用来表达叙事、说理等较平缓的情绪；下区指手臂在腰部以下活动，用来表示否定、鄙夷、憎恨等情绪。教学中用的手势，以中区的平稳活动为主。

手势语有单式与复式两种，用一只手做的叫单式，双手共做的叫复式，复式手势语显得更有力度，用哪种手势语应该考虑表达内容的需要。在课堂上，单式的手势语使用得较多。根据手势语表达内容的不同，手势语可以分为以下几种：

①象征手势，指教师的手势具有某种象征意味。如讲到高尔基的《海燕》中"让暴风雨来得更猛烈些吧"，教师可以把右手向前方伸出，象征着海燕渴盼暴风雨早

日到来时的急切心情。

②象形手势，指教师用手势语描摹某种动作。如《阿Q正传》中，用手在脖子上一劈的动作，表示阿Q被缚刑场，即将"喀嚓"一下被砍头的动作。

③指示手势，指教师用手势语指示学生做什么事情的动作。如手心向上，手向上抬，是指示学生站起来发言。反之，手心向下，手向下压，是在学生发言过后，请他坐下的意思。如果教室比较嘈杂，教师也可以借用球场上叫暂停的动作，学生也能明白教师的意思。

④情意手势，教师用这种手势自己的情感。《最后一课》中，韩麦尔先生向大家做的最后一个手势，就是情意手势，把当时韩麦尔先生心中极其复杂的感情，通过这个手势表达了出来。

课堂中的手势语很多，以上只是举几个简单的例子，教师可以根据教学内容设计相应的手势语。

4. 姿态语

姿态语是通过教师的身体姿态传达给学生的语言信息。姿态语有站姿语、坐姿语和步姿语三种表现形式。

站姿语是指教师讲课时站立的姿态所表现出来的信息。正确的站姿应该是上肢挺直，腹部微向内收，下肢稍微叉开，正所谓"站如松"。这种站姿会给学生以虎虎有生气的感觉。如果教师站在讲台上弯腰塌背，或者双肘支在讲台上，上半截身子一直向前哈着腰，就会给人以萎靡不振的感觉。有些教师站立时爱把一只脚踩在椅子上或者讲台的横档上，给人一种无所谓的油滑之感。还有的人在讲台上一只手插在裤子的口袋里，另一只手拿着书，这是不庄重的站法。也有些刚参加工作的教师，由于精神紧张，双腿不停地抖，站立不稳，这些都是不足取的。

坐姿语是指教师的坐态表达出来的信息。一个比较谦虚、庄重的人，坐姿应该端正，上身挺直，腰不要弯曲，坐在椅子的前半部分即可。不正确的坐姿是：后背懒散地靠在椅背上，两条腿分开，伸出很远，这是一种全身极端放松的坐姿，也是非常随便的坐姿，这种坐姿在课堂上显得不文雅。还有一些不文雅的坐姿，如翘起"二郎腿"、抖动脚板；或者仰坐在椅子上，把双脚搭在桌子上；或者一只手搭在后面的椅背上，另一只手搭在前面的讲桌上；或者斜靠在椅子上，这些都是不庄重的坐姿，都应该改正。

步姿语，教师走动的步态，不仅表现了老师的风度和精神面貌，而且还可以传达一定的信息，这就是步姿语。教师不可能站在讲桌前一动不动，根据需要，可以适当地走动，促进师生的交流，缩短教师与学生间的距离。教师在课堂的走动要有限制，一是不能走动得太频，整节课都在教室里来回踱步是不合适的；二是不能走动得太快，以缓步为宜；三是走动时脚步的声音不能太大。总之，以不影响学生的听课为标准，做适当的走动是可以的。走动时还要注意，不要走到教室的最后排，并且站在那里讲课，这样会影响全班同学的听课；在学生做练习或者答卷时，不要因为走动而分散学生的注意力；在讲台上走动时，注意不要挡住刚写在黑板上的字，以免影响学生记笔记。

无声教学语言的运用要注意含义明确，比如让学生站起来回答问题，还是让他坐下去，教师的手势语要明确。用眼神提示学生做什么，也要以学生能理解为原则。无声教学语言的使用要繁简适度，不可以过分夸张，以朴素自然、潇洒优美为好。

第二节　组织课堂教学的艺术

掌握课堂调控艺术，是组织课堂教学的基本功。教师在认真备好课以后，上课时还要根据学生的实际情况，随时组织课堂教学。在班级集体授课制中，一个班级有四五十名学生，每名学生的兴趣、爱好、学生程度、接受能力都有很大的差异，教师面对这些差异，要调控好课堂，使全班同学都能带着饱满的热情听好整节课，这确实是一门艺术。

一、课前准备工作

为了把课上得更好，必须有充分的课前准备，它包括两方面，一方面是教师的课前准备，一方面是学生的课前准备。

教师的课前准备工作包括在认真钻研课文的基础上，写出教案；准备好上课所用的教具；如果利用多媒体教学，在上课前应该把所用的设备调试好；教师要把自己的情绪调控在最佳状态，带着饱满的热情去讲课；教师要提前三两分钟到教室，组织学生做好上课的准备。

学生的课前准备包括：打预铃后，迅速回到自己的座位上，如果学校没有上课的预铃，应该自觉地在上课前两分钟回到班级，然后做三件事：第一件事是把自己的兴奋点从课间休息状态迅速调整到准备上课的状态，此时不能再与别的同学说话或打闹。第二件事是把本节课需要的教科书、文具、笔记本等准备好，摆放在桌子上，需要时能迅速拿来使用。第三件事是默想上节课老师讲了哪些内容，以便上课伊始，就与教师的导语迅速接轨，进入新内容的学习。这些准备工作，教师一定要督促学生去做，一旦形成了习惯，就可以省去上课之初组织课堂纪律的工作，使学习迅速进入学习状态，充分利用课上时间学习。

二、导课艺术

关于导课艺术，在第二章第四节"编写教案"中，已经较为详尽地介绍了导语的设计工作。但是课堂施教时，教师精心准备的导语还有一个怎样向学生宣讲的问题，下面重点谈谈导语宣讲前组织课堂的艺术。

在师生都做好了充分的课前准备，经过精心组织的课堂上，宣讲导语时，不用组织课堂纪律了，但是如果遇到下列情况，就需要在宣讲导语前，先组织好课堂纪律。比如：上节课的教师压堂了，学生上厕所还没有全部回来，或者上节课是让学生比较兴奋的体育课、音乐课、计算机课，或者是刚刚看完一场班级球赛，或者刚刚看完一部精彩的录像等，学生的兴奋点很难一下子转移到下一节课上来，这就需要教师组织课堂纪律了。在导语阶段，一个很重要的任务就是让学生把注意力从上节课转移到本节课上来，并且对本节课的讲授内容、讲授要点有一个全面而明确的了解。可以用下列方法组织导语阶段的课堂纪律：

方法一，请全班同学唱一支歌，当歌声结束后，迅速进入导语的宣讲。为了培养学生的审美情趣，活跃班级气氛，教师应该组织学生学习一些适于学生的大合唱，在课前让学生们齐唱，这是学生非常愿意接受的组织课堂的方法之一。

方法二，请全班同学集体背诵一段课文。新课程标准中，规定了义务教育阶段和普通高中阶段的学生要背诵一定数量的古典诗词，对典范的现代文，课后练习中也有背诵的要求。教师应该对需要背诵的课文有一个通盘的考虑，安排背诵的密度要适当，最好每周都安排一些要求学生背诵的内容，在每节语文课的开头，都用集体背诵的方式组织课堂纪律，然后迅速进入导语阶段。

方法三，教师在教室巡视，或者站在讲台上，用目光督促学生静下来。如果有个别同学还沉浸在课间的兴奋中，与别人继续说笑，没有理会老师的目光，教师可以走到他的身边，停下来，当学生觉察到教师的目光正在注视自己时，自然会安静下来。

方法四，如果教师的声音比较洪亮，也可以大声宣布："现在开始上课。"当师生问好毕，学生们坐下以后，迅速宣讲导语。

三、讲授艺术

讲授是传统的课堂教学方法，它由教师讲解知识，并以教师的叙述和说明来达到教学目的。讲授法是使用最普遍、最久远的教学方法，在提倡课程改革的今天，讲授法虽不如以前那样重要和普遍了，但仍不失为一种比较好的教学方法。

1. 讲授法的利与弊

正如所有的教学方法都有利有弊一样，讲授法也有其自身的优缺点。

(1) 讲授法的优点

①知识容量大。教师可以用寥寥数语讲清楚一个问题，能在较短的时间内传授较多的内容，而且能够保证知识的系统性和深刻性。因此这也是最经济的教学方法，它的成本比较低，可以不受教学设备的限制。因为这些特殊的长处，所以尽管在提倡学生自主学习的今天，课堂上仍然不能完全抛弃教师的讲授。

②能较好地发挥教师在课堂上的主导作用。充分展示教师对知识的理解和语言运用方面的示范作用。同时有利于教师组织课堂教学活动。

③讲授法面对的是全体同学，在班级集体授课制下，能最大限度地调动全班同学的学习积极性。

④由于教师的讲授比较有条理，有助于学生记课堂笔记，能提高学生的笔记能力。根据调查，在最好的情况下，学生也只能记下一堂课中所讲授的重要观点的52%。因此，记笔记的训练在中学阶段就应该加强。

(2) 讲授法的缺点

①讲授法在课堂上是一种单向的信息交流活动，如果不辅之以提问、讨论等方法，教师很难发现学生是否理解了自己所讲授的内容，可能会发生学生已经懂的问题，教师不厌其烦地大讲特讲，学生疑惑不解的地方，教师却一带而过的现象，会不利于学生的学习。

②讲授法面对的是全班学生，教师一般是以中等程度的学生为讲授的主体，它一般不能照顾学习成绩特别好或者特别差的学生，所以讲授法不能实现个性化教学，也不能通过讲授法发展学生的个性。

③讲授法不利于学生说和写的能力的培养。在教师讲授的过程中，学生没有发言提问的机会，因此也不利于学生主动思维能力的培养。

2. 讲授法的适应范围和使用要点

讲授法在如下场合，可以适当运用：介绍教学目的、教学要点、注意事项时；介绍作家作品或时代背景时；讲解课文的重点、难点时；补充教材中没有的内容时。

由于新课程改革提倡学生自主学习和研究性学习，上述传统中由教师讲授的内容，现在也可以由学生来完成。比如介绍作家作品或时代背景，可以布置给学生课前通过网上或图书馆，查找相关的资料，培养学生搜集资料的能力。因此，凡是学生可以自己动手搜集到的相关信息，教师就不必用讲授法全部包办代替了。

教师讲授的内容，一定要紧凑连贯，如果采用漫谈式，就失去了讲授法自身经济、系统、深刻的优点，也失去了教师语言的示范作用，不能展示教师对课文的深刻理解了。

教师的讲授还要求能够深入浅出、生动形象。要做到深入浅出，教师必须在备课上下苦功夫，深入理解教材，才能在课堂上自如地驾驭教材。教师平时还要注意积累与教材有关的材料，同时注意使用恰当的教学方法。所谓生动形象，是指教师的语言表达要有吸引力，既典雅又诙谐、既严肃又幽默、既科学又形象。能时时调动学生的注意力，使学生始终处于良好的心理状态中，达到乐学的境界。

讲授法不能作为唯一的课堂教学方法，必须辅之以其他教学方法。如讲授一段以后，应该通过提问，了解学生对刚才所讲的内容是否全部理解了。还可以通过练习，巩固刚才教师所讲的内容。也可以由学生上台讲课，展示学生对知识的理解和运用能力。

3. 讲授的基本形式

讲授的基本形式有讲述、讲解、讲读和讲演四种基本类型。这里面不仅包含了教师的讲，也包括了学生的学，因为在新课程改革后，特别强调学生的主体作用，强调学生的主动学习。因此下面所列讲授的基本形式中，也不时穿插了学生的学习活动。

(1) 讲述

讲述是教师对教学内容进行的生动的叙述或形象的描绘。它分为叙述式和描述式两种。叙述式常用于叙述时代背景、人物关系、故事梗概、写作方法、重要史实等。叙述式要求交代清楚、明白、要点分明，忌旁逸斜出，使学生不得要领。东北师范大学附属中学的孙立权教师在讲《孩童之道》时，是这样向学生叙述这首诗的作者的：

公元1913年一个晴朗的日子，印度有位诗人领着一群孩子刚从森林里玩耍归来,邮递员送给他一份电报,这是瑞典文学院的一个通知,告诉他获得了本年度,即1913年世界文学最高奖——诺贝尔文学奖。他是获得此项殊荣的第一个东方人。这位诗人并没有去瑞典参加盛大的授奖庆典,并且把他获得的诺贝尔奖金全部捐给了一所学校。这位诗人就是印度最伟大的诗人、印度"诗圣"——罗宾德拉纳特·泰戈尔。(板书:泰戈尔)作为一个世界级的大作家,泰戈尔的作品是可以车载斗量的。他一生为我们留下诗集53部,长篇中篇小说12部,短篇小说100多篇,戏剧38部。他还是一个著名的音乐家,创作了2000多首歌曲,其中一首被定为印度的国歌。他还是一个造诣很高的画家,七十高龄才开始挥笔作画,画了2700多幅作品,大都具有独特的风格。在泰戈尔众多的作品中,有一部诗集被称为"世界最优秀的儿童诗集",这就是《新月集》。今天我们就学习《新月集》中的一首诗——《孩童之道》。

这段叙述,既是孙立权老师设计的导语,也是作者介绍。它交代了泰戈尔获得诺贝尔奖的事实,说明他是一个世界级的伟大作家。它还交代了泰戈尔把诺贝尔奖金捐给了一所学校,说明泰戈尔是一个很有爱心的伟人。它还交代了泰戈尔在文学艺术方面的成就,说明泰戈尔是一个有很高造诣的人。

描述式常用于刻画人物、描绘环境、介绍细节、渲染气氛、表达感情等。它要求形象生动,能使学生通过教师的语言描述,在头脑中构建具体形象。如陕西西安中学的强育林老师在讲授《沁园春·长沙》时,是这样描述的:

师:同学们,深秋时节你们有谁到过湘江的橘子洲吗?

生(齐):没有。

师:好,教师给你们当一次导游,带领大家神游深秋的湘江。(挂出橘子洲岳麓山秋色图,教师指图概述)你看——

那秋山的红叶,红到了天边;那秋水的绿波,清澈见底。鱼儿快活地翔游,雄鹰展翅奋飞。湘江清流,不舍昼夜;江上的行船,分秒必争。霜天万类竞自由,一切都在奋进不已。这美好壮丽的景象,这生机盎然的秋色,谁能不心往神追呢?

强育林老师的这段描述,通过生动形象的语言把学生带到深秋的湘江畔,火红的岳麓山下,使同学们在头脑中构建了一幅万类霜天竞自由的美丽图画。语文课中经常可以用到这种带有诗意的描述性讲授。

(2)讲解

讲解是指教师的讲授主要采用对教材内容进行解释、说明、阐发、论证的方式,说明事理、阐述知识的本质，论证课文中的逻辑关系，达到传授知识的目的。讲解和讲述的不同点在于：讲述偏重于讲事，侧重对学生形象思维能力的训练；讲解偏重于说理，侧重发展学生的逻辑思维能力。讲解的常用方式有三种：

第一种是解说式。它是运用学生熟悉的事例，引导学生从情境中了解概念，通过教师的解说，使学生把已知与未知联系起来，从而了解事物的特征。如江西景德镇市第七中学教师韩振铁讲授《大堰河——我的保姆》时，设置了这样的情境：

教师有意将课题写成《大叶荷——我的保姆》。学生提出："老师，写错了！"教师佯问："没有吧？"学生说："课文的注释讲明了：作者在本篇诗中根据浙江一带方言的谐音把大叶荷改为'大堰河'了。"教师于是进行订正。随即问：作者为什么要利用谐音把诗题写成"大堰河"？学生被问住了，过了一会儿，才有一位学生恍然大悟，说："人们常把养育自己的河流比作母亲，我认为作者用谐音就暗含了这一层意思。"

教师首肯："答得对"。接着讲了一个故事：三十年代末在上海，有一位诗人见到艾青时，激动地说："德国有莱茵河，法国有塞纳河，埃及有尼罗河……我们可以骄傲地说：中国有大堰河！"尔后许多年中，真的有一些人把"大堰河"误解为一条河流。这样看来，为防止误解，是否要将题目改为"献给大堰河的诗"或"大堰河赞"？

顿时，议论纷纷，有的说改好，因为这是一首诗，用"献"或"赞"，具有浓厚的抒情意味，不会引起误解。多数人说不能改，因为原诗题指明了"我"和大堰河之间的关系，这是贯穿全诗的一条主线，是作者产生激情的现实基础。

教师肯定了多数人的意见，并补充两点：(1)标题的含义，表现的已不是一般的保姆与乳儿的关系，而具有特定环境中的典型性。(2)如果我们把拥有半个多世纪创作历程并在国内外获得崇高声誉的艾青的诗歌，比喻为一条巨大的河流的话，那么，它的永不枯竭的源头，就是"大堰河"！它的情愫，它的主题，它的美，都可以从这个源头找到答案。

以上是韩振铁老师对诗题和诗眼的挖掘，他是用故意写错诗歌标题的方法创造一种问题情境，进而引发学生对诗题含义的深入理解。教师最后的总结解说，使全班同学加深了对诗人命题的体会。

第二种是解析式。它是利用归纳推理或者演绎推理的办法，让学生了解和分析事物的规律、原理和法则。偏重于对学生逻辑推理能力的培养。山东师大附中章宏澧老师讲授《中国人失掉自信力了吗》第一部分时，引导学生先找出论敌的三个事实论据：一是"两年以前，我们总自夸着'地大物博'"；二是唯洋是从，依赖国联；三是"现在一味求神拜佛"。最后师生共同归纳：从时间看：由"两年前"，"不久"，"现在"，是一天天的发展着；从对象看：由"地、物"，"国联"，"神佛"是一个个越来越空越玄；从程度看：由"总"，"只"，"一味"一步步越陷越深；从性质看："是事实"，"也是事实"，"却也是事实"，是实实在在存在的一些人的言论、愿望、做法。最后归纳出论敌的论点：据上面"三个事实"，得出结论："中国人失掉自信力"了。这里就是用归纳推理的方法做解析式讲授。

第三种是解答式。它以解答问题为中心，带领学生探索思考题、智力测验题、自然现象、社会生活中的实际问题，着重培养学生分析问题和解决问题的能力。如贵州都匀一中的罗福应老师讲授《拿来主义》时，对课文有这样一段精彩的分析：

师：请大家看这句："还有几位'大师'们捧着几张古画和新画，在欧洲各国一路的挂过去，叫作'发扬国光'。"这里有两个很传神的字，我们要仔细体会和理解。首先是"捧"字。大家想想，某人捧着东西给人，这捧的动作（教师做捧的动作，学生也在做，在体会）表达了他什么样的心态呢？

生：恭敬。敬重对方。

师：还有不同理解吗？没有。这位同学的理解是对的。现在请大家再想一想，对那些用枪炮打破了我们的大门，又让我们碰了一串钉子的外国人作这样的动作，这人的心态该叫什么呢？

生：讨好外国人。

师：对。这就叫媚外。一个"捧"字活画出他们媚外的丑相。再看那个"挂"字。大家想想，画只有几张，却要在欧洲各国一路的挂过去，这里挂一张，那里挂一张（教师做一路挂的动作，学生获得一路挂的形象，笑），同学们想一想，这挂的人的心态如何呢？

生：有些得意。

师：是有些得意。大家再想一想，只有几张画而要挂在那万里路上，那万里路上的画的形象给你什么样的感觉呢？

生：可怜。

生：寒酸。

师：对。这又给"送去主义"活画出那寒碜的可怜相。

在这段讲授中，罗福应老师把鲁迅先生用词的准确、辛辣分析得十分到位。

（3）讲读

讲读是把讲解和阅读材料有机结合起来的一种教学方法，讲读是以讲导读，以读助讲，讲与读二者相辅相成。它是语文教学的重要方法之一。它包括：范读评点式、词句串讲式、讨论归纳式、比较对照式和辐射聚合式五种方式。下面分别加以介绍：

范读评点式，指教师和优秀学生分段范读课文，范读一段，点评一段。这种方法多用于古文教学。当然在典范的现代文章中，也可以一段一段地范读加点评。使用范读点评可以更精确地使学生理解文中的精彩词句，并且能够随时对精彩的地方发表自己的见解，有利于培养学生的语感和分析能力。但在使用中应该注意，先通读全文，在了解全文脉络的基础上，再一段段点评，否则就会使学生只见树木，不见森林。

词句串讲式，这是文言文教学的传统方法。"串"是串通句意，强调通文意；"讲"是解释学生不理解的字、词、句，强调字字落实。串讲法的基本步骤是：第一步，先划分串讲单位，可以是一句话或者一个句群；第二步，由教师范读或学生试读一个串讲单位，使全体学生对将要串讲的内容有一个整体了解；第三步，引导学生自学，通过看注释或查阅工具书，试着自己解决疑难问题，自己不能解决的，可以作为疑问提出来；第四步，由教师或学生讲解，弄清字、词、句的意思及有关典故；第五步，串讲，把原文翻译成现代汉语，贯通文意，获得对一个串讲单位的整体印象；第六步，朗读全文并从整体上理解全文。串讲法一般采用"读－讲－串"的方法，在使用时，应该先讲实词，再讲虚词和句式。在比较简单的地方，可以让学生试串，尽量避免发生教师一串到底，满堂灌的现象。

讨论归纳式是在容易引起学生思考，学生有探究愿望的地方提出讨论题，让学生充分发言后，教师进行归纳总结。使用这种教学方法应该注意选准讨论的点，那些与主旨有密切联系，或者学生疑惑不解的地方都可以讨论，但注意不要离题太远。在讨论时，教师要把握课堂节奏，不能无休止地讨论下去；在学生争论不休的地方，教师应该适当点拨；当学生的讨论已经离题时，教师要及时把学生引入讨论的正题中；讨论还应该有一定的时间限制。这些在教师设计讨论时，都应该事先考虑好。

比较对照式，有些课文学习完了之后，可以将文中的人与人、事与事、物与物进行比较,在同中求异或异中求同的过程中讲授知识,进行思想教育。例如讲《故乡》,可以将少年闰土与中年闰土的外貌、语言、行动、性格进行比较,让学生理解在生活的重压下,闰土由一个少年小英雄变为一个木偶人的社会原因,帮助他们认识那个万恶的旧社会。

辐射聚合式,这种方法是把讲读过的课文与文体相近、主题相近、写法相似、题材相同的课文进行比较研究,然后聚合成知识体系。比如钱梦龙老师讲《变色龙》时,就选用了一篇在写法上与《变色龙》十分相近,以前苏联教育为背景的《考试》,让学生反复比较两篇作品的异同,体会两文中运用尖锐的讽刺表现社会生活的艺术手法。

(4)讲演

讲演是讲授的最高形式。它可以由教师讲演,也可以让学生讲演。讲演者要系统全面地描述事实、进行理论阐述,通过分析、比较、概括、推理等方法做出科学的结论。它培养学生正确的世界观和方法论。因为讲演比一般课堂发言难度要高,所以适于在高年级开展。

四、提问艺术

关于提问的设计,在第二章第四节"编写教案"中已经有了详尽的介绍。这里不再研究提问的类型了,只探讨怎样实施课堂提问。

1.课堂提问的作用

(1)增强师生间的联系

提问给了学生参与课堂讨论的机会,使学生得以发表自己的见解和看法,在师生问答的过程中,增进了相互间的交流,在教师问学生答的过程中,会把师生间的认识和情感紧密联系起来,架起师生间双向沟通的桥梁。

(2)激发学习兴趣

陶行知先生说:"发明千千万,起点是一问",提问可以集中学生的注意力、激发学生的学习兴趣。设计得好的提问,能够启迪学生的思维。良好的思维习惯就是从不断提问中培养出来的。教师的提问给学生创造了思考的机会,在回答问题的过程中,学生的思维能够不断得到深化。

(3)锻炼口语表达能力

学生回答教师提问时,一般比较注意自己的表述是否清楚,如果学生的回答有表述不到位或者语言组织混乱的地方,教师应该随时予以纠正,这样可以锻炼学生的口语表达能力。

(4) 提供课堂反馈

提问也向教师提供了课堂反馈，通过提问、答问，使教师能及时了解学生的学习情况，随时调整自己的教学内容。学生也可以通过提问，了解教学重点，知道自己哪些地方还没有学明白，促使学生注意听讲，因此提问也是组织课堂教学的方法之一，恰当地利用提问，可以取得更好的教学效果。

2. 怎样设计提问

(1) 创设问题情境，激发学生的思考兴趣

语文教学中，常常要用形象思维思考问题，教师根据课文内容，适当创设有利于学生形象思维的问题情境，再设置恰当的提问，可以引起学生思考的兴趣。如学习《天净沙·秋思》时，讲到"古道西风瘦马"这一句，教师可以让学生想象一下这是一幅什么样的画面，然后提出下列问题：

师：作者为什么用"瘦"描写马？

生：因为旅途很辛苦，很疲劳，马累瘦了。

师：马都累瘦了，那骑着马到处游走的人怎样？

生：游子在旅途中的艰辛也不言而喻。

师：这样写马有何作用？

生：通过写与游子相关的"瘦马"，从侧面烘托出游子的疲困。

师：这一句写了游子怎样的"思"？

此时学生豁然顿悟："古道西风瘦马"实际是写游子漂泊在外时凄苦、困顿时的"思"。

(2) 在最关键的地方设置问题

课堂提问虽然能够调动学生的学习积极性，但也反对质量不高的"满堂问"。教师一定要选准发问的切入点，在最关键的地方设置问题。什么是最佳发问点呢？一是理解教材的关键处，二是学生认知矛盾的焦点处，三是貌似无疑实则有疑之处。以《孔乙己》为例，课堂上可以提出的问题很多，一位教师抓住了课文中多次出现的"笑"字，设计了一连串的问题："孔乙己一出场，就有一个字伴随着他，这个字谁知道？""课文中哪些地方表现孔乙己的可笑之处？""周围的人为什么都讥笑孔乙己，这反映了什么问题？""孔乙己在讥笑中悲惨地死去，造成这一悲剧的原因是什么？""我们读了《孔乙己》，非但笑不起来，心中还有隐隐作痛的感觉，

这是为什么？”因为“笑”是理解孔乙己悲剧命运的“文眼”，上述问题研究透了，学生对全文的理解也就到位了。

（3）提问的设计要有一定的难度与坡度

课堂提问的设计要遵循“最近发展区”原则，提问时要考虑学生的学习水平，设计的问题应该是学生经过一定的思考后才能够回答出来的。如果对高三的学生问“什么是拟人”，他们会因为问题太简单而不屑于回答。如果对初一的学生问“什么是戏剧创作的‘三一律’”，他们又会因为问得太难而无从思考。因此，过于简单或者过于艰深的问题都是不合适的。教师设计的提问应该在学生原有水平的基础上，有一定的难度和坡度，这样才能引起学生回答问题的兴趣。

（4）在提问中发展学生的创造性思维能力

新课程改革强调培养学生的思维能力，强调尊重学生在学习过程中的独特体验。指出“在发展语言能力的同时，发展思维能力，激发想象力和创造潜能”。课堂提问给学生发展创造性思维能力提供了一个平台。创造性思维不遵循现成的思维模式，而是经过自己头脑的认真思考后，另辟蹊径，表现了很强的探究能力。例如一位教师讲《祝福》时，向学生提出了一个问题：“祥林嫂是怎样死的？”大多数同学的回答是“冻死的”、“饿死的”、“穷死的”。教师接着发问：“既然祥林嫂是穷死的，为什么临死前还要‘我’回答死后有没有灵魂，有没有地狱，死后一家人是否能见面的问题呢？”“‘我’为什么还要担心自己的答话对祥林嫂委实该负若干责任呢？”经过教师的启发，学生的思维异常活跃，一个同学居然根据课文中的某些描写，得出了祥林嫂是“自杀”而死的新看法。这对研究祥林嫂的“死”所包含的意义，看法就更深刻了。

3. 课堂提问的过程

第一步：发问

发问即教师提出问题，要求学生回答。教师在课堂上提问，要掌握以下要点：一是掌握好发问的时机。孔子曰：“不愤不启，不悱不发。”当学生处于孔子所讲的“心求通而未得，口欲言而不能”的“愤悱”状态时，就是教师发问的最好时机。因为此时学生有寻求问题答案的愿望，他们的大脑正在积极思考问题，此时提问，效果最佳。二是要顾及发问的对象。教师的提问应该是面向全体学生的，而不应该只对少数人发问。常常在课堂上出现如下现象：有些积极发言的同学，一节课有好多次回答问题的机会，而那些不爱发言的学生，甚至一学期都没有在课堂上回答过问题。长此下去，就会形成课堂上少数人积极，多数人消极的状态，不利于调动全班同学的积极性。这里顺便说一下，有些教师喜欢先把学生叫起来，然后向他提问题，这等于是只向这一名学生提问，其他人都可以做"壁上观"，造成只有一人思考，其他人不必思考的局面，这是不足取的。也有的教师喜欢按学号，或者按学生的座位依次回答问题，这也是不足取的，这与先把某人叫起来，再向他提问的道理是一样的，都是事先固定了提问的对象，使其他同学懒于思考。三是提问要顾及所提问题与学生的实际水平，那些相对容易的问题，可以让学习较差的同学回答，比较难的问题，可以让学习成绩好的学生回答。或者先让较差的同学回答，再让稍好的同学补充。这样做使大多数同学都有了发言的机会，使大家都觉得在这节课上自己有收获。

第二步：回答

教师提出问题后，要给学生留出一定的思考时间，这段时间是等待学生回答问题的时间，如果问题不是很难，一般留出 3 秒左右的时间即可。

学生站起来回答问题时，可能对问题理解得不是很到位，也可能没有听清教师的提问，教师此时不能讽刺挖苦学生，而要循循善诱，启发学生积极思维，如：把刚才的问题再重复一遍，或者把比较难的问题分解成几个小问题，或者转换一下问的角度，或者加以适当点拨。这些做法都能帮助学生积极思考，想办法找出问题的答案。

第三步：总结

学生回答问题以后，教师一定要总结一下。教师的及时反馈非常重要。按照一般的学生心理，学生回答完问题以后，都希望能及时了解教师对自己所答问题的评价。有材料表明：教师针对学生的回答给予及时的评价，能起到强化、促进学生学习的作用。假如学生回答完问题，教师不置可否，学生的成绩就很少能够进步。曾经有教师做过当堂有无反馈的实验，两个班学习同一篇课文，一个班有当堂反馈，另一个班不搞当堂反馈。一周后同时测验两个班，结果是有反馈的班级平均成绩达 93 分，无反馈的班级平均成绩为 70 分，两班相差 23 分，说明及时反馈对学生的学习影响是非常大的。

新课程改革以后，教师对学生的批评少了，肯定赞扬的多了，这是好事。但是也要防止只表扬不批评，只肯定不否定的倾向。学生的回答不可能都是对的，如果答错的地方也一味地肯定、表扬，就会在学生头脑中造成混乱，分不清对错。

所以，在充分肯定学生回答中的合理部分后，对不正确的地方应该明确地指出来，而不要笼统地称赞"回答得很好"。

4.教师对待提问的态度

教师对待提问的态度，直接影响学生回答问题的积极性。首先，教师提问时要有良好的心态，不能表现出不耐烦、急躁、训斥、责难的态度，这样只能使学生感到慌乱，很难流畅地回答问题。教师应该是亲切的、和蔼的、有耐心的，时刻用鼓励的眼神期待着学生的回答。当学生的回答出现不同意见，老师应该允许学生把话说完。如果老师的理解有误，应该及时向学生道歉。如北京的宁鸿彬老师教《分马》这一课时，学生认为《分马》这个标题不恰当，因为大家分的不仅是马，还有骡子、牛、毛驴等。建议把标题改为《分牲口》。宁鸿彬教师及时鼓励了那个学生的想法，同时分析说："你拟的标题《分牲口》，不错，有概括性，把牛马驴骡都包括进去了。但是，原文的标题也没有错。原文是以所分牲口的大多数——马，作为代表拟定标题的;你是用牛马驴骡的总称——牲口，来拟定标题的。这两种拟题的方法都可以。"他还表扬说："《分马》是著名作家周立波的作品，你敢于向名家挑战，值得表扬。"话音刚落，一名同学立即站起来说："老师，您错了! 课文注解①写着呢，本文的标题是编者加的。他不是向作者周立波挑战，而是向编者挑战。"宁老师不仅欣然接受，而且表扬那个学生说："很好! 我一时疏忽，说错了，你马上给我指出来，非常好! 从这一段时间看，你们一不迷信名家，二不迷信编者，三不迷信老师，这是值得称赞的。"教师只要有这种虚心的态度，何愁课堂提问会冷场!

5.鼓励学生质疑问难

课堂提问不是教师的专利，新课程改革提倡学生自主学习，探究式学习，与新课程改革的精神相配合，教师在课堂上也应该鼓励学生主动质疑问难，使学生真正成为学习的主人。

五、调控课堂节奏的艺术

目前中学课堂每节课的上课时间是四十或四十五分钟，在这几十分钟内，课堂的节奏不可能是一成不变的。它有时慢，有时快，有时是高潮，有时是低谷。影响课堂节奏的原因很多，如教师的教法、情绪，学生的注意力、兴趣，讲授内容的深与浅，甚至天气的好坏都可能影响节奏。为了达到教学最优化的目的，调控课堂节奏，是一个不容忽视的问题。

1. 中学生的学习心理影响课堂节奏

学生在课堂上学习知识，第一步是要获得信息，获得信息的内部条件是必须有明确的学习目的，同时要保持注意力高度集中，这样才能把教师所讲的知识真正学进去，学懂、学好。很难设想一个上课漫不经心、注意力涣散的学生能够保证高质量的学习。也就是说，学生在学习成绩方面所表现出来的显著的个别差异，并不完全因为他们先天的禀赋不同，更重要的原因是因为他们学习时的注意力不同。学习成绩的优劣，不单纯地决定于学习的次数和时数。提高学习效率的重要原因在于他们是否能专心致志的学习。

但是，人在感知某种事物时，注意很难保持长时间固定不变。观察表明，经过 15-20 分钟的注意后，注意就会发生起伏，导致注意不随意地离开注意的客体。据调查，一名中学生，上课之初的十五分钟内，可以保持注意力集中，接着就因为生理疲劳，而导致注意力涣散，大约五分钟之后，又可以保持十分钟左右的注意力高度集中。最后，在下课前的几分钟内，还可以有第三次注意力高度集中。了解了中学生的心理特点之后，教师就要事先计划好，每隔 10-15 分钟就在课堂上变换学习活动的方式，因为新奇的刺激能够再次唤起学生的注意。

2. 教师的教学艺术影响课堂节奏

语文教师在课堂上应该像工程师盖房子一样。工程师设计楼房时，一定是成竹在胸，哪里是客厅，哪里是卧室，哪里是厨房，哪里是楼梯，楼房虽然还没开始动工，但图纸已经设计得非常精确了。教师上课，也应该胸中有一套图纸：这节课需要讲什么内容，需要练什么内容，需要复习什么内容，新旧知识之间怎样互相连接，怎样对学生进行德育教育，都要有一个通盘的考虑。同时还要考虑根据学生的心理和生理特点，应该在什么时间、用什么方式掀起课堂教学的小高潮，怎样把握一节课的节奏。

根据中学生注意的保持只有一二十分钟的特点，课堂节奏可以出现三次小高潮。第一次小高潮应该在上课之初十五分钟内。首先导语部分就要一下子抓住学生的心。如广东湛江一中的杨耀明老师教《雨中登泰山》一文时，用一个神话导入课文的学习：

同学们，天下名山无数，历代帝王和芸芸众生何以独尊东岳泰山呢？话还要从开天辟地的盘古说起。传说，在很早以前，世界初成，天地刚分，有一个叫盘古的人生长在天地之间，天空每日升高一丈，大地每日加厚一丈，盘古也每日长高一丈。如此日复一日，年复一年，他就这样顶天立地生活着。经过了漫长的一万八千年，天极高，地极厚，盘古也长得极高，他呼吸的气化作了风，他说话的声音化作了雷鸣，他的眼睛一眨一眨的，闪出道道蓝光，这就是闪电，他高兴时天空就变得艳阳晴和，他生气时天空就变得阴雨连绵。后来盘古慢慢地衰老了，最后终于溘然长逝。刹那间巨人倒地，他的头变成了东岳，腹变成了中岳，左臂变成了南岳，右臂变成了北岳，两脚变成了西岳，眼睛变成了日月，毛发变成了草木，血液变成了江河。因为盘古开天辟地，造就了世界，后人尊其为人类的祖先，而他的头部变成了泰山，所以，泰山就被称为至高无上的"天下第一山"，成了五岳之首。今天我们一起来"雨中登泰山"，看看盘古留下什么文化遗迹。

有了这样引人入胜的导语，学生一定急于知道泰山的奇妙之处在哪里，趁机导入正文的学习，能掀起课堂教学的第一个高潮。在第一个高潮时，教师应该抓紧时间让学生学习新知识，如对新课文的整体把握，对课文背景知识和对作者情况的了解等。然后，学生的注意力就可能发生转移，需要大脑换一种方式工作，或者休息一下。这期间可以安排学生做一些诸如朗读练习之类的活动，也可以给学生讲点与课文相关的轶闻趣事。生动形象的故事常常可以引起学生的无意注意，使大脑皮层得到放松和休息。

常常看到这样的语文课，三两分钟简单的导语之后，有些学生还没有真正进入听课状态，教师就布置全班同学用十分钟左右时间默读全文。全班学生默读课文时，课堂显得比较沉闷，有些同学并没有认真默读课文，而是趁机开了小差，课堂的第一个高潮没有形成，整节课都显得比较散。教师还是应该抓住课堂的第一个小高潮，在开课后的十五分钟内，让学生充分兴奋起来，注意力集中起来为好。

课堂教学的第二个小高潮应该在上课后二十分钟到三十分钟之间。经过第一个小高潮后的暂时调整，学生又可以精力比较集中地进入学习状态。此时可以安排学生讨论，就课文的要点发表自己的看法和意见。在讨论中，有时会发现学生求异思维的火花，教师可以利用学生在这段时间内表现出来的思维积极活跃的特点，高效率地深入理解课文。然后对学生的思路进行归纳总结。学生的注意力渐趋平静，进入了课堂节奏的第二个低谷。

课堂教学的第三个小高潮是在下课前五分钟左右，此时宜于通过练习加强新旧知识之间的联系，使所学知识变为学生的语文能力。在下课前的一分钟，应该把本节课所学知识进行归纳总结，给学生一个完整的印象。

所有的学科都教无定法，语文学习也不例外。不可能有一种固定的模式能够涵盖所有语文课的教学，因为课文之间有很大差异，教师的教学风格有很大差异，学生也有很大差异，每节课的教法自然也有很大差异。也就是说，教学有一定的理，但没有一定的法。关于如何调控课堂的节奏，我们只谈一般的原理。教学艺术的基本原理是寓变化于整齐之中的，在同样的四十五分钟时间内，有些教师的课讲得精妙绝伦，让学生听得如醉如痴，有些教师的课上得索然无味，让学生如坐针毡。《周易·系辞》中说："神而明之，存乎其人"，懂得了基本原理之后，能否上好语文课，全靠教师心灵的妙运。语文教师必须不断加强自己的学习和修养，才能逐渐达到自如地调控课堂教学节奏的程度，使自己的课越讲越好。

3. 利用辅助教学手段调控课堂节奏

除教科书之外，教学挂图、工具书、其他图书、报刊、电影、电视、广播、网络、教具等辅助教学手段也可以帮助教师调控课堂节奏。语文教师可以利用这些课程资源，创造性地在课堂上开展一些活动，增强学生学习语文的兴趣，不断在课堂上掀起教学小高潮。上述课程资源，大多是比较形象的东西，形象的事物容易吸引学生的注意力，比如，在学生略感疲惫时，展示一幅教学挂图，或者让学生看一段与教学有关的录像，或者引用报刊上的一段文章都可以让学生精神为之振奋。

使用这些课程资源时要注意，不能把它们当作教学的主要内容，而抛弃了对课文的学习。正如学习《林黛玉进贾府》一课时，不能用电视连续剧《红楼梦》中的相关录像代替对课文的学习一样。如果经常用生动形象的图像资料代替对文字的学习，就会使学生患上"文字恐惧症"，失去对文字的兴趣。语文学习的最终目的是要培养学生对文字的兴趣，而不是对电视的兴趣。

使用教具进行课堂教学，是教师常用的方法之一。使用教具也有一个技巧问题。如果刚一上课，就把比较新奇的教具摆在讲台上，学生会因为急于知道教师怎么用这个教具，注意力始终放在教具上，影响对主要学习内容的理解和注意。因此，教具尽可能在不引起学生特殊注意的时候拿进教室，先放在讲桌下面，需要时再拿出来，能一下子吸引学生的注意。比如讲冰心的《小桔灯》，教师如果想当堂做一盏小桔灯的话，橘子不应该一上课就摆在讲台上，应该讲到小姑娘为"我"做了一盏小桔灯时，再从讲桌下拿出橘子，当场制作。另外，如果一节课有两个以上教具，不要一下子都拿出来，应该在使用的时候，一件一件地拿出来。因为每拿出一件新教具，都会使学生的注意力集中一次。如果一下子都拿出来，学生注视一会儿之后，就对教具失去了新鲜感，使用它们时，很难再引起学生的注意了。

4. 怎样处理教学中的偶发事件

偶发事件虽然不经常发生，但有时也会影响课堂节奏。面对偶发事件，教师应该有一定的应变能力，使偶发事件成为掀起课堂教学小高潮的契机。

课堂中偶发事件的产生大致有以下几种情况：一是受外界的干扰，非常安静的课堂上，忽然飞进来一只麻雀，学生的注意力一下子被麻雀吸引去了；二是受课堂内部的干扰，如夏天上课，突然有学生晕倒；三是受教师本人的干扰，有的教师备课不认真，课堂上说了错话，会使学生产生疑惑，甚至交头接耳，个别大胆的同学会直接指出教师的错误。曾经有一位教师在课堂上说："是谁勾引了安娜·卡列尼娜？是贵族地主聂赫留朵夫！"此言一出，凡是看过《安娜·卡列尼娜》和《复活》的同学一片哗然，纷纷指出教师的错误，教师不但拒不承认自己说错了，反而指责学生扰乱了课堂秩序，结果使课堂更乱了。四是受学生的干扰，有的同学对课文中的某些内容产生了好奇，会打断教师的正常讲授，要求对他感兴趣的问题进行解释。如钱梦龙教师讲《故乡》时，一位同学对"跳鱼有青蛙似的两只脚"产生了好奇，问题一出，全班同学也都急于知道答案。钱梦龙老师停下了正常的讲授，反问学生："什么鱼会有脚？"生答："娃娃鱼。"钱老师非常机敏地接着说："啊，见多识广！我想跳鱼也有两只脚，你们看到过没有？"学生齐答没有见过。教师接着引导："这说明什么问题？书上怎么说？"学生终于恍然大悟："这说明闰土见识广。"教师趁机转移话题："我们以后可以到闰土的家乡去看看，大概总会看到这种跳鱼的吧。还有什么问题？"大家的注意力顺利地转入对课文主体内容的学习。来自学生的干扰还包括有些学生故意在课堂上搞恶作剧，比如把一条虫子放在女同学的文具盒里，女生拿文具时，被虫子吓了一跳，不由自主地大叫一声。还有的学生上课睡觉，一旦发出鼾声，会引起全班同学哄堂大笑，对教学产生干扰。

面对偶发事件产生的干扰，教师要及时进行调控，顺利化解干扰，保证课堂教学的正常进行。比如麻雀飞进了课堂，不如顺势说："我们的课上得太精彩了，连麻雀都飞进来跟大家一起听课了，现在给同学们五分钟的时间，精心观察这只好学的麻雀，然后请大家在作文本上把刚才观察到的麻雀描写出来，看谁写得生动。"很显然，当麻雀在教室里飞着、撞着的时候，教师阻止学生分心是不可能的，那就顺其自然，让学生看个够，然后做写作练习，从另一个角度完成语文教学的内容。如果是有人在课堂上晕倒，应该及时予以救助，请几名班干部把晕倒的同学背到医务室去，允许同学议论一小会儿以后，正常上课。如果教师自己说了错话，干扰了课堂教学，一是要勇于承认自己的话说错了，马上纠正，不要用发脾气掩饰自己的错误，二是在可能的情况下，巧妙地把错误变成引起学生思考或注意的问题。比如有位教师在黑板上把《故宫博物院》的"博"字误写成了"搏"，板书后马上意识到了这个错误，于是将错就错问了一个问题："同学们，谁发现这个题目中有错字？是哪个字错了？"在纠错中顺便将"博""搏"二字进行了辨析，使下面的内容得以顺利进行。对来自学生的干扰，首先是不要发脾气，和蔼可亲的态度常常可以化解课堂上的矛盾。如果是因为学生对课文的某些内容感到好奇，提出了教师备课时没有想到的问题，可以像钱梦龙老师那样，用讨论的方法，让学生自己得出问题的答案，也可以跟学生说：你的这个问题我们下课再讨论行吗？上课先学习正常的教学内容。一般说来，学生不一定非缠着教师讲清所提的问题不可。对于搞恶作剧的同学，教师首先不要发火，如果发了火，对搞恶作剧的学生来说，正中下怀。在初中阶段，尤其初中低年级学生中，有些比较调皮的学生，不愿意循规蹈矩地听老师讲课，当他听得不耐烦时，会搞点恶作剧，逗大家一笑，自己出个小风头。教师此时"王顾左右而言他"，会使搞恶作剧的同学自己感到没趣，教师也可以褒代贬，用表扬的办法对搞恶作剧的同学进行批评。如一位同学上课时叠了一架纸飞机，"嗖"的一声把飞机"发射"到讲台上。教师见状面带笑容地说："宇宙飞船上天，是人类为征服太空所驱；这只'火箭'，在上课时射向讲台，它的发射者一定为渴求知识而来。"那位平时因为搞恶作剧经常挨批评的同学听到老师这番话，惭愧地低下了头，后半节课，他一直听得非常认真。

六、结课艺术

结课是课堂教学的最后一个环节。结课与导语互相呼应，使课堂结构相对完整，优秀的结课应该对课堂教学起画龙点睛的作用。教师还可以利用结课衔接新旧知识，使结课成为课内语文学习与课外语文学习的纽带。结课的方式很多，下面略举几例：

（1）利用复习结课

根据德国著名心理学家艾宾浩斯的"遗忘曲线"，遗忘的速度有先快后慢的特点。学生在课堂上学习的内容，当堂就会遗忘很多，为了防止遗忘，及时复习就显得非常必要了。结课的时候，把当堂课讲的内容再归拢、复习一下，这是教师经常采用的结课方法。如广西南宁市二中田济川老师《在马克思墓前的讲话》一

文的结课:

文章通过对马克思一生的评述,热情赞颂了马克思对无产阶级革命事业所作出的伟大贡献,表达了对马克思的崇高敬意和深沉的悼念之情。

文章结构严谨,逻辑严密。第一部分通过两个"对于"提出本文议论中心,第二部分则从科学理论和革命实践的贡献进行正面论证,进而从敌我对马克思的不同态度进行侧面论证,第三部分得出论点。结构前后连贯,步步深入,层次分明而又浑然一体。这严密的结构是建筑在严密的逻辑基础上的。作为无产阶级的领袖,他的科学思想和革命实践是统一的;他的科学理论和革命科学观是统一的;他的爱和恨是统一的。作者在构思文章时,正是根据这些事物的内在逻辑联系来组织和安排材料的。

田济川老师设计的这个结尾回顾了全文的内容和结构,使同学们在头脑中再一次复习了全文。

(2)利用悬念结课

中学生好奇心比较强,设置一定的悬念可以引起他们的好奇。教师利用悬念结课,正像叶圣陶先生所说:"结尾是文章完了的地方,但结尾最忌的却是真个完了。"① 教师设置的悬念,就是让一节课的教学虽然结束了,但是它并没有"完了",就像说书人的"欲知后事如何,且听下回分解"一样,激起学生学习下一节课的兴趣。例如讲《祝福》,讲到祥林嫂嫁给贺老六后,生了一个男孩儿,母亲也胖,儿子也胖,"她真是交了好运了。"此时正是第一节课该结课的地方。教师可以用一句话结课:"祥林嫂真的从此就交了好运了吗? 命运之神最终跟祥林嫂开了一个大玩笑,让她拥有的暂时幸福全部化为乌有。祥林嫂最终的结局怎样? 请同学们明天一起学习本课的第二节。"

(3)利用布置作业结课

语文学习一定要配合一定的练习,使语文知识变成学生的语文能力。在课程结束前布置家庭作业,也是结课的一种方式。家庭作业可以是课后的练习题,也可以是教师布置的听说读写练习,还可以是预习下一课,形式不拘一格。

(4)评述式结课

在结语部分对课文中的人物或事件进行评论,引起学生的共鸣,也是加深对课文印象的好办法。如《孔乙己》的结语:

---

① 叶圣陶. 叶圣陶论创作. 上海文艺出版社, 1982:109.

孔乙已在人们的笑声中，静悄悄地死去了，他死于什么时间、什么地点、临死前什么人在场，什么人为他办的丧事，都无从知晓，人们只能从他很长时间不来赊酒推断"大约孔乙已的确死了"。孔乙已的死，就像树上落下了一片叶子，荒野中死去了一棵小草，无声无息。孔乙已在笑声中出场，在笑声中度日，在笑声中死去。实际上，他是中国现代文学长廊中最让人笑不起来的角色。封建社会有多少落榜的知识分子的命运跟孔乙已一样！这个可悲的下层知识分子，最终被封建的科举制度吃得干干净净，没有人格，没有尊严，没有人生价值，直至成为封建教育制度的牺牲品。

　　(5) 讨论式结课

　　一节课上到最后时，学生都比较疲劳了，教师可以利用讨论做结课，唤起大家的注意。如《故乡》的结课，可以让大家讨论成年闰土与"我"的隔膜已经很难消除了，但水生和宏儿还保持着童贞。他们的将来会怎么样呢？还会走上一辈人的老路吗？请同学们根据自己的想象，为二十年后的水生和宏儿的重逢设计一个结局。

　　结课的方式还有很多种，上面所举仅为其中的一小部分。比如对一些适宜朗读的课文，可以安排全班同学在集体朗读中结束课文的学习。如果时间安排得正好，课讲完了，下课的铃声也响了，就可以自然而然的结束课程。具体用哪种结课的方法，在写教案时应该事先考虑好，在课堂上根据时间和课堂上的具体情况，允许改变事先设计好的结语，随机应变地结束课程。

第四章　语文课程评价艺术

　　语文课程评价是促进语文课程的发展、促进教师的教学、促进学生学习的手段之一。本章介绍了有关语文课程评价的基本概念，比较了语文考试与语文课程评价的异同，介绍了语文课程评价的功能、类型、内容，并且针对教师的职业特点，介绍了试题编制和试卷分析的要点，同时介绍了新课程改革之后，对学生学习评价的变化和课程评价的改革要点。

第一节　语文课程评价艺术概述

一、语文科考试与语文课程评价

　　语文科考试是对语文学习和语文教学的检查，它是语文教学实施过程中一个重要而又相对独立的环节。

　　语文课程评价是从语文教学的角度出发，判定学生是否达到教学目标要求的综合过程。

　　语文科考试与语文课程评价是既有联系又有区别的两个概念。长期以来，人们都把考试作为评价学生的学习水平、教师的教学水平和学校办学水平的唯一标准，这种评价方法是极不全面的。考试只是评价的手段之一，它只能考查学生学习语文知识和掌握语文能力的水平，考查的是局部，是一种对结果的评价；而课程评价考查的是整体，它更为关注学生、教师和学校的发展过程。

二、语文考试与语文课程评价的功能

1.语文考试的功能

　　语文考试的功能一是促进学生的学习，学生在考试前一般要认真复习，在复习的过程中，对不懂的问题要想办法弄懂，平时学得比较零散的知识，通过复习可以归纳、整理成比较系统的知识。二是为语文教学提供反馈，通过考试，可以了解学生的学习情况，也可以了解教师的教学情况，考试反馈的信息能够督促教

学工作朝着更好的方向发展。三是选择功能，通过考试选拔人才，比如升学考试、求职考试等。

2. 语文课程评价的功能

语文课程评价是新课程改革后提出的考查教学工作的办法，课程评价由传统的通过考试选拔"适合教育的儿童"转变为通过课程评价帮助学校"创造适合儿童的教育"，为学生的发展服务。语文考试注重学生学语文的结果，课程评价关注学生学习语文的发展过程，因此，语文课程评价与考试的功能是有区别的。

课程评价不仅要考查学生的学习程度，还要通过评价检验和改进学生的语文学习和教师的语文教学工作，因此它具有检查、诊断、反馈、甄别、选拔、激励和发展等多种功能，不能只过分强调评价的甄别与选拔功能。通过课程评价能更有效地促进学生的发展和教师的教学工作，不断调整和完善教学过程，促进教学工作的发展。

三、语文考试的类型

语文考试根据不同目标、不同内容、不同形式，可以有许多种分类，下面介绍的是与中学语文教学有关的考试类型：

1. 按考试的时间划分，有平时考试、单元考试、期中考试、期末考试等。

平时考试是根据教学需要，随时安排的一些考试。平时考试题量不大，内容比较简单，占用时间不长。如一节课的开头，可以用几分钟的时间测验学生听写字词，也可以在一节课结束前，利用剩余的几分钟时间做一个当堂测验。

单元考试是在一个单元的教学结束后进行的综合性考试。它可以检查学生在本单元的学习情况，由于单元考试具有阶段小结的性质，它可以对教学工作起检查、督促作用。

期中考试是在学期中段进行的考试，是对前半学期教学工作的阶段性总结，所以覆盖面包括前半册语文书的内容，是仅次于期末考试的较大型考试，一般要停课进行复习考试。

期末考试是对整个学期语文教学工作的总结性考试。综合考评学生学习语文的情况和教师的教学工作，了解学生是否完成了教学大纲规定的教学要求，同时检查教师在本学期的教学效果，是一次大型的综合性考试。一般是在期末复习的基础上进行的，考试的范围覆盖整个学期语文学习的内容。

2. 按考试的内容分，有知识性考试、能力性考试和知识、能力综合性考试。

知识性考试是考查学生对语文知识的掌握情况。新课程标准中虽然提出"不宜刻意追求语文知识的系统和完整",但是有些必要的语文知识学生还是应该掌握的,语文知识是形成语文素养的基础之一,不能全盘否定。一般说来,在平时考试中,考查知识性的题目稍多一些。

能力性考试侧重于考查学生听说读写的能力、阅读浅易文言文的能力、查阅工具书的能力和综合性学习能力。语文学习的重要任务之一就是培养学生的语文能力,通过能力性考试,不仅可以考查学生的语文能力,还可以督促学生想办法提高自己的语文能力。

知识、能力综合性考试包括的项目比较多,难度也比较大,适于期中或期末考试。平时的单元考试中,也可以安排知识和能力的综合测试。

3. 根据试题的编制方法或标准化程度分类,可以分为标准化考试和非标准化考试。

标准化考试的方法是从美国借鉴的。为了解决大规模考试的通用性和可比性问题,于是用标准化程序编制试题,设置标准答案,使评卷工作尽量客观公正,力求评分的"准确性"和"科学性",避免人工阅卷的"随意性",控制误差。比如全国统一高考,标准化试题部分减少了人为评分的因素,评分就比较公允。但是由于语文学科的特殊性,要尊重学生在学习过程中的独特体验,因此语文标准化考试近年来不断受到人们的批评,认为不能用统一的、精确的"标准"来衡量每名学生的语文学习。过分追求标准答案,限制了学生的思维能力和创造能力。正如于漪老师批评的那样:"各种各样的标准化试题,形式五花八门,恰恰把语文的本质掩盖了。比如出了一个题:天空——(蓝蓝的、灰灰的、青青的、白白的)。标准答案只能是'蓝蓝的',其他都错。真是荒唐至极!自然界的天空,有时是蓝蓝的,有时是青青的,有时是灰灰的,有时是白白的,这是凡有生活经验的人都能见到的事实,学生当然都懂。抽去了具体的语言环境,完全不承认生活的真实,拎出个句子硬要选择,学生当然无所适从。"

非标准化考试大部分是由教师编制的试题,它适用于个别学校、个别班级,在校际之间缺少通用性和可比性。但是较之标准化考试,更适用考查学生学习语文的个人感受。

4. 根据考试的形式分,有口试和笔试两种。

口试要求学生面对主考官,口头回答问题。由于当面回答问题,有表述不清的情况，可以通过追问了解学生语文学习的真实程度，因此能够比较准确地考查学生的语文水平。同时可以考查学生的思维敏捷性、口语交际能力、记忆力和理解力，还杜绝了学生蒙题、猜题、打小抄的可能性，考试结果比较真实。但由于口试比较费时间，出的题目不能太多，所以考试的信度和效度不如笔试好。另外，面对主考官，那些不善言词或者性格比较内向的同学，往往影响自己的水平发挥。口试评分标准随意性较大，难以保证评分结果的公平、合理，所以大规模的考试都以笔试为主。口试只在平时考查时采用。

笔试是采用书面形式进行测试的考试方法。它的优点是试题分量较大，覆盖面广，考查的信度和效度比口试要好。具有耗时少，效率高，评分比较客观、公正的特点，被广泛采用。笔试有开卷和闭卷两种形式。

5. 根据考试的题型划分，有简测题、论述题和作文题等

简测题也叫简答题，可以考查学生解词、填空、选择、字词、翻译等方面的情况。一般回答比较简单。这类题在综合性考试中题量比较大，覆盖面比较广。

论述题是对学生语文综合能力的考查。其试题的答案一般比较长，多用来考查学生对重要学习内容的掌握情况。

作文题是综合考查学生的语文水平的方法。一个人的思维水平、文字表达水平都能通过作文一览无余，因此它是大型考试中一项重要的内容。作文题分为命题作文、选题作文、给材料作文和话题作文几种类型。

四、语文课程评价的类型

新课程标准中的语文课程评价，不再把分数作为考查学生的唯一标准，它更重视对学生综合素质的评价，重视学生学习语文过程中的情感体验。主张从知识与能力、过程与方法、情感态度与价值观三个维度全面考查学生的语文素养。语文课程评价的类型大体分为以下几种：

1. 多元智力评价

多元智力理论是由美国哈佛大学的发展心理学家加德纳（Howard Gardner）于 1983 年在《智力的结构》一书中提出来的。加德纳认为，人具有九种智力，它们是言语／语言智力、逻辑／数理智力、视觉／空间关系智力、音乐／节奏智力、身体／运动智力、人际交往智力、自我反省智力、自然观察智力和存在智力。加德纳的多元智力理论，对传统的评价方式提出了挑战。传统评价方式较为关注学生智力方面的发展，而这些智力又被习惯性地认定为是以语言能力和逻辑／数理

能力为核心的整合能力。也就是说，传统的智力考试是以学生的语文能力、逻辑能力、数理化能力为主的，只有这几方面的能力强，才算是好学生，否则就被归入"差生"的行列。按照加德纳的观点，这种评价智力的方式是大错特错了。一个人可能语文、逻辑、数理化能力不强，但这并不表明此人其他方面的智力也不强。众所周知的弱智少年周舟，在音乐指挥方面有极高的天赋，从音乐／节奏智力的角度看，他不是"差生"，如果以音乐／节奏智力作为衡量人智力的标准，那么周舟是"好学生"，而绝大部分不懂音乐的人才是"差生"。这里就涉及到了树立什么样的"学生观"的问题，每个人身上表现出来的智力强项不同，所以每个人都是出色的，独特的。教师的责任是通过评价发现每名学生身上的潜在智力，并帮助他们发展自己的潜能，使每名学生都能从不同角度得到充分发展。多元智力评价帮助教师树立了新的教育观，教育首先应该是赏识教育，发现所有的学生身上独特的闪光点，赏识他们，鼓励他们，使他们在教师爱的关注下，健康、主动地发展。

2. 综合评价

综合评价是对学生综合素质的考查。它包括学生的学业成绩，还包括积极的学习态度，明确的学习动机，正确的人生观和价值观，独特的创新精神和有见解的分析问题、解决问题的能力等。综合评价摒弃了过去那种以学业成绩为唯一标准的评价方法，转为更加关注人的整体发展，从考查学生学会了什么，到综合评价学生是否学会了学习、学会了在社会上生存、学会了与他人合作、学会了做一个对社会有用的人。在这个基础上，提出了评价学生的多元化指标。

3. 定量评价与定性评价

所谓定量评价，是指用量化的方式描述、评定一个人的发展状况，它的表述方式是通过考试把学生的情况用一组组抽象的数据展现出来。新课程改革后，语文课程评价并不排斥定量评价，但是定量评价不再是评价学生的唯一标准，它还包括了对学生的定性评价。所谓定性评价，也叫质性评价，它更关注的是学生的个性特点和本质，关注教育中最有意义、最根本的内容，更加全面地描述学生的特点和发展趋势。以美国的大学入学考试为例，除了高考的卷面分数外，通常还要求提供学生在中学阶段平时的学习成绩、参加社会公益性活动的记录、个人写的一份短文、有关人士的推荐信和面试等。这些材料加在一起，作为评定一名学生是否可以进入高等学校进一步深造的根据，这就是定性评价。

4. 终结性评价与形成性评价

终结性评价是对"结果"的评价,它考查的是学生的"过去"。比如期末考试成绩,是对已经过去的一学期中,学生学习结果的评价。形成性评价是对"过程"的评价,它关注的是形成结果的过程,评价的重心逐渐转向更多地关注学生求知的过程、探究的过程和努力的过程,在某种程度上说,它是面向"未来"的评价,它预测的是学生未来的发展潜能。举一个例子,两名学生背诵古文,一名学生背诵得比较流利,得了85分,另一名学生背诵得不够流利,得了70分,这是结果,是定量评价,也是终结性评价。但是那名得了85分的学生记忆力比较好,本来经过努力,可以得到100分,但他只肯背诵10遍,就不再努力了。而那名得了70分的学生,可能记忆力不太好或者学习方法不对头,但是他已经背诵了20多遍,尽了最大的努力,才得到了70分。如果从形成性评价的角度看,得70分的学生比得85分的学生更努力,在背诵过程中表现得更有毅力,在未来的人生道路上,也会表现得更踏实,更刻苦,更有发展前途,这就是形成性评价。

第二节　语文试题的编制和语文试卷分析

一、语文试题的编制

编制试题是语文教师教学基本功之一,语文教师在备课、讲课之后,还要对学生进行考评,以了解学生的学习情况和自己的教学情况。所以教师应该会自己编制试题。语文科考试题大体上有选择题、填空题、简答题、论述题、综合题、作文题等,下面分别举例介绍这些题型:

1.选择题

选择题是客观题中常用的一种题型。它的优点是评分客观、准确,知识覆盖面宽,适于机器阅卷。它的缺点是综合性程度低,只能反映思维的结果,不能反映思维的过程。由于选择题的答案必须是标准答案,所以选择题只能锻炼学生的求同思维能力,无法检测学生的求异思维能力,同时也不利于对学生语文运用能力的考查。选择题有单项选择和多项选择两种。单项选择题的答案是唯一的,多项选择题的答案在备选答案中,可能是两个,或者全部备选答案都是正确的。相比之下,单项选择难度小一些,多项选择往往不容易全部判断得非常准确,因此试题的难度较大。选择题既可以是在给出的几项答案中,选出正确的答案,也可以是选出错误的答案,因此审题时要求学生看清题目要求。

单项选择题题型示例：

①下列各组词语中，有错别字的一组是（　　）

A. 留恋　流连忘返　厉害　利害得失

B. 质疑　不容置疑　符合　随声附合

C. 变换　变幻莫测　旁证　旁征博引

D. 株连　珠联璧合　大意　微言大义

②下列词语书写全部正确的一项是（　　）

A、羸弱　臃肿　鉴赏　　人声鼎沸

B、进溅　磅礴　迥乎不同　沥尽心血

C、燥热　木屐　遗孀　　姗姗来迟

D、骇人　辜负　毛骨悚然　嘎然而止

多项选择题题型示例：

下列作品中，属于老舍创作的有（　　）

A.《倪焕之》　B.《月牙儿》　C.《茶馆》　D.《边城》　E.《骆驼祥子》

2. 填空题

填空题是在试卷中留出的空白处填上正确答案，它常用于测验文学知识、文化常识、默写、词语运用等。填空题可以是客观题，也可以是主观题。如果是客观题，它的答案是唯一的，考查的是学生对语文知识的记忆情况；如果是主观题，就要求学生把认识转化为自己的语言，有时为了防止答案过于分散，常常要限制字数。

填空题题型示例：

①《茅屋为秋风所破歌》中写诗人丢开自己的困苦，转而为他人着想的名句是：_____，_____。

②下面的句子前后脱节，请添加必要的词语，使它完整连贯。

我们学校已成为一所现代化的学校，除计算机室、语音教室外，校园宽带网、多媒体教室等先进的教学设备，崭新的实验大楼也已落成。

答：在_____加上_____

3. 简答题

指答案比较简短的主观题。它要求考生能准确地把握答题的要点，而且能组织恰当的语言进行有条理的表述，它比较适合考查基本概念、基本原理等。

简答题题型示例：

阅读下面一首诗，然后回答问题。

春夜洛城闻笛

李白

谁家玉笛暗飞声，散入春风满洛城。

此夜曲中闻折柳，何人不起故园情？

前人在评论这首诗时曾说，"折柳"二字是全诗的关键。诗中"折柳"的寓意是什么？你是否同意"关键"之说？为什么？

4. 论述题

论述题要求在把握要点的基础上，对问题作进一步的阐述。它与简答题虽然都是回答问题，但论述题的复杂程度明显高于简答题。它不仅是简单地列举出答题要点，而且要有充足的材料证明自己的观点。由于论述题答案比较复杂，所以在组织语言方面要层次清楚，逻辑关系明确，能突出要点。

论述题题型示例：

比较葛朗台与严监生的异同，分析二者各自的性格特点。

5. 综合题

综合题一般用于大型考试中的阅读理解题。以高考为例，有两道阅读理解题，其中一题是现代文的阅读理解，一题是文言文的阅读理解。在相对独立、完整的段落或篇章后面，都会有一套综合题目要做。现代文后面是针对该文提出的简答题、填空题或选择题；文言文后面除了上述题型外，还常常加上对文言文中部分句子或词语的翻译。限于篇幅，这里就不列举综合题题型示例了。

6. 作文题

作文可以考查学生的语文综合能力，因此，语文考试中常常要考作文。作文可以分为单纯命题作文、提供材料作文和话题作文。

作文题题型示例：

请以"我和书"为话题（注意：是"话题"，不是题目），自拟题目，写一篇600字左右的文章。

关于语文综合试卷的题型，请参看本章后面的附录：东北师范大学附属中学初三模拟试题。

二、语文试卷的成绩评定与试卷结果分析

（一）语文试卷的成绩评定办法

1. 语文试卷的评卷方式

语文试卷的评定方式，一般是人工阅卷，在大规模的考试，如中考和高考中，也可以有部分客观题采用电脑评卷的方式。人工阅卷可以是教师阅卷，也可以是学生自评或互评。发动学生阅卷，不单纯是评分的问题，如果做得好，可以充分调动学生的学习积极性，收到比教师阅卷更好的效果。2004 年 3 月 12 日的《中国教育报》发表了广东省深圳市福田区竹园小学郭顺玉老师的一篇文章，这篇文章虽然谈的是对小学考试阅卷工作的一些改革措施和收到的良好效果，但对中学语文考试也有一定的借鉴意义。下面是郭顺玉老师的教学体会：

从关爱学生心灵出发

多年的教学，使我养成了一个习惯，每次测验交卷前，总让学生自己估一下分数。一次，一个考试从未超过 40 分的学生在考卷上写道："老师，我多想达到 60 分以上啊！可无论我怎么努力，总是令我失望，令我丢脸。我害怕、讨厌考试！"看了她的卷子，同情、愧疚、自责一起涌上心头。正如她所说的，她很努力，可由于基础、方法等方面的原因，成绩一直很差，她感到她在同学间抬不起头，以至于对考试产生了厌烦心理，对学习也失去了兴趣。有此心理的学生不止她一个。我陷入了深思：对于一个小学生，分数究竟能说明什么？心理健康发展和良好学习习惯的养成难道不比分数重要吗？那些学习成绩差的学生，更需要尊重与鼓励、关心与爱护。

我决心改变做法，采用多次评价的方法。首先，我不再要求学生在考卷上自估分数，只是鼓励他们尽量去做、尽量做对、做好。其次，每次测验后，我不立即给学生的考卷打分，而是通过研究所有的考卷，发现存在的主要问题，找出自己教学中的不足，然后将考卷发给学生，并针对考卷中的弱点、问题，再次给学生讲解，让学生明白自己的不足在哪里，然后再修改错误，上交考卷。如果此次仍有考卷存在问题，就在小范围内再来一次。经过一轮甚至两轮的教学，学生再次交上来的考卷基本上都可以达到 100 分的水平。这样，通过考卷在学生和教师之间的多次往返，我既发现了自己教学中的不足，学生也明白了自己学习中的弱点。考试，已不单纯是鉴定教学效果、检验学习成效的手段，而是变成了诊断和鼓励相结合的全新评价系统,提高了学生学习的自信心,激发了学习的兴趣。采用多次评价的方法后,部分差生的考卷经过再评价后,由原来的不及格变为70、80分,逐渐进步,到后来的90、100分。我看到快乐的笑容在他们的脸上绽放,他们融进了同学中。他们的学习兴趣被激发出来,爱学习了,能主动去学习了。期末考试时,因为年级统一阅卷,无法再次进行二次评价。可翻开试卷,我欣喜地发现,那些成绩一向较差的同学,除了一个考了67分外,其余都在70分以上。那个考试从未过40分的女孩子竟然考了82分!

除了多次评价,我还采取多维评价的方式。首先是尝试让学生写考试小结。当我第一次读到学生的考试小结时,我既感到吃惊,又感到激动。平时写一个作文片段都吃力的学生,小结却写得通顺流畅、情真意切。"这次测试我的作文只扣了两分,我高兴坏了,因为这是有史以来丢分最少的一次!不过阅读题丢分太多,还是粗心惹的祸。人要有三颗心:恒心、信心、细心,就是不能有粗心。这颗粗心害处太大,就好像一只白蚁,能把刚建好的高楼大厦都给毁了。我要消灭这只白蚁,让它永远从我身边消失。"……学生以这种方式向我敞开了心扉,我也从这些小结中了解了学生的内心世界,体验和分享着他们的喜怒哀乐,并积极想办法及时解决小结中所反映出来的学习、思想、心理等方面的问题。

每次考试,学生写小结,教师在卷面上下批语,家长阅卷后签字或留言。批语中无论是批语还是赞扬都要发自内心,不要言不由衷;语气要和缓,不要盛气凌人。总之要让学生感受到你对他的关心和爱护。这种多维评价的方式,让学生认识了自己,家长了解了自己的孩子。

一张小小的考卷,在郭老师那里变成了沟通学生、教师、家长之间的桥梁,由于阅卷方式的改变,既帮助教师找到了自己教学中的不足之处,又帮助学生增强了学习的积极性和自觉性,还使家长了解了自己的孩子,把学校教育与家庭教育结合起来,所以孩子有了可喜的进步。通过多维评价,学生的心理得到健康发展,养成了良好的学习习惯,这才是语文考试真正欲达到的目的。

2. 语文试卷的评分要求

语文试卷评定的分数,反映的是学生学习语文的水平,其结果对学生、老师和家长都是重要的参考数据,甚至对学校的声誉都有很大的影响,这是一项严肃认真的工作,必须高度重视。对语文试卷的评分要求:一是公正客观,对所有学生一视同仁,不能带有教师的主观偏见。比如作文分数的评定,弹性比较大,更要在评定分数时公正客观，严格按照卷面的实际情况打分。二是评定分数要宽严适当，尤其是对不及格的分数，打分时要慎重，要考虑到学生平时的学习态度和个人的智力水平，避免给学生造成精神打击，产生厌学心理。

3. 语文试卷的记分方法

语文试卷的记分方法主要有以下几种：

百分计分法。这是一种比较常用的记分方法。满分为 100 分，及格分为 60 分。其优点是能比较准确地计算出卷面的细微差别，但是评分的标准比较难于把握。特别是作文或者阅读理解题，很难做到十分准确。

等级计分法。即将成绩分为甲、乙、丙、丁四级，或者优秀、良好、中等、及格、不及格五级。这种计分方法便于统计，操作方便，但是不能反映成绩之间的细微差别。

评语评分法。这种评分的办法不是简单地给卷面打上分数，而是对学生的学业成绩用评语的方式写出来，使学生知道自己的不足之处在哪里，今后努力的方向是什么。这种评分办法特别适用于作文教学，或者是阅读理解题。它要求教师能用非常准确的语言概括出学生的学业成绩，因此在评定成绩时，有一些难度，而且比较难以区别学生在班级里的实际学业水平。

累计积分法。这种评定成绩的方法，不仅看期中或者期末试卷的情况，而且要把学生平时学习的情况也考虑进去，比如上课发言是否积极，家庭作业是否认真按时完成，学习态度是否认真等，综合了平时与期末考试的卷面成绩，再给出一个总分，不仅关注卷面的结果，也关注平时的学习过程，是一种值得提倡的评分办法。

（二）语文试卷的结果分析

统计出学生的考试成绩，这不是考试的终极目的。考试的结果是一种信息，它反映了教师教学工作的水平，也反映了学生的学习状况。对语文试卷结果的分析可以使教学工作更科学化，最终达到提高教学质量和促进学生发展的目的。对试卷的分析有两方面，一方面分析出题是否合适、恰当，另一方面通过卷面成绩，分析教师的教学质量和学生的学习质量。

1. 分析出题的情况

一套好的试题，应该具备两个特征，一是处理好覆盖面与重点的关系，二是把握好试题的难度、效度、区分度、信度。

（1）覆盖面与重点的关系

期中考试、期末考试或者中考、高考这类大型考试，出题的覆盖面要广，这样才能比较全面地反馈教学工作的情况，也才能比较全面地反映学生真实的语文学习水平，如果覆盖面太小，难以全面考查教学工作的总体情况。但是卷面试题数量有限，学生的答题时间也有限，无法涵盖所有内容，而且不分重点地眉毛胡子一把抓，也不利于减轻学生的负担，所以出题时还要照顾到学习重点。

（2）试题的难度、效度、区分度、信度

难度是指试题的难易程度。难度以答对该题的人数比例来显示。如果绝大部分学生答不出该题，即认为是难度比较高的试题，相反，如果所有学生都能答出该题，那么此题的难度太低。为了有所区别，以中等难度的试题为好。

效度指试题的有效性，即考试是否能真正检验出所要测量的内容。例如要测量学生对古文的阅读理解情况，用现代文阅读去测量，很显然效度不高。因为现代文阅读水平很高的学生，古文的阅读水平未必很高。效度与考试的目的有直接关系，比如高考，就是要通过考试，检测出学生的学习水平，然后选拔那些更适于进一步深造的学生到高等学校学习。对高考试卷的效度，要求就比较高了。

区分度是指试题对被试者水平差异的区分能力。假如某题考试的结果是优秀的考生得高分，成绩差的考试得低分，分数的排列与学生的学习水平成正相关，那么此题的区分度就非常好。如果考试的结果是优秀的学生得低分，成绩差的学生得高分，那么这道题的区分度就不好。

信度指试卷的可靠程度。它能反映考试的稳定性和一致性的程度。以高考为例，它对信度的要求是在90%以上。为了保证考试的信度，在监考和评分两个环节一定要真实可靠，不能弄虚作假。

2. 分析通过卷面反映出来的问题

语文试卷是一面镜子，它直接反映了教师的教学质量和学生的学习质量。如果某题全班大部分学生都答不上来，有两种情况，一种情况是出题的难度系数太大，另一种情况是教师的教学有问题。尤其是该题如果在其他教师任课的班级不成为难题，而在某一教师的班中却成为难题，那么原因就应该从教师的教学中找了。卷面也可以反映学生的学习情况，可以通过试卷的区分度判定学生的学习水平。具体说来，分析学生的学习水平，可以从以下几方面入手。

（1）定量分析

定量分析是对试卷做必要的数字统计分析，以此作为测验质量高低的依据。在试卷的效度、信度和区分度都比较可靠的基础上，定量分析的内容有三个方面：

一是统计全班的平均分数；二是统计每位学生的成绩与平均分数的距离，这个距离通常被称作"标准差"，即学生成绩的离散程度。假定某题全班平均分数是80分，大家的成绩离平均分数的距离很大，有100分的，也有30分的，那么标准差就大，如果学生们的成绩大部分在80分左右，那么标准差就小；三是比较 N 个平行班的语文测试成绩，这个比较不仅要看平均分之间的差距，还要把平均分和标准差综合起来，作为衡量数据离散程度的指标。

（2）定性分析

定性分析是教师依靠自己的知识、教学经验，经过分析推理和逻辑判断，对测验成绩做出学习质量分析的一种方法。定性分析的内容和要求，根据实际情况确定。比如要分析考生解题中的具体问题，如答题思路、知识、能力和心理水平等，就可以用定性分析。

（3）定量与定性分析的结合

综合评定教学效果，分析考试中的得失，应该采用定量与定性分析相结合的方法进行，这样才能较为正确、客观、全面地反映教学活动的状况。具体方法是，既用卷面分数说明学生的学业成绩，比如平行班平均分的比较，同班学生中成绩离散程度的比较；又可以用评语作定性分析，指出数字背后反映出来的问题，提出今后改进教与学状况的策略，这是最理想的质量分析方法。

第三节　课程改革后语文评价的变化

毛主席曾经尖锐地批评过："现在的考试，用对付敌人的办法，搞突然袭击，出一些怪题、偏题，整学生。这是一种考八股文的办法，我不赞成，要完全改变。"不仅出偏题、怪题的方法不足取，经过建国后几十年的教育实践证明，单纯用考试的办法衡量和选拔学生也是不符合教育实际的。因此，新课程改革的重大举措之一，就是把语文考试变为对语文课程的评价。新课程改革后，语文评价的变化表现在以下几方面：

一、考试不能成为衡量学生的唯一方法

语文考试在衡量学生的学业成绩方面，确实起了重要作用，但是它不能全面衡量学生的整体状况，比如学生的学习态度、学习动机、学习兴趣等，不能通过考试考查出来。考试反映的只是学习的结果，不能反映学习的过程，也不能反映

学生的个别差异。举个例子，一道填空题：《红楼梦》的作者是谁？两名同学都写出了正确答案，但其中一名同学认真读过《红楼梦》原著，另一名同学只是知道该书的作者是谁，根本没有读过原著，虽然两人的得分是一样的，但学习的程度和过程却完全不同。简单的试卷分数反映不出来这种差异，因此考试的结果有时反映的是片面的情况。

语文考试过分强调了学生的学业成绩在评价中的作用，取代了对学生的全面考查，导致片面追求分数，追求升学率，使考试变成了教学的指挥棒，"考什么教什么"，忽视了对人的整体素质的培养，这种做法，违背了教育方针，也违背了学校教育的根本宗旨。我们的教育是要培养人的，而不是培养能得高分的"考试机器"。

语文考试把学习的主体——学生排斥在评价过程之外，使考试变成了教师的单边活动，在考试的出题、评卷、试卷分析的全过程中都缺少学生的参与，学生只能消极地、被动地接受教师评出的分数，无法通过考试弥补自己的不足。它对学习的负面影响是许多教育工作者没有注意到的问题。而课程评价增加了学生参与评价的机会，调动了学生的学习积极性，这是一种进步。比如东北师大附中语文组，在考试中就增加了由学生出的试题部分，被选中的试题，还要给出题者加分，大大鼓励了学生参与出题考试的积极性。这不仅是加分的问题，同时也鼓励了学生严肃认真的学习态度。

二、当前语文课程评价的改革重点

当前语文课程评价的改革重点主要表现在以下几个方面：

第一，评价的目的发生变化，语文课程评价不仅是为了考查学生达到学习目标的程度，更是为了检验和改进学生的语文学习和教师的教学，改善课程设计，完善教学过程，从而有效地促进学生的发展。不应过分强调评价的甄别和选拔功能。也就是说，评价的目的着眼于学生的整体发展，而不是通过考试"片面追求升学率"，遴选出适合教育的儿童，送入上一级学校深造。语文课程评价的目的是寻找出"适合儿童的教育"，把教学工作搞得更好，使更多的学生得到全面发展。

第二，在课程评价的取向上摒弃片面的评价观念，尽可能全面地反映课程的全貌，突出语文课程评价的整体性和综合性，实现评价指标的多元化。要从知识与能力、过程与方法、情感态度与价值观几个方面进行评价，以全面考查学生的语文素养。这就是说，语文评价应该涵盖语文教学的全部内容，它包括识字与写字、阅读、写作、口语交际和综合性学习等诸方面，不能只考查学生的阅读和写作能力。同时，评价也不能只局限在对学生的知识与能力的考评上，还应该对产生学习结果的全过程进行评价，既看到学生的智力发展一面，也看到他们的非智力因素，如动机、兴趣、情感、意志、性格等对学习的影响，重视语文学习具有重情感体验和感悟的特点。

第三，在评价的手段上，在注重形成性评价和终结性评价的同时，更强调形成性评价，强调对学生学习过程的评价。可以利用设立"成长记录袋"或者建立"语文学习档案资料"的方式，收集学生平时的表现，把学生在学习语文过程中表现出来的生动活泼的个性特点和努力的程度记录下来，综合地描述学生的成长与进步。

第四，评价主体发生了变化，由过去的教师评价为主，变为教师评价、学生自我评价和相互评价、家长评价三方面结合，实现评价主体的多元化。在评价的过程中，充分尊重学生的个体差异，促进每名学生的健康发展。同时强调评价的方式应该是多样的，避免只用考试这一种方式评价学生。

三、新课程标准中语文课程评价的内容

（一）初中阶段语文课程评价的内容

初中阶段的语文课程评价，注重学生语文素养的整体提高，同时强调尊重学生学习过程中的个性化和创造性，强调语文的积累，重视培养语感，重视个体在学习过程中的感悟和情感体验。具体说来，初中阶段语文课程评价的内容包括如下方面：

1. 关于识字与写字的评价

在《全日制义务教育语文课程标准》中，对识字与写字的评价标准有三项：

（1）对汉语拼音能力的评价

要求学生能正确地拼读汉语拼音，通过汉语拼音的学习，纠正地方口音，学说标准的普通话。

（2）对识字能力的评价

汉字是表意文字，掌握汉字，应该从音、形、义三方面下功夫，真正达到会读、会写、会用的程度，这是学习汉字必须掌握的基本功。同时强调学生在学习汉字的过程中，应该具有使用工具书识字的能力。

（3）对写字方面的评价

要求学生写字时姿势正确，有良好的书写习惯，字要写得工整、正确。同时

还特别指出，教师不能用罚抄生字的办法惩罚学生，这样做不仅达不到纠正错别字的目的，可能效果会适得其反。

2．关于阅读的评价

因为阅读是初中语文教学中的重要内容，所以对阅读的评价内容也比较多，一共有六项：

（1）对学生阅读能力的评价要综合考查学生阅读过程中的感受、体验、理解和价值取向，考查其阅读的兴趣、方法与习惯以及阅读材料的选择和阅读量。重视对学生多角度、有创意阅读的评价。

语法、修辞知识不作为考试内容。这项评价内容，强调了三点，一点是强调学生在阅读过程中的独特感受和良好阅读习惯的培养，包括学生有创意的阅读。第二点是强调了阅读材料的选择和阅读量的增加，对于初中生来说，选择适于他们阅读的材料是非常重要的。课程标准规定义务教育阶段学生课外阅读的总量不少于 400 万字，小学阶段，尤其是小学低年级，学生识字不多，阅读量不会太多，那么初中阶段阅读总量大概总得达到 200 – 300 万字，才有可能完成义务教育阶段的阅读总量，差不多每年要有近 100 万字的阅读量，平均起来，每天要看 3000 字左右的阅读材料才行。这需要教师加强对学生阅读总量的指导和检查。第三点是由于不把语法、修辞知识作为考试的内容，减轻了学生负担，强调语言学习应该从积累做起，而不是把语言学习作为一种纯知识性的东西让学生死记硬背有关语法和修辞方面的知识。

（2）对学生朗读、默读的评价

在朗读方面，要求学生能用普通话正确、流利、有感情地朗读课文，从语音、语调和感情等方面进行综合考查，了解学生对课文内容和文体的理解和把握情况。强调在平日的朗读中培养语感，加深对所读材料的体验与领悟。对学生的默读能力从方法、速度、效果、习惯等方面进行综合考查。

（3）对精读水平的评价

精读在语文学习中是必不可少的，大量的课外阅读，解决的是读书面广的问题，精读解决的是读得精，体会得深的问题。没有精读，语文学习浮光掠影，那么即使读了大量的书，也无法快速提高阅读水平，只有把精读和泛读结合起来，才有可能使阅读能力迅速得到提高。精读评价的要点是考查学生在词句理解、文意把握、要点概括、内容探究、作品感受等方面的表现。

(4) 对略读、浏览的评价

评价略读，重在考查学生是否能通过略读，把握阅读材料的大意，考查学生的概括能力；评价浏览能力，重在考查学生能否在阅读材料中捕捉到重要信息，考查的是学生搜集资料的能力。概括能力和搜集信息的能力，是现代人必备的能力，中学阅读教学应该培养学生这方面的能力，以适应他们将来走入社会工作和学习的需要。

(5) 对文学作品阅读的评价

初中阶段，已经在课内和课外接触到相当数量的文学作品了，能否对所读文学作品有自己的感受和体验，能否初步鉴赏文学作品，这是考查的重点。这里特别强调的是对文学作品独特的感受和体验，体现了语文教学培养学生个性，尊重学生独特的情感体验的教学目标。

(6) 对古诗文阅读的评价

初中阶段正是一个人记忆的黄金阶段，这个阶段背诵的东西，几乎是终生不忘。与高中相比，初中阶段的课业负担不那么重，因此，在初中阶段强调要让学生记诵积累大量的古典诗文，是符合初中生心理特点的。初中阶段，又是一个人的语言敏感期，在这个阶段让学生大量接触古典诗文，培养学生对文言文的语感，这种语言的积累有两方面的意义，一方面是为高中学习大量的古诗文做准备，使学生在初中阶段就能体会文言文的典雅、凝练；另一方面是让学生续上中国传统文化的血脉，为他们打下精神的底子，中学阶段是学生世界观的形成阶段，在这个阶段为他们打下精神的底子非常重要。这些语言的积累和精神的底子会伴随他们的终生，奠定他们文字表达的下意识，将来说话写文章都能比较纯粹、凝练、典雅、古朴，寥寥数语，就能传神。让中华民族灿烂的古代文化通过语文教学传承下去，让学生为自己的祖国感到骄傲和自豪。

3. 关于写作的评价

读、写、算是现代人必备的三项学习能力，写作能力是其中一项。但是中学写作的现状却是不容乐观，虽然师生都花了大量的功夫和力气，但是收效却是事倍功半。改善写作教学的现状，从评价的角度看，有四点要求：

(1) 在写作教学中，应该重视培养学生的写作兴趣和良好的写作习惯，尤其要重视对写作的过程与方法、情感与态度的评价。

考查的重点是学生是否在作文中表达了自己的真情实感，对有创意的表达应该给予鼓励。这种评价标准，正是新课改所倡导的重过程、重体验的要求。写作的结果也很重要，但是更重要的是写作的过程，学生的写作兴趣，写作习惯在写作的过程中表现得更为明显，教师的辅导重点应该是写作过程，而不应该只放在对写作结果的评点和批改上。

（2）重视对写作材料准备过程的评价

写作必须有材料，否则就变成了"无米之炊"，导致作文难产。搜集材料阶段是写作的准备阶段，在这个过程中，要注意考查学生是否能够通过观察、调查、访谈、阅读、思考等途径搜集写作素材，所搜集的写作材料是否真实、丰富。

（3）重视对作文修改的评价

"文章不厌百回改"，好文章大部分是反复修改后得来的。初中生因为写作水平不高，所写的东西更要经过反复修改才行。修改文章，不仅是方法问题，更是态度问题。有些中学生误以为修改作文是老师的任务，自己只管把文章写完就行了，这是错误的认识，只有自己反复修改自己的文章，才能使自己的写作语言更干净、利落，所用材料更准确、生动，作文的思路更明晰、顺畅。因此对作文修改的评价更强调了学生的自改互改，在互改的过程中可以取长补短，促进相互了解和合作，共同提高写作水平。

（4）采用多种评价方式评价学生的写作水平

这里的"多种评价方式"有两层含义：一是建立学生个人的写作档案，把学生有代表性的课内外作文存档。档案袋中还应该有关于学生写作态度、主要优缺点和典型案例的分析记录，通过写作档案，全面反映学生的写作水平。多种评价方式的另一层含义是对学生作文评价结果呈现方式是多样性的，既可以是书面的，也可以是口头的；在计分方法上，既可以用等第记分法，也可以用评语的方式评价学生的作文；还可以用多种形式评价学生作文，比如通过作文讲评，通过办作文展览，通过向杂志社投稿等方式，都是对学生作文的评价方式。

4. 关于口语交际的评价

在新课程标准颁布以前，中学的"口语交际"教学被称为听话教学和说话教学。听与说常常是连在一起，不可分割的，新课程标准颁布以后，听、说教学被统称为"口语交际"教学。口语表达能力的训练，由于受中考和高考指挥棒的影响，一直不被重视，这种认识是极端错误的。现代社会人与人之间的交往日益密切，没有良好的口语交际能力，很难在社会上找到自己的最佳位置。由于中学语文很少设置单独的口语交际课，加之初中生处于心理和生理发育的敏感期，很多人不习惯在大庭广众面前发表自己的意见，导致中学生口语交际的水平低于阅读和写作水平。

为了改变这种状况，课程标准中提出"应重视考查学生的参与意识和情意态度"，并通过实际的口语交际场合，提高学生真实的口语交际水平。

5. 关于综合性学习的评价

综合性学习是新课程标准中首次提出的概念。综合性学习的出发点是培养学生的主动学习精神，在主动学习中养成探究的精神和创新意识。这一点，国外的很多先进经验值得我们借鉴。美国从小学二、三年级就开始让学生尝试做课题，在做课题的过程中培养了孩子们动手搜集资料的能力、提炼观点的能力、结构文章的能力和动手制作模型或图表的能力。一个课题往往需要几个人合作才能完成，在这个过程中，又培养了学生之间讨论切磋的能力和合作研究的精神。虽然这项工作在我国的初中语文教学中刚刚开始，但各地已经有了一些成功的经验，学生从综合性学习中也学会了很多以前教师"满堂灌"时学不到的东西，值得大家借鉴。关于综合性学习的评价，课程标准提出了六个方面的评价参考：

①在活动中的合作态度和参与程度。

②能否在活动中主动地发现和探索问题。

③能否积极地为解决问题去搜集信息和整理资料。

④能否根据占有的课内外材料，形成自己的假设或观点。

⑤ 语文知识和能力综合运用的表现。

⑥ 学习成果的展示与交流。

这里还特别强调了在综合性学习中，如果学生有了不同于常规的思路和方法，尤其要给予足够的重视和积极的评价。

(二) 高中阶段语文课程评价的内容

高中语文的课程设置与初中不同，高中语文分为必修课和选修课两部分。与初中相比，高中语文的学习内容也有很大变化，高中语文加入了大量文学作品的学习。高中语文的课程目标是使学生在积累·整合、感受·鉴赏、思考·领悟、应用·拓展、发现·创新五个方面获得发展。

因为课程设置不同，学习内容发生了变化，课程目标也不同，所以高中语文课程评价的内容也与初中语文课程评价的内容有区别。高中语文课程评价从三方面提出建议：

1. 高中语文评价的基本原则

高中语文评价的基本原则有四条：

（1）评价的根本目的是为了促进学生语文素养的全面提高

高中生所应具备的语文素养包括语文的应用能力、审美能力和探究能力。高中语文评价继续强调评价的整体性和综合性，从知识和能力、过程和方法、情感态度和价值观三个维度对学生进行全面考查。

（2）评价的目标以语文课程目标为基准，面向全体学生

这里有两个要点，一是评价的共性要求是以高中语文课程目标为准则，二是评价的个性目标是从尊重学生的个体差异的角度，关注学生的不同兴趣，不同表现和不同学习需要，采用更加灵活的评价学生的方法。

（3）评价的功能

高中语文课程评价具有检查、诊断、反馈、甄别、选拔、激励和发展等多种功能。在评价学生时，这些功能都是必要的。但是首先应该发挥课程评价的诊断、激励和发展的功能，不能片面强调评价的甄别和选拔功能，教学评价应该有利于学生的发展和促使教学不断完善。

（4）评价的主体应多元化

提倡学校、教师、学生、同伴、家长等多个主体共同积极参与评价活动。

（5）在评价中注意必修课与选修课的联系与区别

高中语文必修课的评价立足于语文教学目标，强调其评价的共性原则。高中语文选修课的评价在注重共性的基础上，更强调个性的差异。

（6）评价的方式应该多种多样

通过书面考试、观察活动、成长记录袋、实践活动等，对学生的语文水平做出综合评价。

以上六个评价原则，除第五条外，其余的与初中语文课程评价的总体精神是一致的。

2. 必修课程的评价

高中语文必修课评价内容是从阅读、写作、口语交际三个方面提出要求的。

阅读与鉴赏的评价从论述类、实用类、文学类、文言文四类主要阅读文本出发，提出了对不同文本的不同评价重点。这里仅举一例：文学类文本阅读的评价，是阅读与鉴赏评价的重点。要重视评价学生对作品的整体把握，强调应有个人的独到见解，鼓励个性化、创造性解读。

表达与交流的评价是指对学生写作能力的评价。这里包括学生的写作态度和

写作水平两方面。对论述类、实用类两类文体提出了各自的写作要求。

口语交际的评价，重点考查学生参与口语活动的态度和口语交际的实际能力。

3. 选修课程的评价

高中选修课分为诗歌与散文、小说与戏剧、新闻与传记、语言文字应用、文化论著研读五个系列。每个系列又都有各自的评价重点，限于篇幅，这里不再赘述。

新课程标准实施以后，中学部分语文课程评价的改革，变得更加关注学生的发展，更加有利于学生的发展。通过课程评价，不是淘汰、筛选出适合教育的学生，而让学生从课程评价中得到鼓励，发现自己的优长之处，增强继续学习的信心。通过课程评价也促进了教学工作的发展，使教育工作者思考怎样才能创造出适合学生的教育，使语文教学走上良性循环的轨道。

附录　初三模拟考试语文试题

（分数：120分　时间：2小时）

出题人：东北师范大学附属中学　孙立权　宋长华　从立中

一、古诗文阅读（30分）

（一）古诗文默写（15分）

1. 关关雎鸠，在河之洲；□□□□，君子好逑。（《关雎》）

2. 角声满天秋色里，□□□□□□。（李贺《雁门太守行》）

3. □□□□□，西北望，射天狼。（苏轼《江城子》）

4. 怀旧空吟闻笛赋，□□□□□□。（刘禹锡《酬乐天扬州初逢席上见赠》）

5. □□□□□□□，五十弦翻塞外声。（辛弃疾《破阵子》）

6. 俗语曰："心静自然凉。"诸葛亮说："非淡泊无以明志，非宁静无以致远。"正因为如此，陶渊明才能在俗世中保持高风亮节，他在《饮酒》一诗中以自问自答的方式解读了自己的心境：□□□□□，□□□□□。

7. 柳宗元《捕蛇者说》中以"赋敛之毒有甚是蛇者"揭露苛税给百姓带来的疾苦，白居易在他的《观刈麦》里借农妇之口予以揭露：□□□□□，□□□□□。

8. 孔子主张为人、为学当实事求是，不能自欺欺人。他教导子路时说：□□□□□□，□□□□□。

9.《醉翁亭记》和《桃花源记》中各有一句关于老人和孩子的形象描写,它们是:□□□□□和□□□□□。

10.镜子古称为"鉴",可照人面,可映人心,可明得失。古人善以此造境。请写出古诗文中关于"镜子"的句子(连续两句):

_____,_____。

(二)文言文阅读(15分)

(甲)

世有伯乐,然后有千里马。千里马常有,而伯乐不常有。故虽有名马,只辱于奴隶人之手,骈死于槽枥之间,不以千里称也。

马之千里者,一食或尽粟一石。食马者不知其能千里而食也。是马也,虽有千里之能,食不饱,力不足,才美不外见,且欲与常马等不可得,安求其能千里也!

策之不以其道,食之不能尽其材,鸣之而不能通其意,执策而临之,曰:"天下无马。"呜呼!其真无马邪?其真不知马也!

11.本文作者是_____(朝代)文学家韩愈,他和柳宗元发起的_____运动开辟了中国古代散文的又一个繁荣阶段。(1分)

12.解释下列加点词的意思。(2分)

(1)故虽有名马(　　　　)　(2)执策而临之　(　　　　　)

(3)才美不外见(　　　　)　(4)策之不以其道(　　　　　)

13.本文运用了托物寓意之法,依托传说,巧妙设喻,说理言志。作者针对的社会现实是_____;文中集中表达韩愈愤慨之情的句子是_____。(2分)

14.从《孟子》中找一例,并结合此例简析"伯乐"对"千里马"的作用。(3分)
篇名(课文题目)_____人物事例_____
简析_____

15.机会从来都是给有准备的人准备的。作为一名中学生和未来生活的主人,你认为具备了怎样的素质才可称之为"千里马"? (2分)

_____

_____

（乙）

其（柳宗元）召至京师而复为刺史也，中山刘梦得禹锡亦在遣中，当诣（到）播州。子厚泣曰："播州非人所居，而梦得亲在堂，吾不忍梦得之穷，无辞以白其大人（父母），且万无母子俱往理。"请于朝，将拜疏（打算向皇帝上奏章），愿以柳（柳州）易播，虽重得罪，死不恨。遇有以梦得事白上者，梦得于是改刺连州。呜呼！士穷乃见节义！今夫平（平时）居里巷相慕悦，酒食游戏相征逐，诩诩强笑语以相取下，握手出肺肝相示，指天日涕泣，誓生死不相背负，真若可信；一旦临小利害，仅如毛发比，反眼若不相识，落陷阱，不一引手救，反挤之，又下石焉者，皆是也。此宜禽兽夷狄所不忍为，而其人自视以为得计。闻子厚之风，亦可以少愧矣！

（选自韩愈《柳子厚墓志铭》）

16．解释加点词的意思。（1分）

（1）愿以柳易播（　　　　）　（2）死不恨（　　　　）

17．韩愈和柳宗元在文学史上并称为"韩柳"，从上文来看，他们之间的交往和彼此敬重又远在文学之上，请用简洁的语言加以评述。（2分）

_____

_____

18．文中有一成语用来比喻在别人危难时不仅不伸援手相助，反而乘人之危，加以陷害。这个成语是：_____。（1分）

19．完成对偶句：韩柳文章著万古，_____。（1分）

二、现代文阅读（20分）

苍茫人独立

刘　歌

夜幕过早地降落到夏日的山地。我独自一人在峡谷这边的道路上行走。在这个夜里，我必须穿过这条流淌大河的峡谷到达山顶，去走访一位四十多岁连女人也没有讨到的农民，去听他诉苦，说出一些渺小的愿望。

山里很静。路外成片的树林，巍峨的石壁，河里的流水，峡谷中所能有的一切都沉进黑暗，与黑暗隐匿的秘密连成一片。没有人与我结伴，也没有一处灯光，唯有谷中的风吹过来，给人带来阵阵凉意。

月亮升起来了。同以往一样，月的升起永远是在不知不觉之中，如平静到来的奇迹叫人暗暗吃惊。这是一轮圆月，在湛蓝的天上，硕大，金黄，素净，沿天空的

120

路静静地飞临峡谷那面面奇峰壁立的山头。那么圆满，使我恍悟，这应当是又一个农历月份的十五。大片的月的光辉从对面山顶上投向我，照出我的影子，将它投写在我的一侧，将路边不知名的小树的枝叶投向路面，我沐浴在清凉的月光里如走向一片白银的高原，对面的山体在背月的暗影里显得更黑暗更神秘更宁静，甚至更细腻，空洞的谷底此刻越发显得深不可测，唯余波浪哗然有声。抬头看前面不远处，山洼里隐隐现出一座民宅，几棵老树；离开民宅不远的地头，站着一个人。

犬吠！对犬的厉声呵斥！——又是呵斥！

哦，不，热心肠的好人。——不要叫破了这山地之夜的宁静，不要叫破这月下荒山瓦屋的画面，请不要叫破了它的完整。让我立住脚，在喘定之后，看见月下站立的那人，他没有女人相伴，只剩下俭朴的生命，此刻独自站立在月下，带着唯一的狗，立在月下。

他在等待一个可以听他诉说苦处的人。

可以想见在无人造访的很多有月的夜里，他也曾带着命运的迷惘走上地头，站在那里 kòu 问苍天，眼前唯余茫茫月色。

月下的大地，静寂、宽厚、山峦起伏；居住人也居住动物，载起乡村也载起城市的大地，被核试验的爆炸所摇动的大地，这被陨石雨击打、被洪水踩躏、被大大小小的道路纵横穿越切割的大地，是多么宽广辽远，多么浑茫！独自拥有这苍茫画面的，应当是多么幸福的人！但他的内心是苦，是单靠自己绝然无法排解的孤独，是阴暗，是月光背影部分的山谷，是谷中诉说不尽的流水。

事实上，每一个人都面对着一幅苍凉的画面。你可能无xiá消受月下的茫茫世界，当夜可能无月，你也没有像那个农民一样走进月光，被人看见，成为别人记忆里的一个永恒画面，但你永远是一幅苍茫画面里的唯一主角。走到哪里，都是走在苍茫的色调里，走在哪里，都是走在苍茫的画面里。你可能经过了无数的春夏秋冬的更迭，经历了人类社会天翻地覆的无数沧桑变化，有无数美人和青山老去，但这个苍茫的色调不变。它总是发生在宏观的范畴内，必得距离的加入，甚至时间的加入。被候鸟和船队穿越的海洋；群山耸立的高原；从高原俯瞰大地，仰望星空；一个人在老年之夜的回忆；千千万万的人的背影在眺望中织进了夕阳的光辉；他们的痛苦、愿望、不朽的事功和底层永不停止的呻吟，这一切都被这苍茫的画面吸收。

美是寂寞人生唯一的安慰者。没有美相陪伴的孤独将是真正的孤独，这对于人类，无异于无星无月无音响的长夜。另一面，人的心灵多么宽广，美的领域就有多么宽广；人的灵魂多么丰富，美的内容就有多么丰富。人性的优点之一，在于总能从鱼龙混杂、美丑并存的混沌世界中淘汰和超越丑的东西，发现和享有美的东西，从中吸取养分，正如生物之进食和消化。这样的天分越高，灵魂的财富就越是丰足。愚者一百次打点行装走遍名山大川，将一百次空手而归；而智者却很可能处处超越丑恶而抵达生活的大美，对他而言，美恰如春意牵引青草绿遍天涯，像天上之天深海之海，看过去还是天走过去还是海，美作为灵魂的财富，使清贫的诗人富比王侯，使黯淡无光的物质生活焕发出光彩，使地球的每一个角落响chè 生活的渴望。

　　然而，对美的享用需要从容的心境。人类从几十万年以来就看着星空和皓月，只有天涯沦落的白居易才看见"枫叶荻花秋瑟瑟"、"别时茫茫江浸月"的空蒙诗意，也只有贬官以后的苏轼才发现"唯江上之清风，与山间之明月，耳得之而为声，目遇之而成色，取之无禁，用之不竭，是造物者之无尽藏也"；自古以来的人也许都独对着茫茫人间茫茫宇宙，只有屈原行吟江畔，独对长天发出一声声百思不得其解的"天问"，也只有陈子昂站在唐时的幽州台上"念天地之悠悠"。在一个突然降临的物质主义的时代，几乎所有的人都被卷进日常生活的漩涡，人日益从大自然的背景里淡出，像成年的蚕沿一条不归路，一头钻进了自造的硬茧，自认满足和安全。不要过去，不要回忆，只要现在，只要此刻;倾听自然的从容心境，被生活的焦虑和算计取代。在月亮升起的夜晚，除了一些在灯红酒绿之所醉生梦死的人，更多的人宁肯在电视前错过无数美丽的山水，或跟着流行歌手起舞，在流行音乐的僵硬节奏里左冲右突。

　　我常常想起那个令人刻骨 míng 心的月夜，那月下站立的人和狗，它的安静和高远，它们与一座高山上的老树瓦屋所构成的画面，有一种名画的经典的崇高和难以言说的神秘。

20. 给文中加点的字注音。(2分)

呵斥（　　　）　踩躏（　　　）　混沌（　　　）　漩涡（　　　）

21. 给文中拼音处填汉字。(2分)

kòu（　　　）问　无 xiá（　　　）　响 chè（　　　）　刻骨 míng（　　　）心

22. 心中有诸多苦楚的农民和"我"，面对同一个自然情境产生了怎样不同的感受？(3分)

23. 文中多次出现"苍茫"一词，包含哪几层意思？（3分）

24. "事实上，每个人都面对着一幅苍凉的画面"，你是否赞成这样一种人生态度？说出你赞成的原因，或者说出不同于它的观点及理由。（3分）

25. 作者认为怎样才能改变"苍凉"的人生底色？（2分）

26. 为"人的心灵多么宽广，美的领域就有多么宽广；人的灵魂是多么丰富，美的内容就有多么丰富"一句加批注。（2分）

27. 那"诉说不尽的流水"般的愁苦连绵不绝，让你想到了古代的什么诗（词）句？写出相关的句子。（3分）

三、名著阅读（5分）

28. 为古典名著《水浒》写一个内容提要。（100字左右）

四、作文（65分）

29. 下面两个题目任选其一。

题目（1）"和"在汉语中是一个字详意丰的词，它有和蔼、和谐、和美、和平等诸多含义，请以"和"为话题，写一篇文章。

题目（2）据报道，长春市公交车驾驶员杨晓红见到车上时常出现没人给老年人让座的情况，就自己掏钱买来笔、钥匙链、贺卡等物品，还专门在汽车的玻璃窗上贴了一个大大的"奖"字。谁给老年人、孕妇、抱小孩的人让座，就会得到一份奖品。这一举动产生了连锁反应，为让座发奖的公交车在长春越来越多。

根据上述材料写一篇文章。

作文要求：自选角度，自选文体（诗歌除外），不少于600字。

第五章　现代教学技术的应用艺术

随着科学技术的进步，现代教学技术正快速走进语文课堂。本章介绍了现代教学技术的概念及运用现代教学技术进行语文教学的理论依据，同时介绍了现代教学技术的分类以及教学技术在语文教学中的作用。最后对语文教学课件的制作方法及制作工具做了简单的介绍，同时指出了利用现代教学技术应该注意的几个问题。

第一节　现代教学技术及其理论依据

一、现代教学技术的概念

教学活动是信息的传递活动。在课堂上师生之间、生生之间、学生与课本之间不断进行着信息的传递。信息传递需要借助一定的手段和工具。教育系统正在把人类源源不断发明出来的新技术、新手段应用到教学领域，把现代信息技术应用于教学领域，就是现代教学技术，它是教学发展的时代要求。

二、教学技术的分类及运用

信息传递凭借的工具，被称作媒体。用于教学的媒体，称之为教学媒体。这里所谈的教学技术，主要指教学媒体的运用技术。教学媒体分为传统的教学媒体和现代教学媒体。

（一）传统教学媒体

传统的教学媒体根据其是否用"电"，被分为普通教学媒体和电化教学媒体两类。

1.普通教学媒体

普通教学媒体指印刷材料、黑板、粉笔、教学挂图、模型、实物等。普通教学媒体在几千年的教育史上，发挥了巨大的作用，而且现在仍然在发挥作用。它的优点是方便、快捷、经济，甚至只是一本书、一支粉笔、一块黑板就可以进行教学活动。它的缺点是信息量不大，比较呆板，不够形象生动。

2.传统电化教学手段

传统电化教学手段包括声音媒体和图像媒体两类。声音媒体有录音机、收音机、电唱机、激光唱机、广播等，它们的主要功能是通过声音向学生传递信息。在现代课堂中，仍然有时利用录音机播放朗读课文的录音，或者播放音乐，进行配乐朗诵等。

传统电化教学手段中的图像媒体包括幻灯机和投影仪。这两种机器可以把实物、图片、文字资料等用投影的形式打在幕布上。教师把事先制好的文字资料卡片或者幻灯片用投影仪或幻灯机显示在幕布上，可以节省时间，加大课堂信息的容量。这些制作费用低廉，制作幻灯用的胶片可以反复使用，是一种比较形象、直观的教学媒体。但是它的缺点是画面静止，而且没有声音，需要教师现场配音，效果不是特别好。

（二）现代教学技术

现代教学技术包括电影放映机、电视机、录像机、影碟机、个人电脑、网络技术、多媒体技术等。其中电视机、录像机、影碟机属于视听媒体。计算机、电脑网络及其软件技术属于综合媒体。

1.电影放映机、电视机、录像机、影碟机

这几种媒体都属于声像媒体，其特点是可以同时提供给学生声音和图像资料，增加学生的感性认识，比较直观、生动、形象，能够引起学生的学习兴趣。

由于电影放映机不够普及，而且电影胶片也不容易弄到，除了把学生带到电影院，看一场与语文教学有关的电影之外，在课堂上很少直接放映电影。

电视机、录像机、影碟机比较普及，在课堂上使用这三种教学媒体的机会也比较多。电视机的功能有两个：一个是直接观看电视台制作的节目，把它作为语文课的补充形式，例如原吉林市毓文中学的赵谦翔老师组织学生每天观看中央电视台的《东方时空》节目，扩大了学生的视野，为语文学习开辟了一片新天地。另一个是电视机也可以与录像机或者影碟机连在一起使用。录像机是播放录像带用的，影碟机可以播放 VCD 或者 DVD 光盘。在语文课堂上使用录像机或者影碟机放映一段与教学内容相关的音像资料，可以增加学生的感性认识，加深对学习内容的理解，引起学生的学习兴趣。

2. 计算机辅助教学

计算机辅助教学是将计算机用作教学媒体，使学生通过与计算机的交互活动进行学习的一种形式。计算机辅助教学除了学生与机器之间的交互作用外，还可以进行个别化教学，学习的效率比较高。因为计算机辅助教学软件是经过优秀学科教师与课件制作人员共同努力编制成的，并且有严格的评测标准，因而可以避免因教师水平的差异而带来的教学水平的差异，保证了学习内容的科学性。

3. 计算机网络技术

随着计算机技术和通讯技术的飞速发展，个人电脑与网络相连，从局域网到互联网，形成了计算机网络。计算机网络可以使网络内的所有计算机很方便的交换信息，实现硬件资源共享、信息资源共享。其中互联网是全球性的计算机网络，全世界的上网计算机都可以享用互联网上的信息财富。

局域网是作用范围仅在几公里左右相对较小的网络系统。局域网的拓扑结构常用星形、总线形和环形结构。它安全可靠，传输率高，易于管理。校园网就是一种典型的局域网，它连接了校园内的计算机资源，同时与外界建立了广泛的信息联系，促进了校内外信息的交流。

互联网也叫因特网，这是一个国际互联网，是全球范围内的数字化信息库。通过互联网查阅信息的网站很多，与中学语文教学相关的教育网站也很多，可以从中下载与教学有关的课件、论文、视频资料、图片资料、音像资料等。下面介绍几种常用的中学语文教育网站：

中学语文教学资源网（http://www.ruiwen.com）。这个网站设有"教师中心"、"备课中心"、"课件下载"、"素材下载"、"教学文摘"、"杂文收录"、"语文教案"、"试卷下载"、"语文论坛"等栏目。

K12中国中小学教育教学网（http://www.k12.com.cn）。这是一个综合网站，包括了各科的教学，设立了"学生频道"、"教师频道"、"家长频道"等栏目。

语文在线（http://www.yuwenonline.com）。这个网站是语文基础知识的百宝箱，设计了与语文基础知识相关的子栏目，可供教学时参考。

此外，还有一些常用的与中学语文相关的网站，把它们写在下面，有兴趣的教师不妨上网查看一下里面的内容，或许对教学有所帮助。

中学语文网中网（http://www.laomu.cn/）。

中国基础教育网（http://www.cbe21.com/）。

现代教学技术传播的信息量大，因为声像俱佳而显得生动形象。尤其是电脑等综合媒体，不受时间和空间的限制，可以多机同时联网，还可以重复使用信息，设计得好的教学软件能够实现人机对话和个性化教学，大大提高了课堂教学效率，因此非常受欢迎。

三、大力推进现代教学技术的理论依据

教育部二〇〇一年六月八日颁发的《基础教育课程改革纲要（试行）》中指出："大力推进信息技术在教学过程中的普遍应用，促进信息技术与学科课程的整合，逐步实现教学内容的呈现方式、学生的学习方式、教师的教学方式和师生互动方式的变革，充分发挥信息技术的优势，为学生的学习和发展提供丰富多彩的教育环境和有力的学习工具。"《纲要》的颁布使现代教学技术以前所未有的速度迅速走进课堂，也给语文教学吹进了一股利用高科技手段强化课堂教学效果的新风。

现代语文教学技术，联结了语文教育学和现代教育技术。这个联结，涉及了许多学科接缘的问题。它依据这些学科的一般理论和方法，应用于语文教学的实际，独立解决那些只在语文教学中发生的一切问题。

除了语文教育学、语文教学论、语文教学心理学、语文教学语言学、语文教学艺术论等语文学科教育的基础理论外，与它密切相关的基础理论还有视听教育理论、学习理论、传播理念、系统科学理论、辩证唯物主义认识论。下面介绍这些相关学科的基础理论。

（一）视听教育理论

19 世纪末，幻灯机、投影仪的发明，丰富了学校教育的教学手段。此后，人们又将无声电影、广播、唱片、无线电、录音、有声电影、电视等科技产品引入了课堂教学。在教学实践中，人们研究、总结了一系列视听教学的方式方法，提出了相应的视听教育理论。主要有戴尔的"经验之塔"理论，欧宪的"金字塔型图"理论。

1. 戴尔的"经验之塔"理论

戴尔是美国的视听教育家。他于 1946 年写了一本《视听教学法》。他认为人类的经验，有些是由直接方式得来的，有些是由间接方式得来的。书中把人类获取经验的方式列出了一个塔式的图表，这就是著名的"经验之塔"。（见图 1）

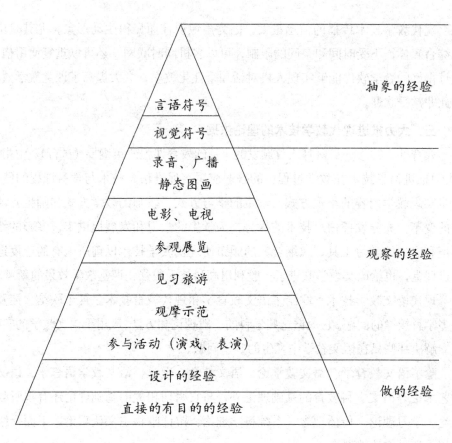

图1 戴尔的"经验之塔"

戴尔在经验之塔中将人们获得知识与能力的各种经验，依照它们的抽象程度，分为三大类十个层次：

第一类：做的经验。它包括或直接接触实物，或进行设计——如自己动手做模型，或进行演练等等从直接参与中获得的经验。

第二类：观察的经验。是指不用自己动手，仅凭观察得来的经验。它包括观摩、见习、参观、看电视、看电影等。

第三类：抽象的经验。指从视觉符号中获得的经验，或者从言语符号中获得的经验。

戴尔的"经验之塔"理论并不是说获得任何经验，都必须经过从底层到顶层的阶梯，也并不是说下一层的经验比上一层的经验更有用。划分阶层只是为了说明各种经验的具体与抽象程度。

从戴尔的"经验之塔"理论中可以获得三点启示：首先，教育应该从具体经验入手，逐步过渡到抽象的经验。因此，有效的学习方法应该是首先给学生丰富的具体经验，如果只让学生记忆许多普遍法则和概念，而没有具体经验作它的支持，就会导致教育的失败。其次，教育不能只满足于获得一些具体经验，它必须向思维的抽象化发展。如果只满足于让学习停留在具体经验的水平上，会导致教育的肤浅化。第三，位于"经验之塔"中层的视听教具，在为学生提供比较具体、易于理解的经验方面，能冲破时空的限制，弥补学生直接经验的不足，比言语、视觉符号更有优势，这也就是多媒体教学的优势所在。

2.欧宪的"金字塔型图"理论

欧宪的"金字塔型图"如图2所示：

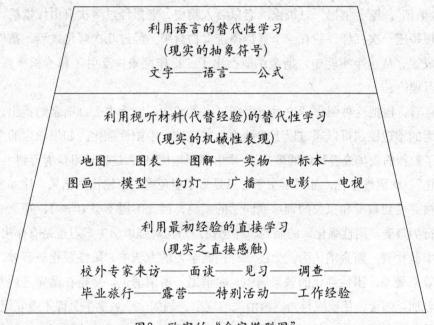

图2　欧宪的"金字塔型图"

欧宪的金字塔型图列出了学习资料的三个基本类型：

(1) 利用最初经验的直接学习。

(2) 利用视听材料的替代性学习。

(3) 利用语言的替代性学习。

欧宪的"金字塔型图"理论与戴尔的"经验之塔"理论有异曲同工之妙。他们都是把利用多媒体进行学习作为过渡与桥梁，联结学生的直接经验与抽象经验，为在课堂中利用多媒体辅助教学提供了理论依据。

(二) 新行为主义的学习理论

新行为主义教育是一场运用行为主义心理学理论解决教育、教学问题的改革运动。它是 19 世纪 50 年代形成于美国，60 年代波及众多国家的国际性教育流派。它通过倡导操作主义学习理论和推行程序教学而对当时的教育理论和实践产生了巨大的影响。

美国当代著名的心理学家 B.F. 斯金纳是新行为主义心理学及新行为主义教育流派的主要代表人物。他的理论核心是操作主义学习理论，他的实验是先从动物开始的。斯金纳设计了一个箱子，在箱子里装着一只老鼠，一根控制杆以及老鼠每压一次控制杆就能得到食物的装置和记录装置。这个简单的箱子被人们称为"斯金纳箱"。斯金纳把一只饥饿的老鼠装入箱中，老鼠经过多次自由探索后，终于发现每压一次杠杆，就有一个食物掉进食物盘中。经过几次强化之后，条件反射形成了。从这个实验中，斯金纳概括出了"操作性条件反射"和"积极强化"的学习理论。

接着，他把这种强化理论运用到探讨人类的学习行为中去。斯金纳指出，人类行为的塑造控制可以通过以下四种途径来完成：①阳性强化。如果学生的学习得到了教师的表扬或者赞许的微笑，令学生感到愉快，那么这种学习行为得到了"阳性强化"。②阴性强化。如果学生学习只是为了避免得到不愉快的结果，比如考试不及格，受到教师和家长的训斥或同学的嘲笑，因此不得不努力学习，那么这种学习行为是受"阴性强化"的制约。③惩罚。惩罚对强迫学生学习也是有作用的。通过实验比较，斯金纳认为，上述三种控制学习的方法中，阳性强化最有效，惩罚的效果最差，阴性强化的效果居中。④消退。所谓消退，是指在反应之后并不紧接着加以强化，使反应行为逐渐消失的现象。例如：一名学生上课不遵守纪律，但他的行为并没有引起教师的注意，也没有得到其他人的关注或赞同，他的行为很可能就会完全停止。

上述四种控制学生行为的强化手段时常交织在一起进行，如何选择合适的强化手段控制学生的学习行为，如何确定强化的程序，斯金纳经过大量的定时强化实验、定比强化实验和定量强化实验后，发现了许多有价值的强化程序。在这些实验的基础上，斯金纳改革了普莱西的机器教学法，开始赋予程序教学以新的含义。

他制定了程序教学的基本原则，它们是：

1. 小步子原则

他把学习内容按照其内在联系分成许多小步子，每完成一步就给予一次强化。这既降低了每次学习的难度，又最大限度地提高了每次学习的成功率，使学习行为在整个过程中不断得到阳性强化，大大降低了阴性强化和惩罚的次数。

2. 积极反应原则

斯金纳设计的这个程序是为了克服在传统的教学过程中教师以传授知识为主，学生只能被动接受知识的现象，提倡学生主动、积极地学习。每名学生手中都有一套程序课本或机器，自己动手动脑学习。通过选择，把答案写入机器中，主动对学习内容做出积极反应。

3. 即时强化原则

在斯金纳设计的人机对话中，学生一旦对学习内容做出反应后，机器应该立即对学生回答的问题给出"是"或"否"的判断。当一个操作完成后，立即有一个刺激紧随其后，这个操作的力量就会提高。但是在传统的课堂教学中，学生做完练习后，可能要几分钟，甚至几十个小时后才能得到反馈，对学生行为的塑造极为不利。

4. 自定步调原则

斯金纳设计的人机对话教学，是一种个性化的教学。他的设计思想是：每名学生的学习能力及学习速度是有区别的，班级集体授课制只能照顾全班同学的进度，很难顾及到每个人的水平，但是一对一的人机对话，却可以解决这个难题。程序教学能让学生按照自己的速度和潜力进行学习，这就是所谓的自定步调。

5. 低错误率原则

斯金纳设计的小步子原则，使每一步跨越的难度都不大，这样就避免了高错误率的出现。因为从学习理论的角度看，错误行为常常导致惩罚行为的出现，惩罚是令人反感的刺激，会给学生留下不愉快的学习体验。况且过多的惩罚会影响学习的速度。因此，在程序教学的过程中应该尽量避免可能出现的错误反应，提高阳性强化的比例，进而提高学习的效率。

斯金纳尽管不是第一台教学机器的设计者和使用者，但是他在程序教学上的贡献却是举世公认的。他利用对动物实验研究的成果，把心理学的研究与带有鲜明行为主义特色的"操作条件反应"和"积极强化"理论相结合，提出了一套更为精确科学的程序教学理论，推动了教育客观化、科学化的进程，成为教学史上

"第四次产业革命"的开端。他的程度设计原理已经被广泛地应用于今天的计算机辅助教学。

(三) 传播学理论

在日常生活中,"传播"指某种事物的传递、散播。在传播学中,"传播"指信息的流动过程。

传播过程的模式种类有很多,传播学的代表模式有:

1. 哈罗德·拉斯韦尔模式

拉斯韦尔 1932 年提出过一个传播模式:"谁? 说什么? 对谁说? 产生了什么效果?"1948 年拉斯韦尔在《传播在社会中的结构与功能》一文中,进一步明确了传播过程及其五个基本构成要素,也叫"五 W"传播模式。

谁 (Who)?

说了什么 (Says what)?

从什么途径传播 (In which channel)?

对谁说 (To Whom)?

有什么效果 (with what effect)?

这一文字模式的提出,引起了人们的关注,此模式被视为传播领域的经典模式,被人称为"拉斯韦尔公式",将其转化为图表模式,如下图所示:

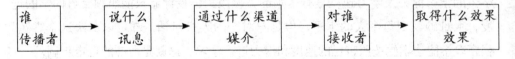

图3 拉斯韦尔公式及其相应的传播过程诸基本要素

拉斯韦尔模式是线性传播模式,它表明,信息的传递是一个目的性行为过程,具有企图影响受众的目的。因此他的传播过程是一种说服过程,但是它忽视了在传播过程中反馈的作用。

美国的传播学者从这五个部分,对大众传播过程进行了五个方面的专门研究:传者(谁)研究、信息(说了什么)研究、媒体(从什么渠道)研究、受者(对谁)研究、效果(有什么效果)研究。

2. 申农—韦弗模式

1949 年,信息论的创始人申农及同事沃·韦弗在研究信息流通过程时,提出了通信的数学原理。后来传播学借用了这个模式,用来说明人类信息传播的过程。

申农-韦弗模式概括为下表：

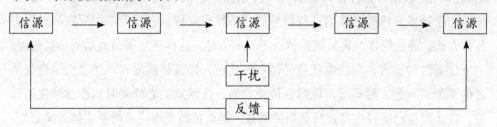

图4　申农-韦弗"数学模式"：它把传播描述为一种直线、单向的过程

这个模式分为七个部分，带有反馈系统，是用图解型去表达的模式。其中：

信源：指信息的发送源。在课堂教学中，主要指教科书、教学图片、录像带、图表、模型等教学信息。教师可根据教学需要，选定合适的信息，作为教学信息。

编码：把准备发送的信息转换成信号。在课堂教学中，教师把教学信息变成可以传递的形态，如传授知识和组织教学的语言、板书的文字、教学图像等，并进行精心的组织安排，形成特定的信号，如果把它们记录下来，就是教案。

信道：信道是负责传递信号的通道。在信息传递的过程中必然会受到一些干扰。这些干扰可以来自系统外，也可以是人为的干扰，还可以是来自系统内的干扰或自然界的干扰。如来自周围环境中的噪声干扰，来自电教设备中的图像讯号不清或喇叭偶尔发出的刺耳噪声干扰，来自学生不注意听讲的干扰等。即使在非常安静、大家都在全神贯注听讲的课堂上，也难免或受到意外干扰，如突然有人在教室外大声唱歌，或者一只大苍蝇飞了进来。教师要设法排除这些干扰，提高信道传递教学信息的效率。

译码：译码是指把信号转换为语言所表达的思想内容，变成原来的信息。在课堂上，译码的过程是指学生在头脑中把由信源发送来的编码转换成接受信息，纳入自己的认知结构中。

信宿：信宿指信息的目的地，即信息的接受者。在课堂上，学生就是信宿。信宿会对信源发出反馈意见，即学生在听课的过程中，会通过眼神、面部表情等对教师的讲课内容做出或理解、或疑惑、或赞同、或反对的信息反馈，教师应该根据学生反馈的表情，及时了解学生接受信息的情况，并适当调整自己的教学内容和教学进度，以提高教学信息传输的效率。

由上面的分析我们可以得出如下结论：信源（传播者）和编码器往往是同一个人，信宿（受播者）和译码器也是同一个人。当传播者将信息以语言、文字、图画、动作、表情等各种方式，通过空气、纸张、身体、面部表情等传播媒体（通道）传递给受播者，传播者接到这些信号后，必然在生理、心理上产生反应，并运用各种方式，通过媒体，再反馈给传播者一个信息，这样产生周而复始的传播过程。一个优秀的传播者，应经常注意受播者的反应，修正传播内容，使之更适合受播者的需要、兴趣、经验等，以加强传播效果，在课堂上老师要时刻注意学生的反应，进而对自己所授内容进行适当的调整。运用传播学理论分析多媒体教学过程，明确在多媒体教学过程中教师的任务和职责，是提高多媒体教学效率的基本途径。

除了上面介绍的传播学理论外，在传播领域还有其他的传播途径，比如控制论传播过程、系统传播过程等，限于篇幅，这里不做详细介绍了。在日常生活中，传播不一定都是教学，但教学却是一种传播。传播者不一定都是教师，但教师却是传播者。因此，教师要成为一个良好的传播者，有效地传播思想、知识、技能，就应该研究和学习有关传播学的理论与方法。

（四）系统科学理论

系统一词在希腊语中的原意为部分组成的整体、集合。最初的系统概念产生于古代哲学，后来在马克思主义的经典著作中也奠定了系统研究的哲学基础。从19世纪末20世纪初开始，由于相对论、量子论等理论的建立，系统观点便贯穿到具体科学的不同领域中。

20世纪40年代，由于自然科学、工程技术、社会科学和思维科学的相互渗透与交融汇合，产生了具有高度抽象性和广泛综合性的系统论、控制论和信息论，即"老三论"。系统论的创始人是美籍奥地利理论生物学家和哲学家路德维格·贝塔朗菲。人们研究和认识系统的目的之一，就在于有效地控制和管理系统。控制论则为人们对系统的管理和控制提供了一般方法论的指导，它是数学、自动控制、电子技术、数理逻辑、生物科学等学科和技术相互渗透而形成的综合性科学。几十年来，控制论在纵深方向得到了很大发展，已应用到人类社会各个领域。系统工程作为一门科学，其主要基础是数学，尤其是运筹学，以及经营管理理论。重要的运算手段是电子计算机。

将系统科学理论运用于素质教育，进而开发学生的智力，既重视培养和提高学生的逻辑思维能力，同时也重视培养和提高学生的直觉思维能力。对于教师而言，这就提出了更高的要求。教师不仅应当掌握所教学科的系统知识，还必须熟悉该学科基本思想发展演变的过程。要研究概念的形成、问题的解决，即思维过程，并对本学科的发展趋势有较好的了解。能提出新的问题，根据学生的水平，选择适当的教学内容，有计划地训练学生从整体出发，用猜测的、跳跃的、搜索的方式，直接而迅速地建构可能的、接近的答案。引导学生理解前人是怎样发现普遍规律的，并鼓励学生敢于去思考科学中悬而未决的问题，培养他们的直觉思维能力。从这个意义上讲，多媒体教学就不是一般的教学手段的更新问题，而是一场深刻的教学革命。

（五）全脑开发的理论

人的大脑分为左、右两个半球，脑科学的研究证明，人类通常的阅读活动是通过左脑来完成的。因此，人们都非常重视开发左脑的功能。但是，最新的脑科学研究表明，双脑的分工并不是截然分开的，因此不应该忽视对右脑功能的开发和训练，右脑的开发和利用对学生的阅读和学习同样有着重要的作用。

医学临床解剖发现，人的左、右脑有如下的分工：

左半球	右半球
分管理性思维，是知识的"司令"	分管感性思维，是创造的"司令"
说　话	知　觉
阅　读	综　合
书　写	图　形
分　析	直觉思维
抽　象	理解整体
理　论	空间知觉
推　理	视觉记忆
判　断	想象能力
计算能力	艺术能力
语言记忆	扩散思维

从语文学习的角度看，说话、阅读、书写、语言记忆这些与语言功能有关的活动都是由左脑完成的。如果加上分析文章能力、推理判断的能力，那么左脑的大部分功能都与语文学习有关。由于右脑的非语言性，长期以来，人们在语文教育中一直忽视对右脑功能的研究，忽视对形象思维发展的研究。形象思维是右脑的主要功能，小学生和初中生的思维是以形象思维为主的，即使到了高中阶段，在语文学习中仍然需要有形象思维的参与。

人类的学习过程，是通过眼、耳、鼻、舌、身等感官把外界的信息传递到大脑，经过分析、综合获得知识的过程。试验心理学家特瑞赤拉做过两个著名的心理试验，一个是关于人类获取信息的试验，另一个是关于知识保持，即记忆持久性的试验，并于 1967 年提出了这样的结论：人类获取的信息 83% 来自视觉，11% 来自听觉，3.5% 来自嗅觉，1.5% 来自触觉，1% 来自味觉。也就是说，人类通过视觉和听觉获得的信息占其全部信息的 94%。

特瑞赤拉还指出：人们一般可以记住全部阅读内容的 10%，听到内容的 20%，看到内容的 30%。对同时视听到的内容可以记住 50%，记住交谈时自己所说内容的 70%。这说明，从记忆的角度考虑，在学习过程中，视觉和听觉的综合运用是非常重要的。

另外，心理学家们发现，对同样的学习材料，单使用听觉，3 小时后记忆的保持量为 70%，3 天后下降为 10%；单使用视觉，3 小时后记忆的保持量为 72%，3 天后下降为 20%；如果视觉和听觉并用，3 小时后能保持 85%，3 天后能保持 65%。如果在学习的过程中，能给学习者以复述的机会，其效果则更为明显。

引进多媒体教学，可以通过直觉思维，通过生动形象的画面，通过视觉记忆，培养学生的想象力，发展他们的发散思维能力，左、右脑在学习中同时起作用，实现全脑学习，效果肯定比单纯用左脑要好得多。多媒体教学中图文并茂的人机交互活动，动用了学生的眼、手、耳等感觉器官，使左、右脑同时工作。学生还能对教学策略进行选择，比如采用个别化策略等，使学生有主动参与学习的机会，激发了他们的学习兴趣，这些都可以说明现代教学手段能够提高学习效率。

第二节　课件的制作流程和创作工具

运用现代化教学手段进行素质教育，能够自己动手制作教学课件，已经成为当前教师的一项基本技能，尤其是中青年教师更应该具备这种能力。

教学课件是呈现教学内容，指导和控制教学活动的程序及有关的教学资料。教学课件是计算机辅助教学系统中的核心部分。它是用计算机语言或 CAI 写作工具编写的。

多媒体课件与一般的课件在技术和内容方面有如下区别：从技术上讲，多媒体课件是采用多媒体技术交互式综合处理文、图、声、像等信息，以表现教学内容的一种计算机软件。从内容上讲，多媒体课件的内容通常包括两个方面：一是利用符号、语言、文字、声音、图形、图像等多种信息媒体描述的教学信息；二是引导学习者通过人机交互作用进行学习。在多媒体课件中，各种媒体信息是按超文本或超媒体方式来组织的。

一、计算机辅助教学课件的制作流程

计算机辅助教学课件的制作流程包括七个步骤：

1. 确定选题

确定选题的目的是为了明确具体的任务和要求。

2. 确定教学目标

课件应根据教学大纲的要求，首先明确教学目的、要求和教材的重点难点。它对创设教学环境，选择教学网络功能，调控教学活动有着十分重要的意义。它提供了分配教学时间和确定教学策略的途径。例如：是激发学生的学习兴趣，还是解决某一重点；是帮助理解，促进记忆，还是加强知识运用；是扩大知识面，还是培养技能技巧等等。

3. 设计创作脚本

编写脚本是组织信息的第一步，如对屏幕布局、图文比例、色调、音乐节奏、显示方式、交互方式等进行规划。

4. 素材准备

多媒体信息素材包括文本、图形、图像、动画、音频和视频等。课件制作需要的教学资源往往比较零散，不成系统，这就需要我们对文本、视图、音像等教学媒体资源进行合理的组合设计，使其成为一个完整的课堂网络教学系统，储存到资源库中，以备教学时调用。

5. 课件制作

根据预先编写的创作脚本，利用现有的创作工具将多媒体信息编集成课件。在这个阶段，应该通盘考虑教学中需要使用网络的哪些功能、哪些教学资源，它们是在教学的哪个环节使用。同时，理清教学思路，设计好教学流程。课件运行、测试、提问等在哪个环节插入为最佳方案，都要事先有安排，避免教学双方受制于教学网络。应围绕教学需要对多媒体教学网络功能进行取舍，一切以服务教学为出发点，防止为使用而使用，追求表面的热闹。

6. 课件测试

课件制作完成后，需要对课件进行测试，彻底检查课件的所有功能，以便改

正错误、修补漏洞，必要时还应该对课件进行优化处理。

7. 课件交付使用

要将使用说明等交代清楚。

二、制作计算机辅助教学课件的工具

课件的制作除了有基本的流程之外，还需要特殊的工具。制作多媒体课件的工具包括：

音频编辑工具。音频处理工具是指录制、编辑、播放声音或音乐媒体的工具软件，常见的音频工具软件有 Wavestudio、SoundEdit、Cakewalk、Midisoft、Mplifier 、Media Player、MP3 、compressor 录音机 、超级解霸 5.5 等等。

图形图像编辑工具。图形图像编辑是多媒体的基本处理技术，常用的工具软件有：CorelDRAW、Photoshop、ACDSee32 等。

动画制作工具。动画分为二维动画和三维动画，二维动画可以实现平面上的一些简单造型、位块移动、颜色变化等，常用的工具软件有 Animator Studio、Flash 5 、Director 7.0、Premiere 5.0 等。三维动画可以实现三维造型、各种具有三维真实感物体的模拟等，常用的工具软件有 3D Studio MAX 等。

视频编辑工具。视频信息的产生，要经过视频采集卡从录像机或电视等视频源捕获，然后再输入到视频编辑软件中进行编辑或处理，常用的视频编辑软件有 Premiere、超级解霸 5.5、Animator Studio 等。

多媒体集成工具。以页式或卡片为基础的工具软件有 PowerPoint、ToolBook 等；以图标为基础的工具软件有 Authorware、方正奥思等；以时间为基础的工具软件有 Director、Action! 等；以程序语言为基础的有 Visual Basic、Visual C++ 等。

下面就其中几种适用于制作多媒体课件的工具软件加以详细的介绍。

1.PowerPoint

这是一种专用于制作演示用的多媒体投影片／幻灯片的工具（国外称之为多媒体简报制作工具），它以页为单位制作演示文稿，然后将制作好的页集成起来，形成一个完整课件。利用 PowerPoint，可以非常方便地制作各种文字，绘制图形，加入图像、声音、动画、视频影像等各种媒体信息，并根据需要设计各种演示效果。上课时，教师只需轻点鼠标，就可播放出制作好的一幅幅精美的文字和画面（也可按事先安排好的时间自动连续播放）。该工具软件是著名的 Microsoft 公司的产品，现已发展成具有多种版本的系列产品，其最新版的 PowerPoint 已完全中文化，使用起来更加方便。

2. 方正奥思多媒体创作工具

早期多媒体创作工具多为国外产品，近几年国内一些公司也推出了一些全中文界面的多媒体创作工具，其中最著名的当推方正奥思。方正奥思是北大方正公司研制的一种可进行交互式多媒体编辑的创作工具，具有直观、简便、友好的全中文用户界面和很强的文字、图形编辑功能，支持丰富的媒体播放方式和动态效果，能实现灵活的交互操作和多媒体同步。奥思的基本制作单位是页，用户在页中可以加入文本、图形、图像、声音及影像等多媒体对象，对象之间可以实现交互控制。奥思通过层次结构管理器来设计和管理页，制作出不同的页之后，可以很容易地实现页与页之间的超文本链接。奥思的最大特点是面向普通用户，无需编程就可以按自己的创意制作出高质量的多媒体应用产品。此外，用奥思制作的课件可以很容易地制成 EXE 文件或 HTML 网页格式，脱离奥思环境安装、运行。

3. Authorware

这是一种基于流程图的可视化多媒体开发工具，它和 ToolBook 一起，成为多媒体创作工具事实上的国际标准。Authorware 中最基本的概念是图标（Icon），其编辑制作过程是：用系统提供的图标先建立应用程序的流程图，然后通过选中图标，打开相应的对话框、提示窗及系统提供的图形、文字、动画等编辑器，逐个编辑图标，添加教学内容。整个制作过程以流程图为基本依据，非常直观，且具有较强的整体感，作者通过流程图可以直接掌握和控制系统的整体结构。Authorware 共提供了 10 种系统图标和 10 种不同的交互方式，被认为是目前交互功能最强的多媒体创作工具之一。

4. Action !

这也是一种面向对象的多媒体创作工具，该工具软件是美国 Macromedia 公司产品，既可用来制作投影演示，亦可用于制作简单的交互式多媒体课件。Action ! 的主要特点是具有较强的时间控制特性，它在组织连接对象时，除了考虑其内容和顺序外，还要考虑它们的同步合成问题，如定义每个对象的起止时间、重叠片段、演播长度等。与 PowerPoint 相比，Action ! 的交互功能大大增强，可通过定义"热字"、按钮等实现主题跳转，还可以制作简单的动画，操作方法也比较简单，适用于初学者或制作功能不太复杂的多媒体课件。

5. ToolBook

ToolBook 是美国 Asymetrix 公司推出的多媒体开发工具，同该软件名称一样，用 ToolBook 制作多媒体课件的过程就像写一本书：首先建立一本书的整体框架，然后把页加入书中，再把文字、图像、按钮等对象放入页中，然后使用系统提供的程序设计语言 OpenScript 编写脚本，确定各种对象在课件中的作用。播放过程中，当以某种方式触发对象时，则按该对象的脚本执行相应的操作。这种"电子书"尽管制作稍显复杂，但表现力强、交互性好，制作的节目具有很大的弹性和灵活性，适用于创作功能丰富的多媒体课件和多媒体读物。特别是 ToolBook4.0 版，在原来基础上又增加了强大的课件开发工具集和课程管理系统，为制作者提供了更大方便。另外，该公司还特别推出了 ToolBook Ⅱ，提供了在 Internet 网络环境下进行分布式教学的解决方案。

6. 洪图多媒体编著系统

洪图是我国最早的一种多媒体创作工具，由武汉汉声公司研制开发，自问世以来，便以其中文环境、培训容易、DOS 版和 Windows 版兼备及适合开发教学软件等特点，受到教育工作者的青睐。洪图的基本结构是卡片式结构，用户首先定义一些卡片，并在每张卡片上制作文字、图形、声音、影像等媒体对象，然后通过指定对象或页的交互控制，实现对象的动态变化和卡片与卡片之间的跳转。该工具的主要特点是：具有强大的图、文、声、影集成能力，丰富多样的交互手段，完整的评测功能和反馈功能，易学易用的超媒体编辑方式等。另一个重要特点是，该工具具有适应性很广的"三层次"编辑功能，既适合没有编程能力的非计算机专业人员，也适合高级程序员使用，是一种普及性和专业性相结合的多媒体编著系统。

除了上述介绍的几种外，常用的多媒体创作工具还有国外的 Director、国内的摩天、银河等许多种，它们都有各自不同的特点，广大师生可以根据课件的开发要求、个人喜好以及现有条件等加以适当的选择。

第三节　运用现代教学技术必须注意的问题

现代教学技术为广大师生提供了方便，使语文教学变得更生动、更形象，对学生更有吸引力。对于现代教学技术进入语文课堂的问题，教育界的看法不一。一种是技术至上主义，认为课堂上如果没有引进多媒体教学，那么这节课就是失败的。是否使用了多媒体教学，成为评价一节课好坏的重要指标之一；另一种观点认为，在语文课上根本就不应该引入现代教学技术。语文学习是对语言文字的学习，是对印刷符号的感知，而不是对画面、对声音、对图像的感知。这些人认为，一旦现代教学技术进入语文课堂，将引起学生的"文字恐惧症"，他们将抛弃书本，转而成为"电脑儿童"。无论是技术至上主义，还是技术无用主义，对现代教学技术的认识都是片面的。

应该认识到，现代教学技术只是一种教学工具，它不能取代对语文教科书的学习。引入现代教学技术的目的，是为了加强语文学习，而不是削弱语文学习。我们应该提倡以提高教学质量和效益为目的，以转变学生学习方式和促进学生发展为宗旨的教学技术应用观。把现代教学技术与传统的教学技术结合起来，促进教学工作整体协调发展。运用现代教学技术应该注意以下几个方面：

一、现代教学技术不能完全替代教师的教学工作

教师的教学工作包括备课、上课、课程评价等方面。有了多媒体技术后，很多工作可以在网上进行了。如查找资料、编写教案、课件制作、编制语文试题等，网上有大量的信息可供选择。有些教师为了省事，把网上的资料下载下来，拿着笔记本电脑去上课，教学过程基本上是教师点击网上下载的资料，然后展示给学生看。这种作法是极端错误的。语文学科是人文学科，语文的人文性表现为对文章或文学作品的理解可以见仁见智。语文教师的基本功之一就是阅读能力应该高于一般人，对文本的理解应该是独到的，有个性的，而不应该是人云亦云。如果把从网上下载教案当作备课的常用手段，就会导致教师阅读能力的下降。这种懒于自己动脑思考的毛病也会传染给学生。试想，如果全国的语文教师都用网上同一篇教案教语文，那么我们培养出来的学生就会有同样的思维模式，对文本有同样的解读方法，语文的多义性不存在了，求异思维和发散思维也不存在了，个性化语文教学自然也就不存在了。

在上课阶段，如果语文课过多地使用多媒体课件，表面上看，有声音、有图像，课上得热热闹闹，学生也看得高高兴兴，教师的工作也很轻松，只是用手点击一下鼠标。这样的语文课，不能称其为语文课。语文课要培养学生的语文素养，教学生学会自主、合作、探究的学习方式，培养学生正确的世界观和健康高尚的审美情趣等等，这些教学目标，绝不是只看教学课件就能实现的。比如学习《林黛玉进贾府》一课，大量的时间应该放在对课文的朗读、分析、理解上，最后再看电视连续剧《红楼梦》中林黛玉进贾府那一段。如果整节课用大部分时间看录像，

一小部分时间看原文，这种本末倒置的做法是不足取的。也就是说，多媒体课件的使用，应该有个合适的"度"，什么时候当用，什么时候不当用，教师应该心中有数。教师是课堂的主导，千万不能让多媒体课件牵着鼻子走。

在课程评价阶段，虽然可以参看网上的各种试卷，也可以从中筛选出适合的试题让学生去做，但是绝不可以完全照搬网上的试题，语文教师还是应该根据教学的具体情况和本班学生的特点，自己编制试题。

多媒体技术在一定程度上可以提高教学效果，这一点无可否认。但是如果认为多媒体是提高教学效果的灵丹妙药，过分地追求和利用多媒体的使用功能，这就不应该了。应该明白这样的道理：多媒体只是实施教学的一种手段，它不能全部代替教师的工作。

二、投影屏幕不能完全替代教师板书

当前很多教师利用多媒体教学时已经完全抛弃了粉笔和黑板。俗话说："尺有所短、寸有所长"，作为传统教学媒体的黑板仍然是现代教学媒体无法替代的。首先，黑板即时重现力强，随写随看，内容可以随时增删。多媒体教学中的板书常常是事先设计好的，教师在课堂上突然有了灵感，而且是画龙点睛的灵感，就无法及时加到电子板书中去。其次，教师一笔一画写板书的过程会在学生头脑中留下非常形象的印象，如果是事先设计好的电子板书，鼠标一点，一连串的字符迅速出现，不会给学生留下很深的印象。第三，教师的板书艺术也会给学生留下深刻的印象。板书艺术包括了教师写粉笔字的书法艺术，也包括设计板书的格式时表现出来的审美艺术，还包括对课文提纲挈领的概括艺术，这些最好都是在学生的注视下，由教师在黑板上一笔一画地完成。尤其是生字教学，更是要教师亲自在黑板上写下每一笔，而不能用电子板书，一下子就把整个字都点击出来，这样做，学生至少不能看到生字的笔顺，不利于培养学生正确的书写能力。

计算机多媒体教学课件作为新生事物有着广阔的前景，它将来的发展趋势是走向智能化。根据学生认知规律提供的信息，通过智能系统的搜索与推理，动态生成适合个别化教学的内容与策略；通过智能诊断机制判断学生的学习水平，分析学生产生错误的原因，同时向学生提出更改建议，并提出下一步学习内容的建议。通过对全体学生出现的错误分布统计，智能诊断机制将向教师提供教学重点、教学方式、测试重点、测试的题型等。多媒体计算机也必然要走向网络化。网络的优点在于不受地域的限制，做到资源共享，便于对教学内容进行更新和维护。

总之，计算机多媒体技术在教学中的运用已成为时代的潮流，这也是当前世界都在研究的热点问题。如何充分利用网上巨大的信息资源，提高教学质量和效益，加强现代信息技术的管理和应用，已经成为世界各国教学改革的重要方向。愿我们国家的现代教学技术不断发展，走在世界各国基础教育的前列。

第六章 中学生语文学习心理指导艺术

中学生的语文学习心理包括智力因素和非智力因素两部分。智力因素直接参与智力活动，对智力活动的水平起决定作用；非智力因素不直接参与智力活动，但它是智力活动的"动力"工作部分，可以推动智力活动的开展。

第一节 中学生语文学习心理的内涵

心理因素对教育和学习有直接的影响。研究中学生的学习心理，针对他们的学习心理改进教学工作，加强对学法的指导，可以提高学生的学习质量。对语文学习心理的研究，通常是研究他们在语文学习时表现出来的智力因素和非智力因素。

一、智力因素

什么是智力？目前学术界对智力的概念和范畴还没有取得完全一致的看法，但大家都认为，智力是一种以大脑的神经活动为基础的，偏重于认识方面的能力。智力因素是思维的核心，即人的聪明程度。学生在语文学习中的智力因素，表现为观察力、注意力、想象力、记忆力、思维力、一定的创造力等。

二、非智力因素

非智力因素指在学习活动中，不直接参与认识过程，但对认识过程有制约作用的心理因素。它包括：动机、兴趣、情感、意志、性格等。

三、智力因素与非智力因素的区别

由上面的表述可以知道，智力因素与非智力因素在内容的构成上不同。它们在学习活动中的作用也不同。非智力因素在学习过程中，不直接参与认识活动，它只起动力作用，解决学生是否愿意学习的问题，而智力因素直接参与学习活动，解决学生能否学得好的问题。如果学生学习成绩不佳，应该先分析一下是非智力因素的原因还是智力因素的原因，然后才能对症下药，帮助他们解决学习中遇到的问题。

在开发学生的心理因素时应该注意，智力因素的水平不厌其高，学生的智力有无限的开发空间，应该让他们的智力在最大程度上得到开发和利用。在发展学生智力时，还要考虑让智力因素的各项内容综合发展，即在学习的过程中，学生的观察力、注意力、记忆力、思维力、想象力应该同时得到发展。如果只发展其中的一项，是不能够成为学习优秀的学生的。如果这几项内容只有一项突飞猛进，其他各项都非常糟糕的话，那么这个人还有可能是"白痴学者"。比如有些白痴学者，能背诵百年以上的日历，却连基本生活都不能自理，也无法学习其他知识。一般说来，学习成绩好的学生，常常是观察、注意、记忆、思维、想象等能力都比较强，所以他的智力总水平就比较高。

对非智力因素的培养，一是不要求学生的所有非智力因素一定要综合发展，只要其中某一项突出就能够好好学习。如对学习有兴趣，或者有明确的学习动机，或者有顽强的意志，都能使他产生学习的动力。二是非智力因素的培养要适可而止，不是越高就一定越好。有些学生，有在学习中争第一的动机，这本来无可厚非，这种动机也可以鼓励他努力学习，去争取第一。但是这种争第一的动机如果不适当地发展，到过于强烈的时候，一旦不能成为第一，就会产生强大的心理压力，反而影响了学习。或者这种争第一的欲望膨胀到超出了警界线的程度，可能会对其他成绩优异的同学产生强烈的报复心理，用不正当的手段去竞争，甚至杀害对手。

第二节　中学生非智力因素的培养

非智力因素虽然不直接参与认识过程，但它却是认识活动的"火车头"，对认识活动有推动作用。因此，教师应该认真研究对学生非智力因素的培养。

一、语文学习动机的培养

1. 动机的概念

动机是个体发动和维持其行动的一种心理状态，它是激励人去行动的主观原因。人在自觉地实行每一个具体行动之前，心里自然明确地意识到进行这一行动的原因和预期达到的目的。

语文学习动机是指激励学生学好语文的内部动因。

2. 学习动机的类别

学习动机可分为外部动机、内部动机和任务动机三类。

外部动机指受外力的推动而产生的学习动机。如，为了考上大学，为了争取当第一名的学生，为了给父母争光，为了得到教师的表扬，为了得到三好学生称号等。这些来自外部的原因都有可能成为学习的动机。

内部动机指学习时受内在因素的支配和推动而产生的学习动机。如醉心于某项学习并形成爱好，有强烈的求知欲，为了证明自己的能力等，这些来自本身的学习愿望都可以使学生产生内部学习动机。

任务动机，是指既不受外力的推动，也不是来自内趋力，而是把学习看成是学生当然的任务，以完成任务为满足，由此产生的学习动机。

不论学生由哪种原因引起的学习动机，都能够促进学习，教师都应该予以鼓励。当然，由于内部动机是发自内心的动机，如果学生真的产生了强烈的学习动机，这种动机会变为学生持久、稳定的学习内驱力。

3. 语文学习动机的培养

在语文教学中，激发学生学习动机的方法很多，教师可以根据具体情况灵活运用。

(1) 明确学习的目的和意义

明确学习的目的和意义，有助于激发学生的学习动机。有些教师在导语部分常常明确提出本节课的教学目的，目的越明确，任务也就越具体，学生知道自己将要做什么，要达到什么目的，需要完成什么样的任务，会有什么样的成果，一般就容易产生任务动机。笔者曾经用两节课连上的机会教授《春江花月夜》这首诗，上课之初明确告诉学生，认真理解这首诗，下课之前要达到能背诵的程度。当时全班一片叹气声，都认为这首 252 字的诗，实在太长了，两节课除了讲授之外，还要求全体同学都能背下来，根本做不到。我坚持一定要当堂背下来，有了明确的学习任务后，下课之前全班同学能集体背诵全诗，有十几名同学能独立背诵全诗。在另一个班级，没有背诵的要求，下课之前，没有一名学生能达到背诵的程度。即使只背其中的一小节也做不到。因此明确的教学目的和要求，有助于产生任务动机，提高学习效率。

(2) 运用新颖的教学方法

新颖的学习方法也能使学生产生学习动机。一位教师上《烛之武退秦师》一课，他抛弃了传统的人物分析，转换成让学生推荐演员，让演员谈谈饰演烛之武、秦穆公、晋文公、郑文公应把握怎样的分寸。通过这样的教学方法，学生会乐意主动分析人物的内心世界。

（3）组织丰富多彩的课外活动

组织丰富多彩的课外活动，激发学生的学习动机。以作文教学为例，大部分学生都比较惧怕写作文，原因是没什么可写的。如果在全校举办作文竞赛，把优秀作文推荐到报刊上发表，还可以获得一定的奖品，学生就会积极找材料，想方设法写好竞赛作文，争取能在全校发表。作文竞赛的方式促使他们产生了写作的动机。

（4）要重视教学中的反馈

对学习活动及时反馈，也可以激发学习动机。学生在学习的过程中，非常希望得到教师的反馈意见。有经验的语文老师常常会对学生的发言及时提供反馈，或赞许，或否定，都能激发学生的学习动机。如果学生无论做得好与坏，教师都永远不置可否，就会使学生兴趣索然，再也激不起学习的欲望了。反馈的时间也对激发学习动机有影响。以作文教学为例，学生写好作文后，如果能当时得到反馈意见，学生的写作欲望就容易被激发出来。如果两周以后才提出反馈意见，学生已经没有了急于知道结果的兴趣。如果教师对学生的作文永远都没有反馈意见，就会导致学生彻底失去写作的欲望。

（5）利用皮格马利翁效应引发学习动机

皮格马利翁是古希腊神话中的塞浦路斯国王。他爱上了一座爱神的雕像，并为之魂不守舍。女神被其真诚的爱所感动，就让那美女雕像活了起来。大文豪萧伯纳根据这一神话创作了话剧《皮格马利翁》，剧中的皮格马利翁是个语言学教授，他把一个操伦敦土话的卖花女培养成了温文尔雅的上流淑女，最后也爱上了她。心理学家罗森塔尔借用了"皮格马利翁"这一神话的寓意，做了一个试验。他对小学各年级的儿童进行"预测未来发展的测验"，然后向教师提供了一些假设的信息，随便在点名册中点了几个人名，指出他们具有更大的潜力和更大的进步等等。教师对这些被预测为有发展潜力的学生寄予了殷切的希望，结果产生了神话般的效果。8个月以后，这几名学生的智力发展比其他人有显著的提高，这便是学校教育中的皮格马利翁效应，也被称为罗森塔尔效应。在皮格马利翁试验中，教师对学生的期望值是诱发学生努力学习的外部动机，为了实现教师的期望，学生们产生了努力学习的动机，学习成绩自然就上去了。如果当初被指名的是另外几名同学，教师对另外的几位同学抱有很高的期望值，那么他们也一样可以提高成绩。

相反，如果一个教师或学校，对某一学生做出了负面的判断或期望，那该生就很难再发挥应有的表现了。所以教师对学生应该以赞扬为主，尽量少批评。尤其是不要从主观的好恶出发，偏爱或者讨厌某位学生，应该对所有的学生都给予爱心，尽量给他们创造热爱学习的外部动机。

二、语文学习兴趣的培养

1. 兴趣的概念

兴趣是指对某件事物喜好的情绪。学习兴趣是指学生对学习的认识产生了强烈的愿望和要求。俗话说，兴趣是最好的老师。一个人对某件事发生了兴趣，会使他克服一切困难，全身心地扑进对这件事的研究中。现在很多中学生对上网感兴趣，无论学校、教师、家长怎样三令五申，都不能阻止他们去上网，甚至很多人为此荒废了学业，这种做法是不足取的，但这正是对网络强烈的兴趣使然。如果对学习能产生强烈的兴趣，何愁学习成绩上不去。

2. 语文学习兴趣的类别

学习兴趣分为直接兴趣和间接兴趣两种。直接兴趣是由事物或活动过程本身所引起的兴趣，比如说，特别喜欢背唐诗或者特别喜欢练书法，都属于直接兴趣。间接兴趣是由活动的目的或结果所引起的兴趣，如虽然不喜欢背唐诗，但是背多了唐诗可以代表学校参加比赛，或者书法写得好可以获奖，因此去背诗或练书法，这样的兴趣就属于间接兴趣。

3. 语文学习兴趣的培养

(1) 做一名让学生喜欢的老师

人们常说："亲其师，信其道。"处于成长期的中学生还没有完全形成调控自己情感的能力，他们对任课教师的喜爱程度往往决定了他们对一门课程的喜爱程度。在初中阶段，这种情感转移的倾向尤为明显。有些教师课上得并不是特别好，但是由于与学生的关系处理得非常融洽，学生也能对教师教的那门课程发生兴趣。相反，有些教师虽然被公认课讲得非常好，但是由于与同学的关系搞得很僵，学生与教师之间形成强烈的对立情绪，在这样的课堂上，学生很难对教师的授课产生浓厚的兴趣。所以，做一名受学生欢迎的教师，对激发学生的学习兴趣是非常重要的。

（2）经常采用新颖的教学方法

中央电视台的天气预报节目主持人宋英杰在一次播报天气时说："任何一种天气，时间久了，都会让人感到头疼。"确实如此，假定艳阳高照的大晴天持续一个月，天气就会变得燥热，庄稼也感到焦渴，确实让人头疼，这时人们就会企盼着能下一场好雨。连续的阴雨天之后，人们也同样企盼着晴天。

对天气的感觉是这样，听课时的心情何尝不是如此？试想，一名教师用不变的教学方法讲三年课，学生在六七百节语文课中总是在读课文、分段、概括段意、总结中心思想和写作特点中度过，那么，教师有再好的口才，再成型的教学方法都是会令人生厌的。正如人们所说，饺子好吃，如果一年三百六十五天都吃饺子，非把人吃吐了不可。因此，改进教学方法的同时，还要不断地使用新颖的教学方法，使学生在课堂上总能感到新鲜的刺激，这是提高学生兴趣的方法之一。如有些课文不是由教师来教，而是师生换位，让学生体会一下当教师授课的感觉。再如，有些课文内容可以编成课本剧的形式，让学生在自编、自导、自演中对课文进行再创造。语文课也可以增加让学生动手实践的机会。讲《中国石拱桥》，可以让学生自己找材料造一座小型的桥，体会一下为什么拱桥比直桥的承重能力大？课文中说赵州桥"大拱由28道拱圈拼成，就像这么多同样形状的弓合拢在一起，做成一个弧形的桥洞。每道拱圈都能独立支撑上面的重量，一道坏了，其他各道不致受到影响"。这是一种什么样的情景？这一道拱圈与其他各拱是怎样组合在一起的？通过动手制作，可以更准确地体会造桥专家们设计时的良苦用心。

（3）把语文课上得更有趣些

兴趣永远是和趣味连在一起的。学生不喜欢语文吗？如果细心一点的教师就会发现，每学期开学发新书时，全班同学迫不及待地翻开新书，绝大部分是语文书，说明学生对语文书的喜爱程度超过对其他教科书的喜爱程度。但是为什么真正到了语文课堂上，学生又不喜欢学语文了呢？这恐怕就与教师的上课有直接关系了。教师应该想办法把语文课上得更有趣些。除了上文提到的改进教学方法外，在教学内容的挖掘上，也应该尽量处理得更有趣一些。因为有趣的东西总是能引起人们愉悦的心情，在精神愉快、放松的时候，能使思维活跃起来，大脑皮层会产生兴奋优势中心，增强学习效果。

（4）在释疑中激发兴趣

学生学习时必须善于发现问题。宋代教育家朱熹说过："读书无疑者须教有疑，有疑者却要无疑，到这里方是长进。"在提倡自主学习的今天，学生能提出疑问，并且通过自己的研究或者合作学习，解决了这个疑问，在解疑的过程中，他们一定会感觉到亲自劳动后收获的喜悦。这种喜悦会激发他们进一步探索的兴趣。

（5）让学生折服于学习内容本身的魅力

语文学习内容本身有着无穷的魅力，关键是教师怎样把蕴藏在文本中的魅力发掘出来，使学生能够体会到语文学习内容本身的魅力，并且被这魅力所吸引，产生学习语文的兴趣。如《林黛玉进贾府》一文，除了谈这一节在全书中起的作用外，还可以深入挖掘人物性格和人物的心理活动，体会《红楼梦》一书在刻画人物方面独有的艺术魅力。我们仅取其中一段话，分析曹雪芹令人折服的人物刻画技巧。

这熙凤携着黛玉的手，上下细细打量了一回，仍送至贾母身边坐下，因笑道："天下真有这样标致的人物，我今儿才算见了！况且这通身的气派，竟不像老祖宗的外孙女儿，竟是个嫡亲的孙女，怨不得老祖宗天天口头心头一时不忘。只可怜我这妹妹这样命苦，怎么姑妈偏就去世了！"说着，便用帕拭泪。

王熙凤的这段话虽然不长，却有一箭三雕之功效。林黛玉远道而来，第一次见面，夸奖一下她的漂亮，这是人之常情，但如果仅止于此，王熙凤也就不是"少说着只怕有一万心眼子，再要赌口齿，十个会说的男人也说不过她"的巧嘴了。王熙凤为了巩固自己在贾府的地位，她第一个需要巴结的人是握有实权的贾母，在任何场合，贾母都要摆在中心位置，这一点是王熙凤处事的准则。因此在夸赞黛玉漂亮的同时，也不能怠慢了老太太，王熙凤说"这通身的气派，竟不像老祖宗的外孙女儿，竟是个嫡亲的孙女"就是在暗示：因为老太太长得漂亮、有气派，才能生出像林黛玉这样漂亮的第三代。这种含而不露、拍马溜须的奉承话，还不能伤着在场的别人，尤其是旁边还站着三位与林黛玉年龄相仿的女孩儿，所以"竟是个嫡亲的孙女"顺便也夸赞了迎、探、惜三姊妹。这种三言两语就能勾勒出人物性格的白描功夫，确实让人叹服。

中学语文课本，尤其是高中教材，入选了很多文质兼美的典范的文学作品，千万不要把这些作品零割碎切成一块一块的生字、解词、分段、概括段意之类毫无生气的东西，典范的篇章是一个整体，要从整体上把握作品的美，让学生折服于作品本身的魅力，这样才能培养学生对语文学习的兴趣。

三、情感的培养

1. 情感及与情感相关的概念

情感亦称"感情"。指人的喜、怒、哀、乐等心理表现。情感是人在社会实践中产生和发展的。情感的表现，会随着各人的立场、观点和生活经历的变化发生转移。

情绪，心理学名词。有广义和狭义的区别。广义的情绪即"情感"。狭义的情绪指随同复杂的无条件反射（如防御反射、性反射、食物反射）而产生的恐惧、愤怒以及性欲和食欲等的体验。

情操，以某事物为中心的一种复杂的、有组织的情感倾向，如求知欲、爱国心等。在旧心理学中有人把情操分为求知、审美、道德、宗教四种；在现代心理学中这一名词已不常用，而把人的复杂情感称为高级情感，并分为理智感、道德感、美感等三种。也有人把情操解释为情感和操守（坚定的行为方式）的结合。

情调，指感情的基本特质。在心理学上，通常指感觉、知觉等情绪色调，即同感觉、知觉等相联系的情绪体验。如有些事物的颜色、声音、气味等特性，令人愉快、兴奋；另一些则令人厌恶、沉闷。在艺术领域里，常利用情调的感染作用加强艺术效果。至于同某种生活方式相联系的情绪体验，也可以叫"情调"。如小资产阶级情调、异国情调等。

2. 中学生情感的特点

中学生虽然尚处于身心发展阶段，但是他们已经具备了人类的各种情感。如喜、怒、哀、乐、惧、爱、憎、恨、自悲、自尊、害羞、耻辱、同情、友谊、友爱、烦恼、焦虑、嫉妒、沮丧、幽默、爱恋等。由于自身的不成熟，这些情感的深度与广度还比较浅显。中学生情感的特点是：

（1）富有朝气，生动活泼

中学生正处于身体的快速发育期，所有细胞都在快速分裂、生长中，所以调控他们情感的脑细胞也在发育之中，因此中学生表现得非常有朝气，一般情况下活泼好动，健康向上的情感比较浓烈。比较一下中学生与七八十岁的老人，这种朝气就会特别明显地表现出来。

（2）情感转移快，容易两极分化

中学生的情感不够稳定，容易发生情感的转移。看问题时还容易走极端，这一点在初中低年级中尤为明显。一对无话不谈的好朋友，可能因为鸡毛蒜皮的一点小事就翻脸了，过后也可能很快言归于好。这一点在教学中也要防止在学生认识事物时，只会用"好"或"坏"两条标准判断人或事，要防止情感的绝对化、简单化和表面化。

(3) 情感的稳定性逐步提高，渐渐由外显变为内隐

小学生比较率真，会说很多小孩子气的话。随着年龄的增长，学生们受生理因素的影响，受社会、家庭和环境因素的影响，受智力发展水平的影响，情感的稳定性会逐步提高。到了高中，很多学生不再轻率地表露自己的情感。他们有时会说一些言不由衷的话，来掩饰自己的情感。这一点在作文教学中表现尤为明显，如果写《我的爸爸》，小学生会把爸爸的优点和缺点毫不客气地都写出来，而高中生，即使自己的爸爸有非常明显的缺点，也不会直率地在作文本上全部倾泻出来。他们会以比较文雅的方式，尽量把自己的父亲写得好一些。

3. 情感的培养

在教学中，培养学生健康向上的情感，这是语文教学的目标之一。培养学生情感的方法有很多，下面略举几例。

(1) 注意保持乐观稳定的情绪，对自己充满信心

有些初中生，在学校里成绩名列前茅，考入重点高中后，由于班里人才济济，也由于一时不能适应高中的学习方式和学习内容，可能成绩下滑，有些人就马上变得十分气馁、沮丧，情绪一落千丈。其实，人生不可能永远是顺境，正如梁启超在《论毅力》一文中所说："盖人生历程，大抵逆境居十六七，顺境亦居十三四，而顺逆两境又常相间以迭乘。无论事之大小，必有数次乃至十数次之阻力，其阻力虽或大或小，而要之必无可逃避者也。"中学生必须学会调控自己的情感，逃避或者自暴自弃都是不可取的。在困难面前表现得坚强乐观，就可以获得一份好心情，获得一份自信，也就可以获得一份乐观、稳定的情感。

(2) 注重师生之间的情感交流

教育事业是"爱的事业"，语文老师一定要爱自己的学生，正如于漪老师所说："只有丹心一片，才能心心相印。"语文教师对学生的情感培养有得天独厚的条件。学生在作文、日记中常常不自觉地流露出自己的情感，语文教师应该抓住学生的这些情感苗头，做关心学生情感发展的有心人，用自己的言行去熏陶、感染和塑造学生的美好情感。在教学语言上要丰富优美，富有激情，让学生感受到教师情感的美好。师生之间建立良好的信赖关系，有助于学生情感的健康成长。

（3）沟通作者与学生的情感，拨动学生心灵的琴弦

入选中学课本的课文，绝大部分都是文质兼美的。在这些课文中，常常包括了人类各种各样的情感。以人教版七年级上册语文书为例，《在山的那边》表达了追求理想与抱负的情感。《走一步，再走一步》写的是面临困难时克服困难的勇气和信心，是一种无畏的情感体验。《风筝》通过误解和冲突，写了兄弟间的亲情。人教版高中第一册中的《沁园春·长沙》里写了那种面对峥嵘岁月，主宰历史的革命豪情，《我与地坛》中写了与命运抗争的永不屈服的精神，真是不胜枚举。语文教师应该把作品中蕴含的人类这些美好的感情作为对中学生进行情感教育的最好教材，使中学生都成长为健康、快乐、情感积极向上的人。

四、意志的培养

1. 意志的概念

意志是指为达到某种目的而产生的心理状态，意志常常是通过语言和行动表现出来。它是人的意识能动性的表现。世界观对意志的形成和作用有一定的影响。意志与认识和情感也有密切的关系。认识是意志活动的前提，在意志中，情感的调控对意志活动可以起积极的或消极的作用。

2. 语文教学中对学生坚强意志的培养

意志常常表现在做某件事情时，能约束自己去做某件事，或者不做某件事。有位先天资质并不高的学生，因为知道自己并不聪明，所以用顽强的意志努力学习，别人复习三遍就能学会的东西，他复习十遍，后来考上了清华大学。在大学学习期间，他不像一般人那样，到了期末才复习功课，他提前很长时间就开始了期末复习，结果以优异的成绩从清华大学毕业。别人问他成功的秘诀，他的答案只有一个，用顽强的意志强迫自己努力学习。相反，有些人天资很好，非常聪明，但因为意志力不够坚强，做事情总是浅尝辄止，遇到一点困难就向后退缩，结果当然是一事无成。

《诗·大雅·荡》曰："靡不有初，鲜克有终。"它说出了做事情的过程和一般人在这个过程中表现出来的意志。"初"和"终"指做事情的两个阶段，一个阶段是做出决定的阶段，另一个是把事情做到最后，有了最终结果的阶段。在开始阶段，一般人都会下决心，打算怎么怎么样；但是最后能够到达胜利彼岸的人，却是非常之少，原因何在，意志不坚强的人中途纷纷退出了。

意志作为一种非智力因素，对学习有推动作用。培养学生顽强的意志，也是

语文教学中应该注意的问题。可以尝试用下列方法培养学生的坚强意志：

(1) 对学生进行世界观教育

中学生是世界观形成时期，语文科对学生正确世界观的养成有不可推卸的责任。有了科学、正确的世界观，学生会为实现自己的人生理想而努力奋斗，在奋斗中，会逐渐养成坚强的意志。

(2) 通过淬砺教育磨炼学生意志

由于社会的稳定，人民生活水平的不断提高，学生吃苦的机会比较少。加上家长的娇惯，很多孩子的意志水平比较低，受不得一点委屈，也吃不得半点辛苦，无论做什么事情，稍微有点困难，马上甩手不干了。这种情况在城里的孩子中比较常见。因此，有些学校主张对学生实行淬砺教育。淬砺是指制造刀剑时必需淬火和磨砺，比喻人必须刻苦锻炼才能成才。有些地方也把它叫做磨难教育。经过一定磨难的人，意志力得到了锻炼，一般是比较坚强的人，而且能吃苦。当年下过乡的知识青年，回到城里后，身上的骄娇二气荡然无存，大部分人都比较踏实，做事情表现出很强的自制能力。

语文课文中表现人物经过磨难后变得坚强起来的例子有很多，教学中可以联系学生实际，对他们进行意志力的培养教育。如冰心的《小桔灯》中，那位小姑娘，母亲被打伤，家里的年夜饭只有红薯稀饭，但是她对未来充满信心的可贵品质，值得学生学习。今天那些躺在父母身上，没受过一点苦的孩子身上，缺少的正是这样一种可贵的意志品质。

(3) 利用奖惩的影响锻炼学生的意志

奖励是对学生努力的正面评价，是对学生在坚强意志的支持下努力行动的回报。受到奖励可以使人感到心情愉快，所以教师可以适当地利用奖励鼓励学生。奖励分为物质奖励和精神奖励两种，在学校教育中，以精神奖励为主，物质奖励为辅。如口头表扬，上光荣榜，把学生的作文、作业或试卷贴在班组后面的学习园地中，发奖状，这些都是精神奖励，不仅对受奖者本人，对全班同学都是一种鞭策。奖励不可以滥用。对那些一贯表现好的学生，就不一定天天表扬他们，以免使他们产生一种优越感，觉得自己处处都比别人强。相反，对那些平时表现不是很好的学生，一旦发现他们的优点，应该及时表扬，以增强他们的自信心，培养他们肯于继续努力的意志。

惩罚是对错误行为的否定性评价。因为行为是受意志支配的，所以惩罚也是对意志力的一种批评。实行惩罚时，一定让学生明白自己为什么受到惩罚，知道如何改正错误，不再受罚。惩罚虽然也可以使学生进步，但惩罚不可以滥用。尤其是当教师情绪激动时，一定要想想实施的惩罚是否恰当。惩罚的标准也要统一，不可因人设罚。比如优秀学生偶尔有一次没完成作业，老师一句"下不为例"就放过去了，而成绩差的学生没有完成作业，教师就大发雷霆，罚他写十遍作业，这种不公平的惩罚会使学生感到教师偏心，无法达到通过惩罚教育学生的目的。况且，让学生把作业抄十遍的做法也违背了新课标的要求，《全日制义务教育语文课程标准（实验稿）》中明确规定："不能简单地用罚抄的方式来达到纠正错别字的目的。"当然也不能简单地用罚抄多遍的方式来惩罚学生不完成作业的行为。正确的做法是，放学后把学生留下来，让他把作业补完再回家，或者在家长的监督下，第二天把作业补交上来。对屡次不完成作业的学生，教师首先要问清原因。如果属于意志力不够，不能管住自己，教师可以用一段时间天天亲自监督他完成作业，等到他能养成自己做作业的习惯时，再放手让他自己做。如果属于没有学懂，不会写，那就应该为其补课。如果因为家庭的原因，如家里有病人，需要照顾，或者因为父母离异，导致情绪下降，没有完成作业，教师应该及时予以精神安抚。总之，对学生不完成作业的情况，要区别对待，不能是简单的惩罚就算完事。

（4）鼓励学生在自我教育中培养意志

上述三种培养学生意志力的做法，都是从外部施加影响，其实最佳方法是鼓励学生在自我教育中培养意志。如果学生通过自己的内驱力使意志变得坚强起来，这种人就能长久地、自觉地保持这种意志，不用外力的监督和约束，这是非常理想的境界。这种境界的培养也不是天生的，还是靠后天社会环境的影响，但区别是学生自觉地把外界的影响转化为内在的意志，而不是靠别人的督促来完成的。

五、性格的培养

1. 性格的概念

性格是表现在人的态度和行为方面的较稳定的心理特征，如优柔寡断、刚强、懦弱等。它是个性的重要组成部分。性格是在一个人的生理素质的基础上，在社会实践活动中逐渐形成、发展和变化的。由于人的生活道路不同，每一个人的性格会有不同的特征。

2. 性格的类别

人的性格是最复杂的，正如世界上没有完全相同的指纹一样，也不会有性格完全相同的人。因此，给性格分类是一件很难的事情。国外的心理学家和医学家们用不同的标准把人的性格分为很多类，这里不一一介绍了，一般比较公认的分类方法是把人的性格分为外向型、内向型和中间型三类。纯粹的外向型和内向型的人占少数，大多数人是介于内向和外向之间的中间型。

根据瑞士心理学家荣格在《心理类型学》一书中的介绍，外向型性格的人，心理活动倾向于外部，经常关心外界事物，开朗，活泼，善于交际，情绪外露，当机立断，不拘小节，独立性强；内向型的人，心理活动倾向于内部，表现为沉静，处事谨慎，多虑，反应缓慢，适应环境较慢，不爱交际，孤僻。中间型的人，性格介于二者之间。

3. 性格的培养

性格的形成与塑造受各方面因素的制约。其中家庭、学校、社会及自我修养都对性格的养成起重要作用。

(1) 家庭对孩子性格塑造和养成的影响

家庭是孩子的第一生活环境。孩子从出生开始，首先接触的是家庭环境，家庭环境的好坏，对孩子性格的养成有直接影响。父母又是孩子从自然人变为社会人过程中的第一任教师，家长的性格、言行会直接对孩子性格的养成起"塑型"作用，他们的性格直接影响着孩子主流性格特征的形成。有些语文老师或者班主任老师发现班级有的学生性格有某方面的明显缺陷，就把家长找来，希望家长能协助教师共同帮助孩子改正性格缺陷。但是通过谈话，他们发现，孩子与家长在性格上惊人的相似，也就是说，家长身上也存在着同样的性格缺陷。因此可以断言，家长的性格会直接影响孩子的性格。

联合国大会 1989 年通过决议，将 1994 年定为"国际家庭年"。联大又于 1993 年确定从 1994 年起，每年的 5 月 15 日为"国际家庭日"。2004 年 5 月 15 日是"国际家庭日"10 周年。5 月 14 日，联合国秘书长安南、联合国人口基金会执行主任奥贝德和联合国儿童基金会执行主任贝拉米分别就"国际家庭日"发表声明，呼吁各国重视家庭和睦对社会发展的重要作用。贝拉米说，家庭是儿童的第一层保护伞，如果儿童失去家庭或者得不到家庭幸福，他们就很容易遭受暴力、虐待、歧视或被贩卖。

因此，创立和谐的家庭气氛是非常重要的，在这样的家庭中，每一个成员都比较乐观、开朗，父母的文化素养、为人处世的方式都会成为孩子学习的榜样。

相反，如果父母整日沉浸在麻将桌前，或天天酗酒吵架，养成孩子沉静文雅的性格几乎是不可能的。

天津师范大学沈德立教授在研究非智力因素与人才培养时，把家庭教育分为三种类型：权威型、溺爱型和民主型。在权威型家庭中，父母对孩子的管教过于严厉，常常打骂训斥，使儿童个性受到严重压抑，产生惧怕心理，因此缺乏自信，常常因为怕父母打骂而说谎，变得不诚实。溺爱型家庭对孩子百依百顺，十分娇宠。在独生子女家庭中，这种现象比较普遍。用溺爱的方法教育出来的孩子生活能力差，怕吃苦，怯懦，懒惰，蛮横，任性，集体合作精神差，缺乏独立性。民主型家庭的父母与孩子间的关系融洽和谐。父母在满足孩子合理要求时，也对他们的行动有一定的约束和限制。家长和孩子间遇事能相互商量，大人也比较尊重孩子的意见。这是比较理想的家庭教育，在这种家庭教养下，大多数孩子表现为谦逊有礼貌，待人亲切诚恳，独立性强，比较勇敢，性格开朗。

（2）学校对性格塑造和养成的影响

中小学阶段是儿童性格逐渐形成的重要时期，一般小学生从 6 岁入学，义务教育到 15 岁，如果上高中的话，到 18 岁。在十二年的学校生活中，通过学习各种文化知识，接触各式各样的思想教育，学生的世界观逐渐形成，性格也逐渐成型。其间，受到教师的影响、班级集体的影响和学习内容的影响，这些影响会潜移默化地渗透到他们的性格养成中。

《论语·先进》中，记载了孔子根据学生性格的不同，采用不同的教育方法，给学生以正确引导的例子。

子路问："闻斯行诸？"子曰："有父兄在，如之何闻斯行之！"冉有问："闻斯行诸？"子曰："闻斯行之。"公西华曰："由也问'闻斯行诸'，子曰'有父兄在'；求也问'闻斯行诸'，子曰'闻斯行之'。赤也惑，敢问。"子曰："求也退，故进之；由也兼人，故退之。"

子路和冉有分别问孔子，是否听见了应当做的事，应该马上就去做？孔子让子路先去请教了父兄再做，而对冉有则鼓励他马上去做。公西华对孔子不同的回答感到疑惑不解。孔子告诉他，因为冉有性格内向，遇事常常畏缩不前，所以要鼓励他遇事大胆去做。而子路性格外向，做事毛草，所以让他先请教了父兄再去做。孔子为教师树立了一个因材施教的榜样。教师不仅要教知识，还要关心学生各方面的成长，尤其要关心性格的养成。因为到十八岁的时候，性格基本养成了。性格一旦定型，往往一辈子都改不了，也就是人们常说的"江山易改，秉性难移"。

(3) 社会对性格塑造和养成的影响

人是生活在社会中的，社会环境对人的影响是无时不在的。如果人脱离了社会环境，就不能成长为正常的人，当然也谈不上性格的养成了。1976年曾经在印度发现过狼孩儿，因为她从小是在狼群中长大的，所以生活习性跟狼是一样的，爱吃生肉，用四肢行走，奔跑的速度极快，白天休息，夜间警醒。不会用手端着碗吃饭，当然更不会说话，只会像狼一样嚎叫。这样的人，是无法形成与社会相融的性格的。

当社会环境处于向上阶段，社会安定团结，人民生活富庶时，容易养成人们开朗、向上的性格。当然，在逆境中，也可以养成坚毅、勇敢的性格。每个人适应环境的能力不同，即使在同样的环境中，也不可能培养出完全一样的性格。

(4) 通过自身修养完善性格

性格属于个人内在的心理素质，通过加强自身修养完善自己的性格是完全可能的。美国资产阶级革命时期的民主主义者、著名科学家富兰克林，是一位具有良好性格的人。他参加起草了美国《独立宣言》，建立了美国第一个公共图书馆，襄助创办了宾夕法尼亚大学，主张废除奴隶制度。在研究大气电方面曾作出贡献，发明了避雷针，他是一位杰出的政治家和科学家。富兰克林曾为自己制定了一个性格修养计划，内容包括：节制、静默、秩序、决断、俭朴、勤劳、诚挚、正直、涵养、整洁、宁静、贞洁和谦逊。为了实现这一计划，他把这13项内容记录在本子上，每天晚上进行反省。年复一年，终于形成了良好的性格。

美国与中国社会制度不同，富兰克林生活的年代与二十一世纪也不同，但是他加强自身修养的做法是可取的。当代中学生可以自拟出适合个人特点和社会环境的个人修养计划，使自己养成良好的性格。

以上谈了对中学生非智力因素的培养问题。非智力因素包括动机、兴趣、情感、意志、性格五种基本心理品质，实际上它不仅包括上述内容，如理想、道德、情操、习惯等也都属于非智力因素的范畴。非智力因素对学习有促进和推动作用，它是后天养成的，教育工作者应该重视对学生非智力因素的培养，这也是素质教育的一部分。

第三节 中学生智力因素的培养

智力因素直接参与认识活动，智力水平决定一个人是否聪明。如果说一个人真聪明，指的是他的智力水平高，如果说一个人真笨，一般是指他的智力水平较低。概括地说，"智力"就是一个人进行心智活动时的能力。智力通常指观察力、注意力、想象力、记忆力、思维力和创造力。

一、观察力的培养

1. 什么是观察

观察是一种有目的、有计划、比较持久地认识某种对象的高级知觉形式。观察是智力活动的第一步，外界的信息通过观察进入大脑，没有观察力，智力活动无从谈起。观察的工具除了眼睛之外，还包括耳、鼻、舌、身等。

2. 观察的类型

（1）无意观察和有意观察

虽然用身体的某器官感知外界事物都叫做观察，但是有些观察是毫无目的的，比如在街上走路，你会看到道路两旁的楼房、花草树木、人群等，这是无意观察。如果是为了写作的需要，留心观察这些东西，那就是有目的的观察，也叫有意观察。语文学习中提倡培养学生的有意观察能力。因为只有有意观察才能积累素材，在作文时才能有话可说。

（2）全面观察和重点观察

即使是很普通的事物，观察时也要注意事物的内在联系，同时还要注意此事物与其他事物之间的联系，这就是全面观察。比如对一张白纸，可以从视觉、嗅觉、听觉、触觉和味觉诸方面全面进行观察。观察一个人，除了观察其本人外，还可以通过此人与周围人的关系观察他的性格特点、待人处事的方式，全面深入了解这个人。

对于比较复杂的事物，根据观察的需要，可以进行重点观察。如语文老师对所有学生学习语文的情况都应该进行观察了解，但对其中进步特别大的，或退步非常快的学生，应该重点观察，以便及时进行帮助。

（3）重复观察和长期观察

根据观察的需要，有时要对观察对象进行反复的观察，才能全面了解观察对象的特点，使观察结果真实可靠。有时又需要对观察对象进行长期坚持不懈的观察，如著名气象学家竺可桢就用了一生的时间长期观察，为我国的物候学积累了宝贵的第一手资料。

3. 怎样培养学生的观察能力

(1) 明确观察的目的

无目的的观察，留给人的印象是肤浅的、不完整的。有目的的观察，得到的结果就比较清晰、准确。在语文教学中，如果需要让学生观察，师生应该在观察之前，明确观察的目的，这样才能取得比较好的观察效果。

(2) 养成良好的观察习惯

观察应该成为一种习惯。达尔文之所以成功，就在于他有不懈观察的习惯。巴甫洛夫有句座右铭："观察、观察、再观察。"不仅科学家需要观察，文学家也需要观察，否则他们写不出那么栩栩如生的人物来。养成良好的观察习惯能够积累很多写作材料，作文时就不会感到无话可说了。

(3) 培养观察的兴趣

培养学生的观察兴趣，对提高他们的观察力是非常重要的。在观察实践中，能让学生感受到乐趣，会提高他们自觉观察的积极性。教师可以搜集一下中外科学家、文学家通过观察成才的例子，引起学生的观察兴趣。如法国大作家福楼拜就曾经要求他的学生莫泊桑："当你走过一个坐在自己店门前的杂货商面前，走过一个吸着烟斗的守门人面前，走过一个马车站时，请你给我描绘一下这个杂货商和这个看门人，他们的姿态，他们整个的身体外貌，要用画家的手腕传达出他们全部的精神本质，使我不至于把他们和任何别的杂货商人，任何别的守门人混同起来。还请你用一句话就让我知道马车站有一匹马和它前后五十来匹是不一样的。"因为莫泊桑受到福楼拜这样长期的、严格的观察训练，所以他才能在数年以后写出《羊脂球》那样的作品，使自己一举成名。

(4) 掌握观察的方法

正确的观察首先要确立观察点。苏轼在《题西林壁》中说："横看成岭侧成峰，远近高低各不同。不识庐山真面目，只缘身在此山中。"变换了观察点，作者对庐山的认识就有很大的区别，如果横着看，庐山是一排连绵不断的山岭，如果侧面去看，就变成了一座山峰。

观察点可以是固定的，也可以是移动的。苏轼观察庐山，观察点就是移动的。观看庐山除了横看、侧看外，还可以从飞机上俯视，从山脚下仰视。也就是说，

160

根据写作的需要可以不断变换观察点。

除了选准观察点外，还要注意选择观察的方式。以《人民英雄永垂不朽》为例，分析一下作者用了哪些观察方式。作者先用了总体观察法，从东长安街远望纪念碑："它像顶天立地的巨人一样矗立在广场南部。""在远处就可以看到毛主席亲笔题的'人民英雄永垂不朽'八个金色大字。"接着作者走近纪念碑，对它进行了分解观察。作者分别观察了碑身四周围的双层汉白玉栏杆、碑身正面和背面由毛主席和周总理分别题写的纪念碑主题和碑文、碑身两侧上部的装饰花纹、碑顶、及石碑四周十块汉白玉的大浮雕。

除整体观察和分解观察外，观察的方式还包括个别观察和比较观察、静的观察和动的观察等等。

观察还要有正确的观察态度。观察忌带主观印象，一旦带着先入为主的态度去观察，可能会得出与事实完全相反的结论。《列子》中有一篇寓言故事，说一个人家里的斧子丢了，他怀疑是邻居的儿子偷的，因此他观察邻人之子，走路的样子、说话的样子、面目表情都像是偷了斧子的样子。等他在山谷里干活，找到了自己的斧子，再去观察邻居的儿子，无论表情还是动作，都不像偷斧子的人了。事实是，邻人之子根本没有偷斧子，但是由于带着主观印象去观察，所以觉得人家偷了自己的斧子，因此得出了与事实完全不符的结论。

（5）观察时要动脑思考

进行观察时，不能只满足于观察到的表面现象，还要动脑进行分析，也许会有意想不到的结果。第一次世界大战期间，德军的参谋人员通过望远镜发现，在法军占领区的一个坟地上，连续好多天，每天上午都有一只猫蹲在石头上晒太阳。德军参谋由此推断，这只猫每天定时出来晒太阳，显然不是野猫而是家猫；在敌军中，有条件养猫的人只能是旅以上的高级军官。因此，那个坟地中必定有敌军隐蔽设立的高级指挥所。德军集中了六个炮兵营对坟地进行了猛烈轰击。设在坟地中的法军旅指挥所里的全部人员都葬身于猛烈的炮火中。由旅指挥官养的一只猫，引来了死神。

（6）养成写观察记录的习惯

观察后的结果要及时记录下来，这样才能在需要的时候拿出来使用。茅盾先生说："应当时时刻刻身边有一枝铅笔和一本草簿，无论到哪里，你要竖起耳朵，睁开眼睛，像哨兵似的警觉，把你所见所闻随时记下来。"元末明初的文学家陶宗仪,平时很注意积累观察的材料。他晚年一边做官,一边参加农业劳动,休息时就把观察到的或者想到的东西随手记在树叶上,回家后把它们整理出来,后来抄录成了三十卷的《辍耕录》。陶宗仪的故事说明经常写观察记录是很重要的。否则辛辛苦苦观察到的东西,时间一长就会忘记了。

二、注意力的培养

1.注意的概念

注意指心理活动对一定对象的指向和集中。指向性和集中性是注意的两个基本特点。比如,喜爱小说的同学,如果去书店,一定是把注意力直接指向自己喜欢的小说类书籍。人在注意的时候,精力是高度集中的。对于特别喜欢看篮球的人来说,比赛紧张进行时,别人跟他说话,他完全听不到,全部注意力都在电视屏幕那里。

2.注意的类别

根据注意是否出于自觉的意图和是否需要意志努力,注意分为有意注意和无意注意两种。

(1)有意注意

有意注意是有预定目的的,必要时还需要做一定意志努力的注意。学生听课是有一定目的的,即使听得有些疲劳,也需要用意志努力控制自己认真听讲,这就是有意注意。

(2)无意注意

无意注意没有预定目的,也不需要意志努力。如在安静的课堂上,突然传来了巨大的爆炸声,大家都会不约而同地注意到这响声,这就是无意注意。

3.注意的内涵

(1)注意的广度

注意的广度也叫注意的范围。是指同一时间内所能注意到的对象的数量。比如小学一年级学生读书时,看一眼能看清一个字,而大学生读书时,看一眼能看清几个字,经过特殊的快速阅读训练的人,看一眼甚至能看清一页字。注意的广度与注意的对象有关系,看铅印的小说就比看手抄的小说注意的广度要大。因为铅字印刷整齐,而手写的字不那么整齐,读的时候注意的广度就差一些。注意还与人的实践经验有关。有经验的老师讲课时也能同时注意到班级中有谁在做小动作,刚参加工作的老师就不容易发现这些问题。

（2）注意的分配

人们在同一时间内，做的往往不止一件事，需要把注意力分配到两种以上不同的对象或动作上，这就是注意的分配。学生听课时，一方面要听教师所讲的内容，另一方面还要适当地做一些笔记，注意力要分配在听课和做笔记两件事情上。如果人们同时在做两种以上的事情，那么其中至少有一项是十分熟练的，这时，需要把大部分注意力放在不太熟练的那件事情上去，才有可能把两件事同时做好。

（3）注意的转移

根据当前任务的要求，有意识地把注意从一个对象转移到另一对象，称之为注意的转移。比如第一节课是语文课，第二节课是物理课，那么第二节课一开始，学生就应该马上把注意力转移到物理课上，而不应该还在想着刚才语文课的内容。

（4）注意的稳定性

注意的稳定性是指注意长时间地保持在感受某种事物或从事某种活动上。实际上，要使注意力长时间集中在一个对象上是很困难的。在注意的过程中，注意是不断起伏的，一般说，大约一秒钟转换一次，如果坚持不动，注意也只能维持五秒钟，更长时间就困难了。这是一种正常现象，一般不影响注意的稳定性，因为注意的稳定性主要指在较长时间内把注意集中在人所从事的整体活动上，而不是指某一刹那的活动。

注意的稳定性与主体的状态有关。对所从事的活动的意义理解得深刻，态度积极、兴趣浓厚，在注意的过程中伴随积极的思维活动，注意就容易稳定持久；相反，如果对所从事的活动的意义缺乏理解，不感兴趣，或处于疲劳、疾病状态时，注意就容易分散。

注意的稳定性也与对象的特点有关。对单调、静止的注意对象注意就难以稳定；对复杂的、变化的、活动的注意对象，注意就容易稳定。

4.怎样培养学生的注意力

注意力是保证学习效率的重要因素。注意力不集中的课堂是不会有好的教学效果的。导致学生注意力涣散的原因是多方面的，如：外物的吸引和干扰、学生厌烦学习、情绪不佳、师生关系紧张、教学手段单一、所学的内容乏味都可以造成学生注意力不集中。教师如果发现学生注意力不集中，应该利用注意的规律，采取一定的措施，吸引学生的注意力。

（1）交替使用有意注意和无意注意

经过长时间听课以后，学生会感到精神很疲劳。尤其是有意注意需要一定的意志努力，更容易产生疲劳。学生在上课之初能保持十到十五分钟的注意，然后精神状态就开始进入低谷，需要休息一会儿。此时，教师应该组织一些让学生动手、动口、动脑的活动，变换一下学习方式，有意讲述一些无需意志努力，但又与课文的学习有关的内容，如讲一些逸闻趣事，或者放一段与学习内容有关的教学录像。这些东西可以引起学生的无意注意，让他们的精神得到休息，然后再进入有意注意状态，开始下一个时间段的学习。

（2）每节课都有一个切实的、具体的教学要求

注意的目的越明确，保持注意的可能性就越大。根据注意的这个特点，每节课都提出一个切实的、具体的教学要求可以使学生理解本节课的目的任务，产生完成任务的愿望，凡是与完成任务有关的一切事物就能引起他们的注意了。

（3）精心设计教学内容

充分利用语文课文的感染力，精心设计教学内容，让语文课上得生动有趣，有助于学生保持注意。例如，一位教师教柳永的《雨霖铃》一词，他通过语言描述，创设了这样一种教学情境：

汴京城外、植满垂柳的汴河码头。凄清冷落的深秋，一场骤雨刚刚下过，树梢上的寒蝉又如泣如诉地叫了起来。在长亭送别的人慢慢饮酒，细细地话别，一直挨到傍晚，雨也停了，舟人催促，是启程的时候了。——这首词展现在我们面前的是一幅我国 11 世纪的缠绵的送别图……

接着，老师选用《雨霖铃》的教学磁带，先读后唱，民乐伴奏，昆曲声腔。在悠扬悦耳的箫、笛声中，学生倾听着凄楚婉转的女高音歌唱，眼看课文和注释，很自然地进入词的境界。

（4）在教学语言上下功夫

所罗门等人在 1964 年的教学研究中表明，教师口语表达的清晰度与学生的知识学习有显著的相关。希勒等人在 1971 年的教学研究中也指出，教师讲解的含糊不清则与学生的成绩有明显的负相关。因此，教师要在教学语言上下功夫。于漪老师曾经风趣地比喻说：语言不是蜜，但是可以粘东西。教师的教学语言应该能够粘住学生的注意力，能掀起学生感情的波纹。如果教师的讲课如行云流水一样酣畅淋漓，学生们唯恐漏掉老师讲的每一句话，他们焉有不喜欢语文课之理？

（5）多种教法优化组合，引起学生的注意

教师讲课如果只用一种教学方法，反复刺激学生大脑皮层的同一部位，容易使学生感到疲劳，导致注意力分散，为了避免这种情况的发生，应该在教学方法上力求灵活多变。比如，运用电化教学手段，把书面的文字形象化，把抽象的内容具体化，从而广泛刺激学生大脑皮层中的兴奋点，吸引学生的注意力。如讲《中国石拱桥》，可以把不同造型的中国石拱桥的照片展示给学生看，并结合课文讲解石拱桥的特点，使学生对石拱桥有一个直观的理解。也可以设计一些让学生动手操作的练习，增加他们学习的兴趣，吸引学生的注意力。像《第比利斯的地下印刷所》、《故宫博物院》、《雨中登泰山》等课文，都可以让学生做导游，带领全班同学做一次精神的旅游。

三、想象力的培养

1. 什么是想象

想象是在原有感性形象的基础上创造出新形象的心理过程。人们虽然能够想象出从未感知过的或实际上不存在的事物的形象，但是想象的内容还是来源于客观现实。比如鲁迅先生写《阿Q正传》时，他的头脑中必须有无数个类似阿Q的人物形象，才能在此基础上创造出一个活生生的阿Q。

2. 想象的类别

想象一般可分为创造想象和再造想象两种。

（1）创造想象

创造想象是根据一定目的、任务，在头脑中创造出新形象的过程。文学家创作新作品之前，头脑中必须先构成这种新事物的形象。这种新形象的创造必须用已积累的知觉材料作为基础。作家通常需要融合许多同类人物身上的代表性特点，才能创造出典型的艺术形象。茅盾先生在《谈〈水浒〉的人物和结构》一文中说：

记得有一本笔记，杜撰了一则施耐庵如何写《水浒》的故事，大意是这样的：施耐庵先请高手画师把宋江等三十六人画了图像，挂在一间房内，朝夕揣摩，久而久之，此三十六人的声音笑貌在施耐庵的想象中都成熟了，然后下笔，故能栩栩如生。这一则杜撰的施耐庵的创作方法，有它的显然附会的地方，……但是它所强调的朝夕揣摩，却有部分的真理，虽然它这说法基本上是不科学的。因为，如果写定《水浒》的，果真是施耐庵其人，那么，他在下笔之前，相对朝夕揣摩的，便该是民间流传已久的歌颂梁山泊好汉的口头文学，而不是施耐庵自己请什么高手画师所作的三十六人的图像。

（2）再造想象

再造想象是根据语言的描述或图样的示意，在脑中再造出相应的新形象的过程。曹雪芹在《红楼梦》中刻画了林黛玉的形象，读者在阅读《红楼梦》以后，头脑中会再造出一个林黛玉的形象。根据曹雪芹的文字描述，每个人头脑中的林黛玉形象是不可能完全一样的，这就是所谓"一千个读者就有一千个哈姆雷特"。每个人的再造想象都是文艺欣赏、吸取知识、交流经验、相互了解所必要的一种心理过程。

3. 如何培养学生的想象力

在中学语文教学中，可以用下列方法培养学生的想象力。

（1）增加丰富的表象储备，为想象积累素材

想象的基本材料是表象，表象是指事物被人感觉时留在大脑中的印象，它可以离开具体对象凭着记忆在头脑中重现。有了丰富的储备，才能够有丰富的想象力。比如《红楼梦》第三十七回"秋爽斋偶结海棠社　蘅芜院夜拟菊花题"中，众人初结海棠诗社，第一次做诗就是咏海棠。

李纨道："方才我来时，看见他们抬进两盆白海棠来，倒很好。你们何不就咏起他来呢？"迎春道："都还未赏，先倒做诗？"宝钗道："不过是白海棠，又何必定要见了才做。古人的诗赋也不过都是寄兴寓情；要等见了做，如今也没这些诗了！"

这段话中宝钗说得最有道理，做诗时，不一定非得见到了实物才能写出来。但这句话有个前提条件，就是众人以前见过海棠花，这样大家才能凭着头脑中对海棠花的印象，写出诗来。如果所有人都没有见过海棠花，就无法想象出白海棠的样子来。因此，平时留心观察各种各样的人或者事物，在头脑中留下丰富的表象储备，才能在必要时引起再造想象。

（2）善于把语言文字形象化，把抽象的概念具体化

人左、右脑的分工不同，对语言文字的感知功能在左脑，右脑负责对图形等形象具体东西的感知，要培养学生善于使左、右脑同时工作的能力，在感知语言文字时，右脑要把语言文字转化为图形，发展想象力。比如学朱自清的《春》，头脑中应该出现一幅幅关于春的图画，而不是只把它当作一篇课文来读。

（3）要保持一颗童心

儿童的想象力是十分丰富的。李白在《长干行》中写道："妾发初覆额，折花门前剧。郎骑竹马来，绕床弄青梅。"诗中两小无猜的小儿女，当时绝对不是非常客观地想到我玩的是花儿，我骑的是竹马，那个小男孩儿想象的是骑在一匹真正的高头大马上，驰骋在大草原上，耳边能听到呼呼的风声，鼻中能闻到草原特有的芳香，否则，一根破竹子，不会让他玩得那么津津有味。保持一颗童心，看世界的眼睛就不一样了。沈复在《浮生六记》中记幼时童趣：

夏蚊成雷，私拟作群鹤舞空。心之所向，则或千或百果然鹤也。昂首观之，项为之强。又留蚊于素帐中，徐喷以烟，使其冲烟飞鸣，作青云白鹤观，果如鹤唳云端，怡然称快。

童年的沈复，对人人讨厌的蚊子，却把它想象成飞舞的群鹤，用烟喷之，觉得冲烟飞鸣的群蚊，如同鹤唳云端，妙不可言。如果用成年的目光看世界，绝对不会有这样的想象。所以，使学生保持一颗童心，发展好奇心，可以充分发展他们的想象力。

（4）多读文学作品

语文课本中有许多文学作品，这些作品或展示自然美，或展示人物美，提倡通过多读书，尤其是多读文学作品，让学生与大师们通过作品进行心灵的对话，在对话中培养他们的想象力。因为再造想象就是根据现成的语言描绘，在自己的头脑中重新塑造新形象的心理过程，如果不读大量的文字材料，尤其是文学作品，就没有机会发展自己的再造想象能力。

四、记忆力的培养

1. 什么是记忆

记忆指对经验过的事物能够记住，并能在以后再现（或回忆），或在它重新呈现时能再认识的过程。记忆包括识记、保持、再现或再认三个方面。识记即识别和记往事物特点及其间的联系；再现或再认则是暂时联系的再活跃。通过识记和保持可以积累知识经验，通过再现或再认可以恢复过去的知识经验。

2. 记忆的方式

从不同的角度划分，记忆可以有如下方式。

（1）有意记忆和无意记忆

有目的、有要求的记忆叫有意记忆。如，老师要求学生把屈原的《离骚》背下来，这就是有意记忆。无意记忆指在无意间自然地在脑海里储存下来的信息。如语文课堂上，教师讲了一段与课文有关的趣味故事，学生无意间就把这个故事储存在脑海里了。

有意记忆需要意志的努力，长时间地进行有意记忆会使大脑感到疲劳，大脑的过度疲劳会导致记忆力下降。无意记忆不需要意志努力，无意记忆时大脑处于比较放松的状态，但是记忆的效率不如有意记忆高。因此，教师应该在课堂上使无意记忆与有意记忆交替进行，让学生的大脑能得到休息，有利于提高课堂教学的效率。

(2) 理解记忆和机械记忆

理解记忆是指明确了记忆材料各部分间的内在联系后进行的记忆。比如背诵课文，正确的背诵方法应该是先弄懂全文的结构，理解了各部分间的关系，再去背诵，效果就好得多。机械记忆是只求字句形式的记忆，即平常说的死记硬背。机械记忆下来的东西，有时候不一定理解它的意思。如，三四岁的孩子背唐诗，他们可以准确无误地把诗背下来，但是并不理解诗的意思。

理解记忆和机械记忆没有孰好孰坏之分，记忆的内容不同，使用记忆的方法也不同。在语文学习中，以理解记忆为主，机械记忆为辅。比如背课文，先理解了再背，背得快，记得牢。而记忆作家的生卒日期、名、字、号、代表作品等，就得利用机械记忆了。

(3) 形象记忆和抽象记忆

过去感知过的具体事物或活动的形象在人们头脑中的再现叫形象记忆，对一些概念、公式、定律、定理等抽象材料的记忆叫抽象记忆。

语文学习以形象记忆为主。语文教材中编选的大部分课文都是非常具体形象的，有助于发展学生的形象记忆能力。理科的学习以抽象记忆为主。语文科中如文言虚词、实词，汉语拼音拼写规则之类的东西，也需要用抽象记忆。

(4) 短暂记忆和长期记忆

根据记忆需要保持的时间，记忆分为短暂记忆和长期记忆两种。有些东西，记忆保持几分钟、几个小时就可以了，比如记住自己火车票的车厢号、座位号，火车一旦开动,这个记忆就不需要了。但语文学习中的很多东西是需要长期记忆的，尤其是已经背诵过的课文，不能是学期一结束，所有背诵的课文都忘得一干二净，只有头脑中保留了大量的文章，才能在写作时得心应手，也才能在学习其他课文时，有一个比较阅读的对象。

3.怎样提高学生的记忆力

记忆是学习的必备能力。如果一个人没有记忆力，或者记忆力不佳，学过的东西转身就忘掉，那么他将一事无成。因此，提高学生的记忆力是非常重要的。提高记忆力的方法有很多，下面简略介绍一些。

(1) 有明确的记忆目的和具体的记忆要求

有明确的记忆目的和要求的记忆是有意记忆，有意记忆的要求越具体，学生记忆的效果越好。根据这个道理，教师在指导学生背东西时，一定要提出明确的记忆要求。

(2) 加强理解记忆

理解记忆比机械记忆的效果好，语文学习又是以理解记忆为主，教师要求学生记忆东西时，尽量把记忆的对象分析明白，学生在理解的基础上进行记忆，效果比死记硬背好得多，而且也容易增加学生记忆的兴趣。

(3) 提倡多种感觉器官协同记忆

在记忆的过程中，如果能同时动用眼、手、耳、口等多种感觉器官，记忆的效果比只用眼睛看要好得多。有人做过实验，用相同的时间记忆同样的内容，甲组只用眼睛看，记住了70%，乙组只用耳朵听，记住了60%，丙组用视听结合的方法，记住了86.3%，可见多种感觉器官协同记忆的效果比只用一种感觉器官要好。

(4) 选择适当的记忆时间

人在记忆时，会受到前后学习内容的影响。以听课为例，学生比较容易记住刚上课时讲的内容和下课前讲的内容，因为中间讲的内容受导语部分的影响，产生了前摄抑制；同时又受结语部分的影响，产生了倒摄抑制。根据这个道理，有人提出了"夜读晨记法"。夜里睡觉前，把要记忆的东西背诵一下，然后睡觉，早晨起来，再把前一夜背诵的东西复习一下，这样很容易唤醒沉睡的记忆。

(5) 及时复习

有很多学生在考试前才复习功课，这是不科学的记忆方法。德国著名的心理学家艾宾浩斯经过实验发现，记住的内容20分钟后就要忘掉42%，1小时后忘掉56%，9小时后忘掉64%。如果把学过的内容放到期末一块儿复习，那几乎是忘掉了绝大部分，等于重新学习一样，不仅费时间，记忆的效果也不好。因此，最好的办法是及时复习。每天晚上都把当天学过的内容复习一下，周末再把本周的内容复习一遍，月末复习当月的内容。经过这三遍复习后，大部分学习的内容就会变成长期记忆，期末复习起来就容易得多了。

(6) 掌握背诵的最佳量

很多学生背诵课文，刚刚能背下来，就不再背诵了。其实，最佳的背诵量应该是背诵到150%的程度。我国学者以无意义音节为实验材料，请三组被试者学到不同程度，4小时后再检查，结果如下：甲组学习程度为150%，记忆保持量为81.9%；乙组学习程度为100%，记忆保持量为64.8%；丙组学习程度为33%，记忆保持量为42.7%。那么学习程度为200%、300%效果一定更好了？答案是否定的，这样只能产生学习疲劳，反而不利于记忆。

(7) 分散记忆比集中记忆好

如果在记忆时间固定的情况下，是一次性把时间用完好，还是把时间分散开使用效果好？实验表明，后者的效果好。有人做过实验，用五天的时间复习一门课程，甲组集中五天复习，乙组把这五天分为四次用完，考试的结果是乙组的成绩大大超过甲组。

著名画家丰子恺在日本学习时，用分散记忆的办法，在两三个月的时间内，就精通了日语。他背课文的办法是第一天读十遍，第二天读五遍，第三天读五遍，第四天读两遍。每课书读二十二遍，就能达到背诵的程度。

锻炼记忆力要坚持经常，一曝十寒是不能提高记忆力的。教师可以经常安排一些需要记忆的内容，使学生在不断记忆中提高自己这方面的能力。

五、思维力的培养

义务教育阶段《语文课程标准》提出："在发展语言能力的同时，发展思维能力，激发想象力和创造潜能。逐步养成实事求是、崇尚真知的科学态度，初步掌握科学的思想方法。"普通高中《语文课程标准》也提出："养成独立思考、质疑探究的习惯，增强思维的严密性、深刻性和批判性。"思维能力的培养是中学语文教学的重要目标之一。

1. 思维的概念

思维指理性认识，即思想；或指理性认识的过程，即思考。是人脑对客观事物间接的和概括的反映。它包括逻辑思维和形象思维，一般情况下指逻辑思维。思维是一种高级的、复杂的心理活动。它通过语言（第二信号系统）对观察、记忆、想象等能力起调节作用，是智力活动的核心。思维的工具是语言。思维的目的是认识事物的本质和规律。

2. 思维的类别

（1）形象思维

形象思维又称"艺术思维"。它是凭借具体的表象或形象进行的思维。但它又不是原有表象的简单再现，而是通过形象的概括来反映客观事物的本质。作家在创作文学作品时用的就是形象思维。语文课在学习文学作品时，也要用形象思维。

（2）逻辑思维

逻辑思维是指人们在认识过程中借助于概念、判断、推理反映现实的过程。它同形象思维不同，是用科学的抽象概念揭示事物的本质，认识现实的结果。理科的学习较多地使用逻辑思维。在语文学习中，学生随着年级的增高，也需要逻辑思维能力，比如议论文就需要用逻辑思维结构文章。

（3）灵感思维

灵感指文艺、科学活动中，因为思想高度集中、情绪高涨而突然表现出来的创造能力，这种思维叫灵感思维。严肃勤奋的劳动态度和负责精神，丰富的实践经验和知识积累，深厚的艺术修养和艺术技巧的掌握，是获得灵感的前提。

（4）创造性思维

创造性思维是指有创见的思维。它不仅能揭示客观事物的本质及内在联系，而且要在此基础上产生新颖的、前所未有的思维成果。创造性思维是智力发展水平高的标志，它会给人们带来新的、具有社会价值的产物。创造性思维的思维形式新颖、独特，是求异思维与求同思维的高度协调，在创造性思维过程中，有时会伴有灵感的出现，因此，它能提出独到的解决问题的办法。例如：

古希腊国王得到了一个十分精巧的金皇冠，但是怀疑金匠掺了假，就命阿基米德查清事实。阿基米德日夜思考这个问题。有一天他进入澡盆时，看见洗澡水溢了出来，立刻得到了灵感，根据"把物体浸没在水中，它排出的水量，恰好等于它的体积"的浮力原理，证明皇冠掺了假，这个思维过程就是创造性思维，后来浮力的原理又被称为阿基米德定律。

3. 思维能力的培养

新课程改革后，中学语文教学特别强调对中学生思维能力的培养，尤其是创造性思维能力的培养，这是时代发展的需要。怎样培养学生的思维能力呢?

（1）养成爱读书的习惯

阅读使人充实，正如培根所说："史鉴使人明智；诗歌使人巧慧；数学使人精细；博物使人深沉；伦理之学使人庄重；逻辑与修辞使人善辩。"以上所列读书的门类虽然不同，但都在共同培养着人的思维品质。所以多读书可以使人变得聪明起来。

（2）培养良好的思维品质

良好的思维品质是指爱思考的习惯和不迷信权威、敢于大胆质疑的习惯。北京市的宁鸿彬老师就特别鼓励他的学生积极思考问题，敢于向权威挑战，向老师挑战，向书本挑战。例如在《口技》一文中，在细致描述口技艺人的表演之前，作者林嗣环写道："口技人坐屏障中，一桌、一椅、一扇、一抚尺而已。"全文结尾处写道："忽然抚尺一下，群响毕绝。撤屏视之，一人、一桌、一椅、一扇、一抚尺而已。"在课堂讨论的过程中，多数学生都认为课文这种首尾呼应的写法值得学习，可是，有一个学生说："如果是我写这篇文章，我只在结尾时写'一人、一桌、一椅、一扇、一抚尺而已'，开头不写这句话。"老师问他为什么，他说："前边只写多种声音一齐发出，听众惊叹的样子，这样就会给读者造成悬念，想知道表演者有多少人，用了多少工具。文章结尾时再揭开秘密，同样可以给读者留下深刻的印象。"这种敢于大胆向课文挑战，并且有自己独立见解的思维品质，正是新课程改革所提倡的。

（3）训练学生发散思维能力

所谓发散思维，是在思维过程中通过重组所给的信息和记忆中的信息，得到众多可能的答案、设想或解决方案。它的特点是以一个问题为中心，充分发挥人的想象力、联想力，使思维的领域和范围尽可能开阔。在发散思维的过程中，思维不受任何束缚，而是沿着不同的方向发散，多角度、多侧面地探索问题的答案，因此常常能从中发现有创见的思维。因此许多心理学家认为：发散思维与创造力有直接关系，它是创造力的核心，也是测定创造力的标志之一。

发散思维需要培养学生思维的敏捷性、广阔性、深刻性和周密性，只有这样的思维才有可能提出有创见的思维结果。

第七章　学法指导艺术

教学工作包括了教师的"教"和学生的"学"。如果只注重了教师的教，没有关注学生的学，这样的教学是不完整的教学。本章介绍了在新课程改革背景下，教育观、学生观和学习观的新理念，同时介绍了学习语文的具体方法。

第一节　课程改革背景下的教育观、学生观、学习观

始于世纪之初的课程改革，给教学工作带来了一系列变化，新的教学观也催生了新的学生观和学习观。新课程改革后，教学不再是教师只管教，学生只能被教的单向知识传授过程。教学的本质是交往，教与学是互动关系，师生双方经过交流、沟通，互相启发，互相补充。在教学过程中，学生的个性、创造性、主体性得到凸显；教师由教学中的主角地位转为"平等中的首席"，成为学生成才的促进者。

一、中美教育观之比较

在讨论中美两国教育观异同之前，请先看一篇文章：

两份没有实现的预言（节选）①

1979年6月，中国曾派一个访问团，去美国考查初级教育。回国后，写了一份3万字的报告，在见闻录部分，有4段这样的文字：

学生无论品德优劣、能力高低，无不趾高气扬、踌躇满志，大有"我因我之为我而不同凡响"的意味。

小学二年级的学生，大字不识一斗，加减乘除还在掰手指头，就整天谈什么发明创造，在他们手里，让地球调个头，好像都易如反掌似的。

无论是公立还是私立学校，音、体、美活动无不如火如茶，而数、理、化则

①刘燕敏. 两份没有实现的预言. 涉世之初, 2004（3）：35.

乏人问津。

课堂几乎处于失控状态。学生或挤眉弄眼，或谈天说地，或翘着二郎腿，更有甚者，如逛街一般，在教室里摇来晃去。

最后，结论部分是这么写的：美国的初级教育已经病入膏肓，可以这么预言，再用 20 年时间，中国的科技和文化必将赶上和超过这个所谓的超级大国。

在同一年，作为互访，美国也派了一个考查团来中国。他们在看了北京、上海、西安的几所学校后，也写了一份报告，在见闻录部分，也有 4 段文字：

中国的小学生在上课时喜欢把手端在胸前，除非老师发问时，举起右边的一只，否则不轻易改变；幼儿园的学生则喜欢把手背在后面，室外活动时除外。

早上 7 点钟之前，在中国的大街上见到的最多的是学生，并且他们喜欢边走路边用早点。

中国学生有一种作业叫"家庭作业"，它的意思是学校作业在家庭的延续。

中国把考试分数最高的学生称为学习最优秀的学生，他们在学期结束时，一般会得到一张证书，其他人则没有。

在报告的结论部分，他们是这么写的：中国的学生是世界上最勤奋的，在世界上也是起得最早、睡得最晚的；他们的学习成绩和世界上任何一个国家的同年级学生比较，都是最好的。可以预测，再用 20 年的时间，中国在科技和文化方面，必将把美国远远地甩在后面。

25 年过去了，美国的那种教育制度共培养了 43 位诺贝尔奖获得者，而中国还没有哪一所学校培养出一名这样的人才。所以，两家的预言都错了。

中美两国的教育家互访，虽然走的学校不多，看到的也许只是两国教育的皮毛，但是感触是很深的，结论也是很清楚的。中国的教育家认为美国的基础教育一无是处，美国的教育家则对中国学生之勤奋称赞有加，但是两国教育家的预言却不约而同地都错了。最让人触目惊心的事实是，被认为一团糟的美国基础教育，却培养出了 43 位诺贝尔奖的获得者。

中国是有着五千年历史的文明古国，被称作东方巨人，中国的思想、文化、教育，甚至习俗至今影响着整个东方世界。美国仅有两百年的历史，是西方世界中年轻而后来居上的国家，它没有历史包袱，讲求创新，鄙视保守。中美两国两极式的意识形态反映在教育理念上，分别代表了东西方两种不同的教育观和文化观，比较一下中美教育的异同，可以让我们把教育的眼界放得更开阔一些，这也是教育面向现代化、面向世界、面向未来的需要。

1. 教育的本质是什么？

比较中美两国教育的异同，先要比较教育观的不同。教育的本质是什么？是教知识还是教能力？还是二者兼而有之？教育界比较一致的看法认为，一个完整的教学过程应该包括"教"、"学"、"做"三个阶段。"教"，主要是教师和学校的责任，是向学生传授知识的过程。"学"，则是挖掘学生的潜力和主观能动性、使其能吸收知识的过程。"做"，就是将理论和书本知识化为实践，应用所学知识去解决实际问题。

中国传统的教育方式主要强调前两项："教"和"学"，认为学生只要在学校期间学习好了本领，到了工作岗位自然就会"做"了。因此学校教育很少设置能让学生直接动手实践的课程。在这种教育观的指导下，教师认真地教，学生拼命地学。师生都把传授知识当成学校教育的唯一任务。实践证明，由这种教育观培养出来的学生，虽然基础知识比较扎实，但却有很多人是高分低能者，这些被"喂"出来的"知识容器"进入社会以后，根本无法适应周围世界千变万化的环境。面对需要他们时时动手实践，需要他们在工作中有自己的主张和创见，能独当一面地处理各种纷繁复杂的事物时，常常感到一片茫然。因为这个时候不再有人告诉他们应该怎样做。中国的学生在学校期间习惯了被老师扶着走路，一旦离开了教师这根"拐根"，自己就像得了软骨病一样，不会正常地走路。这样来描述刚毕业的学生，或许刻薄了一些，但是中国学生普遍动手能力差，却是不争的事实。

美国式的教育则侧重"学"和"做"，老师的教学只是启发引导，旨在从小培养学生的自学能力和动手能力，特别鼓励学生保持独特性、发挥想象力和创新意识。因此美国学生多半思想活跃，具有独立性、创造性和操作能力，善于不断吸取新知识。但是由于中小学阶段没有系统地教知识，学生的基础知识比较薄弱，尤其是数学成绩普遍较差，不乏有人连简单的算数都算不利索，更不用说高等数学了。因此，有些进入美国大学的学生，根本听不懂大学的课程，不得不回头去补习中学甚至小学的课程。

中美两国的教育方式都因为三缺一而不算全面，这也是为何中美教育方式培养出的学生都会有缺陷。正确的教育方式应该把"教、学、做"三阶段统一起来，这样的教育过程才算完整，培养出的人才也比较全面。目前中国提倡的"素质教育"，正在努力补充纯知识教育之外的内容，提倡让学生自己动脑思考问题，自己动手解决问题，努力发展学生的个性和创造性。美国教育界也已认识到基础教育中存在的问题，正在加强中小学基础知识的教学和考核。如果东西方的教育方式能够融会贯通，相得益彰，那将是比较理想的教育。

2. 中美课程评价之比较

中国古代影响最大的考试制度莫过于科举考试。科举考试是以一张卷子定终身。在这张卷子中，不允许有个人的思想存在，必须"代圣人立言"。统治阶级通过科举考试，要选拔的不是有创见、有个性的人才，而是要培养本阶级的"顺民"，他们必须恭恭敬敬地遵守祖宗的遗训，绝不允许他们创新，也不需要他们有什么实际的动手能力。因此中国古代知识分子钻在书堆里读死书，死读书，两耳不闻窗外事，变得肩不能担担，手不能提筐，成了实践中的废人。《孔乙己》中的孔乙己和《范进中举》里的范进，虽然一个落榜，一个中榜，但是这两个人身上有着古代知识分子的通病，离开了书本，他们几乎是一事无成。

科举考试有着一千多年的历史，它对中国五四运动之后的学校教育仍然有很大的影响。在《癸卯学制》颁布后的一百年间，考试制度、考试内容、考试方式虽然有很大变化，但是考试的宗旨基本没变。通过考试还是要"选拔"人才，选拔那些"适合教育的儿童"进入上一级学校学习。即使是平时的考试，教师也是习惯于以固定的标准去评判学生的成绩和水平，学生的个性与创造力从小受到压抑，长大以后很难有大的作为。

源自中国古代封建科举制度的"灌输式"教学，比较适合平庸却用功的学生，那些虽然智力平常，但知道用功的儿童，因为能把教师讲的内容和课本知识学得比较扎实，考试成绩自然比别人好，他们升入上级学校的机会就很大。而那些晚慧生，或者有个性，不肯跟在教师后面亦步亦趋的人，因为不肯死啃书本，所以早早被淘汰，失去了进一步深造的机会。这种考试选拔人才的制度，导致了"庸才教育"，它使平庸者更平庸，培养出来的是没有个性的顺从的被领导者，而非具有个性的出类拔萃的精英。因为"庸才教育"不为学生创造允许发挥的机会，孩子们原有的好奇心和独特性在这种体制下磨损殆尽，更别说培养创造性了。这种教育方式的前提，是认定大多数学生都是平庸之辈。对于优秀生甚或天才神童，公共教育便无法适合他们，就要层层考试选拔，另外送到"神童班"、重点学校之类进行培养。然而，这些特殊班校培养出的人才，成年后的成就也并不见得多么辉煌，就是因为这种考试制度和教学方式压抑了学生的独特性与创造力。

新课程改革已经注意到了这个问题，所以在评价制度上较以前的学校考试制度有了质的变化，通过考试不是选拔适合教育的儿童，而是寻找适合儿童的教育。应该说，这是一个很大的进步。

美国教育的主导思想则是：每个人都是特殊人才。不能因为某学生数学成绩不好，就认定其头脑笨，也许该生在生物、体育、音乐、文学等领域是一名奇才。著名的生物学家达尔文，当年在学校学习时就不是一个聪明的人，他的学习成绩并不好，只是观察和研究能力高于一般人而已。当年他的同学中学习成绩非常优秀的人，后来都没有什么作为，倒是在校成绩平平，不被教师和家长看好的达尔文，后来成为全世界公认的生物学家。美国的篮球明星迈克尔·乔丹、电脑大王比尔·盖茨大概在学业上都不是佼佼者，但是谁也不能否认，他们在各自的领域里都是奇才。

美国式教学，让所有学生都有机会去充分发挥个人所长，并且注意锻炼和培养他们将来在社会上实用的能力，比如动手实践的能力、分析问题解决问题的能力等，因此，美国学校培养出来的学生更适合现代社会的需要。他们培养的学生，越往高处走，才干越能得到发挥。这也是为什么美国的高等教育和国家科技水平能领先世界的原因之一。

3. 是"授之以鱼"还是"授之以渔"

中美两国对"教"的观念有不同标准。中国的教育方式基本是"授之以鱼"，即传教知识。美国的教育方式则是"授之以渔"，即教授学习知识的方法。在飞速发展的现代社会，知识是以几何积数迅猛增长的，它需要不断更新。近30年来，由于科学技术的飞速发展，引起了知识的"爆炸"。据联合国教科文组织的统计，截止到1980年，人类用100多万年时间积累起来的知识只占人类知识总量的10%，而近30年积累的知识占人类知识总量的90%。人类的科学知识在19世纪是每50年增加一倍，当前是每35年增加一倍。以上数据还是1980年的统计数据，随着电子技术的不断发展，人类知识更新的速度可能在10年之内就会增加一倍。随着知识更新速度的加快，科学技术的发展周期也变得越来越短。蒸汽机的发展周期是90年，发电机的发展用了92年，无线电的发展用了35年，晶体管集成电路的发展用了78年，激光技术只用了1年，电脑更新的速度更是以月计算的。因此，美国教育总署认为，现在70%的小学生将来所从事的职业，是眼下所没有的。前苏联的专家也指出，工程师的业务知识在10年内就会过时约一半。

面对如此惊人的知识更新速度，如果再要求教师"给学生一杯水，自己必须有一桶水"，就显得非常可笑了。这一桶水即使是经过高度浓缩的水，也无法与人类知识的江河湖海相比拟。如果教学只停留在给学生"水"（知识）的层面上，那么无论教师的"水"有多么多，都是无法把学生真正教好的。

这就涉及到是"授之以鱼"还是"授之以渔"的问题。"鱼"即上文说的"水"，也就是学科知识，如果老师的"鱼"不够了，就无法转授给学生；如果学生出了校门只会坐享其"鱼"，知识总有枯竭的时候，到时候所拥有的"鱼"不能应付工作和生活之需，学生又不会自己捕鱼，结果只能是坐以待毙。如果学会了"捕鱼"，将受益终生，可以随时学习和掌握新知识、新技能。

中国的老师，对学生是不能说"不懂"的，也就是说不能库存无"鱼"，哪怕陈货已是腐朽臭鱼，也得烂"鱼"充数，不然有损师道尊严。美国的老师就敢坦诚自己"不懂"、"不会"，没有现成的"鱼"给学生，但可以教学生如何去捕鱼，或与学生一起去钓鱼。在这个过程中，老师自己也在学习新知识。从这一点上说，新课程实施纲要把传统的"师道尊严"改为教师与学生平等，"教师是平等中的首席"是非常必要的。它使教师放下自己的架子，与学生一起研究如何"捕鱼"，这才是现代教育应该具有的教师观。

4. 如何看待"快班"和"慢班"

美国的学校是按学区划分的，学区之间有很大差别，好学区的教学质量、教学秩序与较差学区的校风、办学质量有明显差别。因此，很多家长想办法把家搬到好的学区去，这些学区的房子价格非常昂贵。同样面积和质量的房子，如果在差的学区，价钱则便宜很多。因为美国的中小学是从学区内的房地产税中抽取一定的比例作为办学经费的。

无论是哪个学区，学校的学生都按水平分成快、中、慢班。但是，即使是比较差的学校，快班的教学水平和学生素质也可以与一流中学媲美。如果数学特出色，可以上数学快班甚至跟高年级班，但其他课业差点，就上中班或慢班，每个学生都有一个属于自己的功课表，每节课根据自己的课表到不同层次的班级去上课，没有我们所谓的行政班，真正做到了根据每名学生的特点去培养他们。美国的高中是同一名老师快、中、慢班都教，教材和考试题也完全一样。差别在于要求不同，比如快班考试闭卷，慢班则开卷；快班生需写论文十页，慢班生三页即可。也就是说，目的都是要捕到鱼，因此所有人都要学会捕鱼，对慢者要求掌握一两种最基本的捕鱼方法，对快者却要求能举一反三，精通十八般武艺。

相比之下，中国的学校不允许有快班和慢班的差别，很多地方的教育部门明令禁止在学校分快、慢班，大家一定要齐步走。在同一班级内，成绩好的学生与成绩差的学生总成绩能相差几百分。据说这样可以照顾大家的情绪，使成绩差的学生不至于产生自卑心理。齐步走的结果是：教师只能按照中等程度学生的水平教课，学有余力的学生吃不饱，造成人才资源的浪费；学习吃力的学生消化不了，增加了他们的厌学心理，在优等生面前越发显得自卑。

即使是有的地方大胆地分出了快、慢班，那也是用好老师教快班或重点学校，差老师教慢班或普通学校，这样教的结果是越教优劣差异越大，距离"在教育面前人人平等"的初衷越来越远。在不打乱现有学校的办学水平，不打乱目前学校班级设置的情况下，能不能有一个变通的办法？可不可以实行分层次教学？以语文为例，能否按学生的程度分成快、中、慢班？学有余力的学生进快班，除了学习规定的教科书之外，多看课外作品，多研究、讨论、评价这些作品，甚至可以鼓励他们写文学作品，将来有可能从中培养出一两名作家。对那些语文学习感到吃力的学生，降低要求，达到中学毕业的最低标准，就允许他们毕业。这些学生可能在其他学科学有余力，那就上其他学科的快班，发展他们的特长。也许语文的慢班生，将来会成为数学尖子。大概陈景润对于"子曰诗云"这一套，也不是很擅长的吧。

二、课程改革背景下的学生观

新课程改革把关注人的发展提高到比关注学科建设还重要的地位。教育的目的是让学生学会知识，还是让学生学会做人？答案是：对学生道德的提升和人格发展过程的关注程度应该超过对其学习成绩的关注程度。

长期以来，无论是教师还是家长，都认为只有学习好的学生才是好学生，那些学习成绩不好的学生都被归入差生的行列。这种只看成绩不看人的评价标准，不利于学生良好人格和优秀道德品质的养成。关注人，首先要"目中有人"。教师眼中的学生应该是平等的，要用爱的目光注视每一名学生，而不是只把欣赏的目光投向那些好学生。其次要关注学生的情感，关注他们的道德生活和人格的养成。在应试教育的巨大压力下，很多学生虽然成绩上去了，但是人格扭曲了，这是让人非常痛心的事情。

新课程改革倡导什么样的学生观？归纳起来有三点：

1. 学生是发展的人

把学生看成是正在发展中的人，就要把握好以下几方面：

第一，尊重学生的身心发展规律。做教师的人，应该懂得心理学和教育学的知识，明白自己执教的班级中学生有哪些心理特征。在教学和班级管理时，要根据学生的心理特点安排一切教学活动，并且保证这些活动对学生的身心发展有利。

第二，相信学生有巨大的发展潜能。每名学生虽然天生资质不同，但是每个人的身上都存在着巨大的发展潜能。教育工作者应该相信学生身上蕴藏着很多可以开发的资源，不要把学生一碗水看到底。尤其忌讳对学生说"我看你呀，简直就是榆木脑袋，一辈子也开不了窍"、"你若能考上大学，我倒着走路"之类有伤学生自尊心的刻薄话。即使是"我看你不是学理科的料"这类结论性意见也不要轻易说出口。2003 年第 8 期的《中学语文教与学》刊登了一位父亲的文章《"我以性命担保她行"——一个中国孩子在美国的学习》。文中说，他女儿在中国读高二时，要进行文理分科，女儿报了文科班，原因是"老师说我没有数学脑子……"。这位原本并不偏科的学生从此自信心大受打击，甚至产生了厌学心理。几乎丧失了学习自信的女孩子，在美国陌生的语言环境中，经过 3 个月的时间就投考了大学，她的美国数学老师在推荐信中郑重其事地写道："她在数学和解决难题方面有显著特长"，"经常以自己优雅而且具有创造性的方式解决难题、完成数学证明"。在美国老师的鼓励下，这位在中国被教师宣判为数学"死刑"的学生，变得开朗、乐观，重新"起飞"了。这个例子告诉我们，教师一定要对每名学生充满信心，相信他们都是可以教育好的，关键是要找到教育学生时应该采取的不同方法，因材施教。

第三，学生是处于发展过程中的人。既然是处于发展过程中，就表明学生还不够成熟，不成熟就有可能犯错误，怎样对待发展过程中学生所犯的错误？北京市著名特级教师宁鸿彬就曾经向学生宣布：允许学生说错话，并且可以随时改正自己说过的话。宁鸿彬老师的话说得虽然简单，但里面却包含着很深刻的道理，用什么样的态度对待学生成长过程中的不成熟？是冷嘲热讽，一棍子打死，还是循循善诱，指导他们健康成长？答案显然是后者。因此，课堂应该是允许学生犯错误的地方。如果学生对什么事情都明白无误，了如指掌，那么还需要学校教育吗？

2. 学生是独特的人

把学生看成是独特的人，包含着以下三层意思。

第一，学生是完整的人。完整的人需要有丰富的精神世界，有完整的个人生活，有自己的智慧和人格魅力。教育工作者一定要把学生作为一个完整的人来对待，在教育中不能割裂学生的完整性，不能把学生教育成阳奉阴违的两面人或者对世界漠不关心的冷面人。

第二，每个学生都有自身的独特性。独特性是个体的本质特性。由于先天遗传因素和后天生活环境的影响，形成了每个学生不同的个性心理特征。教育工作者不能强迫性格外向的学生整天愁眉苦脸，也同样不应该一定要改造性格内向、腼腆的学生。人类社会正是因为有了不同性格的人，才显得丰富多彩。试想，如果大观园中的众女孩儿都像林黛玉的性格，《红楼梦》还会那么吸引人吗？

第三，学生与成人之间存在着巨大的差异。本节开头部分写了美国教育工作者到中国参观时看到："中国的小学生在上课时喜欢把手端在胸前，除非老师发问时，举起右边的一只，否则不轻易改变；幼儿园的学生则喜欢把手背在后面，室外活动时除外。"虽然他们对此没加任何评论，但是这里面有委婉的批评。活泼好动是孩子的天性，我们的课堂上却不允许孩子随便动。即使是成人，整整一个上午把手端在胸前或者把手背在后面，都是令人非常难受的，怎么能让幼儿园的孩子和小学生整天保持这个姿势不变。形体的束缚也会带来精神的束缚，在大家都规规矩矩的课堂上，怎么能点燃创造性思维的火花？孩子就是孩子，不能用成年人的标准去要求孩子，不能做违背他们年龄特点的事情。

3. 学生是具有独立意义的人

把学生看成具有独立意义的人，包含以下的含义。

第一，每个学生都独立于教师的头脑之外，他们的思想、行为不依教师的意志为转移。有些教师喜欢让学生听自己的摆布，而且许诺，只要听老师的话，就能得到好分数。这些教师不明白，学生是独立的个人，当他拒绝接受教师的思想和知识时，硬性灌输是不能够奏效的。硬性灌输的结果只能使学生反感，挫伤他们的学习积极性。

第二，学生是学习的主体。教师不能用自己的思维代替学生的思维。新课标倡导的自主学习就是基于这条认识提出来的。教师的责任不是牵着学生学习，而是鼓励他们主动学习。让他们感受到主动学习的快乐，感受到能用自己的头脑独立思考的快乐。

第三，学生是责权主体。中学生，尤其是超过十八岁的高中生，已经是有独立行为能力的责权主体了。他们必须遵守国家的法律和各项规章制度，同时也享受法律带给他们的合法权益。教师的责任是引导学生学会承担相应的社会责任。建立一个平等的、民主的、道德的、合法的师生关系。

三、课程改革背景下的学习观

新课程改革使学生的学习方式有了显著的变化。课程改革前，学生的学习方式以单一的接受式学习为主，只要接受现成的知识结论即可。用这种方式培养出来的学生，经过9年或者12年生吞活剥、死记硬背的学习后，学到的都是一知半解、似懂非懂的东西，学生成为知识的消极接受者。

课程改革后，学生的学习方式由接受式学习变为自主学习、合作学习和探究式学习，并且首次在学校教育中倡导学生的研究性学习，这是学习观的一大进步。新的学习方式是建立在学生主体性、能动性和独立性的基础之上的，是尊重学生个性的学习方式。

现代学习方式表现为主动性、独立性、独特性、体验性、问题性五个方面。

1. 主动性

新的学习方式变传统的"要我学"为"我要学"。"要我学"是被动学习，不能调动学生的学习积极性，因此学习是一件苦差事；"我要学"是主动学习，在主动学习的过程中，学生会不断发现问题，并且通过思考解决这些问题，学生在主动学习中能够感觉到独立解决问题后的成功感和快乐感，因此学习是一件让人感到高兴的事。在主动性学习中，强调两件事，一是培养学生的学习兴趣。有兴趣的地方才有记忆，有兴趣的地方才有创造性思维的火花。二是养成自觉的学习责任感。学习不是教师的事，也不是家长的事，在主动学习中，学生应该明白学习是自己的事。只有自觉地承担起这个责任，才能主动学习。

2. 独立性

如果说学习的"主动性"表现为"我要学"的话，那么学习的独立性表现为"我能学"。培养学生独立学习的能力，就是叶圣陶先生一再倡导的"教是为了不教"的思想。

中国科学院长春光学精密机械与物理研究所子弟中学的祝华贤老师在多年的教学实践中，摸索出了一套培养学生独立学习能力的行之有效的方法，即"自学点评感悟——交流点评结果——交流品读感悟"的三段式自主学习教学模式。在这个教学模式中，学生始终处于自主学习、独立学习的地位，教师的任务是对学生进行积极主动的辅导，既领又帮，服务于学生的学。他的三段教学模式是：

第一步：自学点评感悟。学生借助工具书独立自主学习，解决"写了什么"、"怎么写的"、"为什么这样写"的问题，从内容、形式、思想与语言等各方面去思考分析。

教师在课堂巡视，随时解决个别学生在阅读中遇到的疑难问题。

第二步：交流点评结果。这一步的重点是对课文中关键字词的理解和感悟，目的是培养学生学习语文的良好语感。在教师的主持下，学生把各自的点评结果拿出来在全班交流，教师对每位学生的发言进行三五句的指导。这里引用初一学生学习朱自清的《春》这篇课文后，在课堂上的两段即席发言。

张颖：我点了第一自然段的"盼望着，盼望着"，这两个"盼望着"突出了作者盼春的急切心情。然后还点了"春天的脚步近了"这是写春天到来时的一种欣喜心情。我还点了第二自然段的"山朗润起来了"的"朗润"，"水涨起来了"的"涨"，"太阳的脸红起来了"的"红"。这三个词抓住了春天万木争荣，冰雪融化，阳光明媚的特点来说明春天具有生机。

孙宇：我点的这段是春风图。我点的是"吹面不寒杨柳风"、"像母亲的手抚摸着你"、"泥土的气息、"、"青草味儿"、"鸟儿"、"花的香"、"卖弄"、"牧童的短笛"、"响"，这几个句子和词是在突出春风的特点，比喻春风的温柔。"吹面不寒杨柳风"、"像母亲的手抚摸着你"是作者的触觉。"泥土的气息、"、"青草味儿"、"花的香"是写作者的嗅觉。"卖弄"、"牧童的短笛"、"响"是作者的听觉。其中"卖弄"一词是用来形容人的嘛，作者用在鸟身上，把鸟比作人了，同时还贬义褒用，可以说它是神来之笔。

第三步：交流品读感悟。经过对关键词语等微观领域的点评之后，还要进一步交流对全文品读感悟的结果。这既是对课文的深入理解，又是跳出课文之后的扩展。实验的初始阶段，学生是提交书面演说，后来熟练了，逐步过渡到口头即兴演说，充分展示学生对课文的独到认知感悟和个性才华。下面选两篇学生当堂课构思的《春》这篇课文的品读感悟发言，从中可以看出学生独立阅读后的收获。

品评《春》

一年三班　周　琳

江南的春天，风和日丽，草长莺飞，百花争艳。这是一篇富有诗情画意的散文，作者朱自清将春的美景、春的气息、春的声响，通过生花妙笔表现出来。作者抓住了春的特点，由"盼春"起笔，精心描绘了五幅图画，抒发了对春的赞美之情。尤其是"春花图"——"红的像火，粉的像霞，白的像雪"，更将这春天描绘得五彩缤纷。"野花遍地是，杂样儿，有名字的，没名字的，散在草丛里，像眼睛，像星星，还眨呀眨的"。有声有色，有动有静，生动具体地体现出春天百花争艳的景象，使春天的气氛更浓郁，写出了春花的飞扬神韵。

"孤山寺北贾亭西，水面初平云脚低。几处早莺争暖树，谁家新燕啄春泥。乱花渐欲迷人眼，浅草才能没马蹄。最爱湖东行不足，绿杨阴里白沙堤。"这是白居易的《钱塘湖春行》，此诗写诗人漫游西湖所见景色以及领略初春风物后产生的欢愉之情。我觉得朱自清的《春》与这首诗有异曲同工之妙。

《春》品读感悟

一年三班 李 鑫

本文作者运用比喻、拟人、排比的手法，把春天描写得生机勃勃。例如春花图中那句"你不让我，我不让你，都开满了花儿赶趟儿"的描写，写的是百花争艳的景象，由于用了拟人化手法，让我联想到人们赶集、聚会时摩肩接踵的热闹场面，那些花好像在炫耀自己的美丽似的。再有写春雨，把春雨比作牛毛、花针、细丝，让我读后体会到了春雨的细密、轻柔的特点。春雨我们年年见，但比喻不出，只能感觉到。朱自清这一比喻，让我一下子开了窍。再如结尾作者用"刚落地的娃娃，花枝招展的小姑娘，健壮的青年"比喻春天，刚落地的娃娃，从头到脚都是新的，这突出了春天新的特点，又用花枝招展的小姑娘那种美丽动人来突出春天的美的特点，又用青年那种强健的体魄、结实的肌肉来突出春天力的特点，这三句话不但写出了春的新、美、力，也让我感受到了春天给我的积极向上的力量和信念。我读了这篇课文，觉得在描写事物时恰当运用比喻、拟人，会使文章生动而富有感染力。

现代高素质的人才必须是会做人、会工作、会学习的人。会学习才会有创造性的工作，才会充分发挥个人的潜力，更好地服务于社会。这就是祝华贤老师培养学生独立学习能力的教改宗旨。当然，在初一学生刚入学的时候，用这种教法使学生感到困难，他们不明白怎样去找能体现文章主旨的关键词，也不会点评课文。一课时的短文章常常要用一周的语文课才能学完。一旦学会了这种读书的方法，三课时的课文，用一课时就能学完，读书速度变快了。学生学会了独立阅读，提高了读书的兴趣，不仅能自读课内的书，还可以自读大量课外读物，真正尝到了独立阅读的乐趣。

3. 独特性

独特性承认人与人之间是有差异的。由于每名学生的智慧类型不一样，因此他们的思考方式、学习需要、学习优势、学习风格也不一样，这就决定了他们的具体学习方法是不同的。教师不能要求学生用一样的方法、一样的速度达到一样的学习水平和学习程度。比如，有些人机械记忆力比较好，背古文一点都不困难，可能三遍就能背下来。有些人理解记忆比较好，喜欢先对课文充分理解后再去背诵，也能在三遍之后把课文背下来。但有的人记忆力不如前面介绍的两类人，他们可能背诵十遍还背不下来。教师要帮助学生找到适合自己的最佳学习方法。对甲学生特别有效的学习方法，移植到乙学生身上并不一定奏效，这是学生的独特性使然。

4. 体验性

学生学习知识有两种途径，一种是学习书本知识，这是间接经验，一种是从实践中学习知识，这是直接经验。应该说，这两种学习方法都是必要的。我们不能把学生关在象牙塔中一味学习前人留下的知识和经验，也不能事事都得经过亲自实践才行。针对以往以书本知识为主的学习，新课标提出让学生"在实践中学习、运用语文"，是对传统学习方法的补充和完善。

学习活动中的体验性表现在加强身体性参与，重视学生的直接经验。

内蒙古师范大学青年教师毛继东创立的中小学"作文三步法"，成功地引导学生通过身体体验，扩展作文的思路，使作文教学不再使学生有畏难情绪。他在初一的一堂"作文三步法"入门课是这样上的：

毛老师出示了一张普通白纸，给学生们 5 分钟时间，让他们认真感受，写一篇关于白纸的小短文，写完后抽样朗读。5 分钟后毛老师向在场的专家和师生们揭示了一个几乎被所有人忽略却颇有意思的现象：学生们在小短文里所写的全部是"眼睛看到的白纸"，即视觉印象。所以，平均字数仅为 30 多字，是搜肠刮肚、愁眉苦脸写出来的。

于是，毛老师引导学生仔细听这张纸的声音。学生起先听不着，后来听着了："撕纸的声音"、"抖动纸的声音"、"写字时发出的声音"……学生们一下子列举了纸的十多种声音。

"有谁把刚才耳朵听到的声响写在了作文里？"毛老师发问。学生们面面相觑，纷纷摇头。"看来，平时非常有用的耳朵却没有被大家用起来。那么，从今天开始使用自己的耳朵吧！"紧接着，毛老师引导学生们嗅这张纸的味道。学生们开始时什么也嗅不着，突然有位学生嗅到了"烟"味，"这是纸被烧着的时候发出来的"。又有学生嗅到了树皮的味道，"因为它是植物纤维做的"。这样，学生们"嗅"出了纸的十几种味道。

"有哪位同学把刚才用鼻子嗅到的也写在作文里了？"毛老师又发问，学生们齐声说"没有"。"从今天起，大家开始使用自己的鼻子吧！"用同样的办法，毛老师又操练了大家的手，学生们竟也"摸"出了纸的十多种形状。

此时，毛老师叫学生们用5分钟时间再写一篇以这张白纸为题的小短文。结果，平均字数达到了120多字，并且都是立体描述，生动鲜活。

毛继东介绍，目前至少有70%以上的学生，其作文当中70%以上的信息为视觉信息。这一现象称为"视觉作文现象"。随着年级增高，他们的词汇量加大，记忆能力增强，但感觉能力却下降了。人写作所依赖的灵感和想象力，恰恰来自感官体验而非生搬硬套记忆中的死知识。

上文介绍的虽然是一堂作文课，但对阅读课、口语交际课、研究性学习课也都有启发作用。由学生的身体性活动与直接经验而产生的感情和意识，会使学习变得生动有趣，促进学生的生命体验。

5. 问题性

学生在学习的过程中，如果没有提出任何问题，那么至少说明他们没有对所学的知识进行深入的理解和思考。学习应该是一个不断提出问题、不断解决问题的过程，没有问题也就没有有效的学习。现代学习方式一方面强调通过问题来进行学习，把问题看作是学习的动力、起点和贯穿学习过程的主线；另一方面通过学习来生成问题，把学习看成是发现问题、提出问题、分析问题和解决问题的过程，在这个过程中培养学生积极主动的科学探究精神。

第二节　学法指导艺术

一、预习的指导

1. 预习的意义

预习可以提高学生的自学能力，经过预习后，学生能有针对性地听教师讲课，听课的效率也有所提高。语文课是否要提前预习？有两种不同的意见。一种意见认为，语文课不需要提前预习，原因是语文与理科课程不同，语文课预习之后，学生对课文没有了陌生感，上课再去讲课文，有点"煮夹生饭"的感觉，对学生没有了吸引力，课堂教学效果反而不好；另一种意见认为，语文课应该有预习，在学生初步感知课文的基础上进行深入学习，能取得更好的学习效果。其实，预习与否应该根据具体课文来定。有些课文很长，却要在一课时内讲完，如果不预习课文，上课时初步感知课文内容就需要半节课的时间，剩下的时间再讲课，进行讨论，显然来不及。有些课文内容比较浅显，篇幅又不长，课时比较充裕，可以不预习，这样可以减轻学生的课下负担。预习与否，不必一概而论。但是，相比之下，经过认真预习之后，上课进行讨论或者搞研究性学习，效果比较好。

2. 预习的任务

预习一般指课前预习，当然也有在学期之初预习了整本书和在单元学习之前预习了整个单元的学生，但这毕竟是少数。因此，下面所讲的预习任务，是指一篇课文的预习任务。

预习的具体任务是：

①初步感知课文，了解课文的大致脉络，并试着分析一下课文的层次。

②理解课文标题的含义，一般来说，标题是一篇文章的眼目，读懂了标题的含义，也就理解了文章的主题。

③通过查阅工具书，扫清字、词障碍。

④看课后练习题，试着回答课后练习题，有不明白的地方，标记下来，并把它作为听课时需要解决的问题。也可以尝试自己设计预习的问题，培养学生独立思维的能力。

⑤做好预习笔记。

3. 预习的方法

指导预习的方法有很多种，下面简要介绍几种。

（1）阅读课文

阅读是最基本的预习方法，通过对课文的阅读，了解全文大意，理清文章的脉络和作者的思路，抓住全文的重点和难点，听课时就能掌握主动。学生做阅读课文的预习时，教师最好能提出一些具体要求，根据教师提出的问题进行预习，能节省时间，提高效率。

（2）查阅工具书

一定要养成学生查阅工具书的习惯，经过有计划的训练后，教师应该把解释生字、生词的工作放在预习中，让学生通过查阅工具书独立完成，而不是每节课都由教师找出生字、生词在课堂上讲解。

(3) 做预习笔记

预习笔记包括：生字、生词的注音、解释；摘抄精妙的词句；进行简单的层次分析；遇到的难点问题；感到疑惑不解的问题；准备课堂讨论或者研究性学习时的资料。教师可以定期在班级展览做得比较好的预习笔记，也可以在课上交流预习笔记中的内容，这些做法对全班同学都有借鉴作用。教师可以利用上课前一两分钟在班级巡视的机会抽查几名学生的预习笔记，了解学生预习的大致情况，做到心中有数。

二、听课方法的指导

听课是语文学习的重要环节，能否在这个环节保持高效率的学习状态，是提高教学质量的关键。听课时应注意以下问题：

1. 做好课前准备

课前准备除了预习准备之外，还要做好听课的物质准备和精神准备。上课之前两分钟，应该及时回到教室，把本节课需要的教科书、工具书、笔记本、作业本、文具等准备好，放在桌子上，一旦上课需要，立刻能拿出来用。然后静思上节课教师讲的内容，再回想预习的内容，在精神上做好上节课与本节课的连接工作。有了这些物质准备和精神准备，就能在上课伊始，全神贯注地进入学习状态。上课前一两分钟，教师应该提前进入课堂，在班级巡视学生课前准备的情况，使班级静下来，做好组织教学的准备工作，上课铃一响，开始讲课。

2. 保持注意力高度集中

听课时保持注意力高度集中，是提高听课质量的关键。保持注意力集中，就要积极思维，主动学习。比如，上课要认真听教师讲课，尤其是预习中感到疑惑不解的地方，更要认真仔细地听。对教师或同学讨论时涉及到的问题，要及时在心中加以评价，多问几个为什么，因为积极的思维是保持注意力的好办法。听课时对不懂的地方要敢于大胆发问，陶行知先生曾说过："发明千千万，起点是一问。禽兽不如人，过在不会问。智者问得巧，愚者问得笨。人力胜天工，只在每事问。"课堂上教师提问时，要积极思考问题的答案，并争取发言，即使没有被老师点名发言，也要在别人发言时认真听，与自己的答案进行比较，取长补短。

教师讲课时，要同时观察学生是否在注意听讲，发觉学生精神溜号，要采取措施集中他们的注意力。比如增加一些无意记忆的内容，采用提问、讨论、动手操作、集体朗读课文等手段，使学生在课堂上最大限度地保持注意力集中。

3. 做好听课笔记

根据心理学的研究，多种感觉器官参与学习活动，会提高学习的效率。因此，上课时不仅要用耳朵专注地听课，用嘴巴提问，还要用眼睛看着老师、看着板书、看着课本，同时，还要动手记笔记，使口、耳、眼、手、脑并用。

记听课笔记有两种办法，一种是把教师在黑板上所写内容记下来，在中学低年级，教师一般会给大家记笔记的时间。要注意写字的速度，写得太慢，往往觉得老师给的时间不够，如果没有记完，下课可以与同学核对一下，把笔记补全。另外一种记笔记的方式是把教师讲课的要点随手记在书上或者笔记本上。这种笔记，教师一般不会给专门的时间，需要自己三言两语记下要点，或者用简单的符号做一下标记，课后及时加以整理，不要因为记笔记而误了听课。

教师要求学生记笔记时，要有明确的提示语："请同学们把这些内容记在笔记本上。"同时要以写字中等速度的学生为标准，留够记笔记的时间，对个别没有记完的学生，可以要求他们下课再接着把笔记补全。如果是要求学生把板书的内容抄在笔记本上，那么教师不能挡住黑板上的字，要把身子侧开。学生记笔记时，教师可以巡视课堂。

三、复习方法的指导

复习分为平时复习和为了准备考试而进行的考前复习。下面讲的是怎样进行平时复习，考前复习放在"应考方法的指导"部分去讲。

1. 复习的时间安排

复习是减少遗忘的最有效办法。根据心理学家艾宾浩斯的研究，遗忘的规律是先快后慢，当天学习的内容，到了晚上就会忘掉一半左右，如果能当天复习，会巩固记忆。所以晚上做作业时，应先复习当天学习的内容，巩固记忆，然后再写作业，能节省很多时间。如果直接写作业，发现不会的问题，想了很长时间也找不出答案，此时再掉过头去复习所学的内容，就会多花时间。

复习的时间安排应该是前短后长。所谓"前短"，就是刚学完的内容应该在最短的时间内复习一遍，即上面所说的当天复习。有了第一次复习后，可以逐渐延长复习间隔的时间，比如一周后复习第二遍，一个月后复习第三遍，三个月后复习第四遍，半年后复习第五遍，这就是所谓的"后长"。如果能复习到第五遍，一般说来,知识就会在记忆仓库中变成长期记忆,再相隔一年、三年、五年各复习一次,几乎就可以变成永久记忆。

教师不仅要让学生了解记忆的原理,还要督促学生按照这个记忆规律进行复习,不要等考试前再复习,那样既费时间,效果又不好。

2. 复习的步骤和方法

复习时应该先回忆教师讲课的内容,在头脑中把上课所讲的知识"过一遍电影",检查一下自己记住了哪些内容。那些忘记的内容,就是复习时需要重点记住的东西。

第二步是看书,把自己遗忘的内容补上。对当堂课理解得不是很清楚的问题,通过看书把它弄清楚,尽量不留下很多"尾巴"。通过复习还没有搞清楚的问题,第二天要及时请教老师或同学。如果上课没有听懂,复习时又没有搞清楚,欠账太多,会失去继续学习的兴趣,就很难赶上其他同学的进度了。

第三步是整理课堂笔记。在课堂上,由于要听课,所以笔记有时记得不完整,有的地方是用符号标记的,课后复习时,一定把课堂笔记重新整理一遍,这不仅为以后的复习方便,整理课堂笔记的过程,也是很好的复习机会。

第四步是利用课外参考书,加深对所学内容的理解。语文学习如果只学习教科书的内容,是远远不够的。新课程标准提出了初、高中学生课外阅读的总量都在几百万字以上。只有大量读课外书,才能有丰富的语文底蕴。如果能根据课内学习的需要,在课外复习时加大阅读的广度和深度,是最理想的复习。

四、作业方法的指导

1. 写作业的步骤

写作业的步骤直接关系到作业的质量和所耗费的时间。正确的写作业步骤应该是:

第一步,确定写作业的顺序。中学阶段,由于所学科目的增加,学生的作业量也增加了,常常是几位老师同时留了作业。在写作业之前,先大致安排一下写作业的顺序,最好是文理科作业穿插着写,这样可以让大脑轮流得到休息。

第二步,对每一门作业,都应该是先复习当天所讲的内容,然后再动笔写作业。一般说来,教师留的作业都与当前所讲的内容有关,先复习再写作业,可以减少写作业时的障碍,能用较短的时间顺利完成家庭作业。

第三步,认真审好作业题。写作业与考试在道理上有相通之处,看清考试题,这是答题的最基本要求，写作业也一样，必须看清所问的问题，了解解题要求，然后再开始写作业。

第四步，检查作业正确与否。确定无误后，再开始按照这四步，做下一科的作业。

2. 写作业的要求

（1）按时完成作业

作业要当天完成，因为作业是复习，是巩固当天所学的知识，及时完成作业，对第二天的学习是一个过渡和衔接。即使是比较大型的作业，需要几天以后才交的，也不要非拖到交作业的前一天急急忙忙地赶写，而应该计划好，早点动手，多查阅一些资料，把作业做得充实一些。

（2）独立完成作业

作业是对自己当天学习效果的检验，只有独立完成作业，才能发现自己有哪些问题没有学懂。作业忌抄袭，抄袭作业是不诚实的行为，而且也达不到通过作业检查学习漏洞，及时补上的目的。

（3）认真查看批改后的作业

教师批改后返还的作业，不能只看一下分数就搁置到一边，好好研究老师批改过的地方，把错误的地方纠正过来，这也是一次很好的复习机会。

（4）保存作业

保存好作业本，期末复习时会有很大的用途，作业可以成为复习时的提纲和复习的重点。有些忘掉的东西，查看作业，还可以帮助恢复记忆。

五、应考方法的指导

中学生在校学习期间，要应付大大小小无数的考试。其中最重要的考试就是中考和高考。下面以中考和高考为例，讲讲怎样指导学生应考。这种应考的办法，也适用于平时的在校考试。

1. 应考前的复习

中考和高考既是对学生三年来语文学习成绩的总检验，也是国家为选拔人才进入上一级学校学习而进行的公平、公开、公正的考试，其重要性自不待言。中考和高考前的应考复习，直接影响考试成绩，因此师生都非常重视。

应考前的复习要重视两点：其一，对三年来语文学习内容进行全面的复习，这是提高语文素养的一次很好的机会，通过复习，把零散的知识系统化，使各项语文能力得到一次集中的、综合的训练。切忌为了押题搞点式复习，一旦押题点偏了，可能导致考试时的心理紧张，也不利于取得好成绩。其二，要针对中考或高考的考题类型进行复习。熟悉考试题型也很重要，针对考试中的题型，平时做一些模拟训练，应该教给学生各种题型的解题思路和答题要点，使他们不至于在考场上遇到没见过的题型而感到心里发憷。

我国中考是各省单独出题，全国没有统一的考试题型。高考虽然也有个别的省、市可以自己出题，但绝大部分考生是参加全国统一高考，因此我们以高考为例，谈谈复习时应注意的题型。

高考语文试卷总分 150 分，答题时间 150 分钟。分 I 卷和 II 卷。其中 I 卷是标准化试题，使用答题卡，由计算机评卷，II 卷是主观试卷，直接在卷面上写答案，由人工阅卷。

I 卷全部是选择题，共 42 分，它们分为三个大题。

第一题：关于字词知识。共 6 小题 18 分，每小题 3 分。它们分别考查的是读音、错别字、选词填空、成语使用、查找病句、句子连接，有时也有关于标点符号、短语、熟语等内容。这部分要求学生平时学习语文，一定要掌握扎实的语文基本功，对学过的汉字应从音、形、义三方面识记清楚；对重要的词语应理解词的本义、引申义，在特定的语境下，能辨识词语的使用义。

第二题：阅读一篇现代文章，回答文后的问题。文后共 4 小题 12 分，每小题 3 分。

第三题：阅读一篇古文，回答文后 4 道小题，共 12 分，每题 3 分。

二、三两题，分别考查学生的现代文和文言文的阅读能力，由于每道小题后面都有四个备选答案，8 道小题后面共有 32 个备选答案。要求学生平时读书，一定要读得仔细、明白。考试时答题的技巧应为：先看文后的问题，带着这些问题去看原文，读的时候就有了重点。如果考生的阅读速度很快，也可以先大体了解一下原文，然后看后面的问题，结合问题再看一遍原文，这样能答得更准确些。切忌在这两道大题上费时过多，因为后面还有更多的内容，如果时间不够，可能会导致最后的作文写不完，那样丢分更多。另外，对每一个小问题，都要看清题目要求，然后再选择答案。

II 卷是主观试题，共 108 分。从第四题到第七题。

第四题考查学生的文言文水平，共 18 分，分为三个小题，包括翻译句子、赏析古典诗词和背诵古典诗词。三、四两题都是考查学生的古诗文水平，这一部分的应考方案是：对古典诗词的鉴赏和背诵，大部分是出自语文教科书和语文课外读本，因此凡入选中学教科书和中学语文读本的古诗词，应该让学生背诵下来。尤其是课程标准中建议的诵读篇目，更要认真背诵。对古文中的实词和虚词，应该在复习阶段认真归类，形成一定的知识体系，这样才能真正提高文言文的解读能力。

第五题考查学生的现代文阅读水平。共 18 分，分为 4 小题。其中前 3 小题是主观题，用自己的话回答，第 4 小题是客观选择题。这一部分的应考复习方案应该是让学生平时多接触各类文体的短文，如哲理性散文、文艺短评、现代科技类文章，从内容、层次、语言等方面加强阅读能力的训练。

第六题考查学生语法和修辞方面的知识。共 3 小题，12 分。

第七题是作文题，共 60 分。

在应考指导时，不仅要通过做模拟试卷，让学生熟悉高考的题型，而且要训练学生合理地安排答题时间，既不能前松后紧，也不能前紧后松，同时留出一定的检查试卷的时间。时间安排得合理，可以减少考试时的紧张情绪。语文是第一场考试，答题的顺利与否，对后面的几场考试在情绪上有直接影响。

2. 应考前的心理准备

绝大部分考生在考试前都会有不同程度的焦虑情绪，严重的会导致吃不下饭，睡不着觉，甚至出现心律失调，植物神经紊乱等情况。对于长期神经过于紧张的考生，进了考场，大脑会出现一片空白，平时练过的题目，也完全答不上来。个别人甚至出现浑身冒冷汗，甚至昏厥的情况。因此，备考阶段帮助学生放松心理压力，做好应考的心理准备是十分必要的。

对于初三或高三的学生，让他们保持轻松、愉快、自信、沉稳的心态是非常重要的。平时除正常的上课、复习外，要调解好课内外的活动安排，课外多安排一些学生喜欢的文体活动，使他们精神放松，体力充沛。在临考前一周，大部分学校都停了课，学生在家里自由复习，有问题时可以到学校请教老师。这一周内，有些学生晚上贪黑，早晨起不来，甚至整个上午都在睡觉，这是十分不利的。其实，在考前一个月就应该把学生的生物钟调整得与考试的时间相同，每天应保证 6－8 小时的睡眠时间。

整个临考阶段千万不要给学生人为地增加任何心理压力，既不要对好学生抱过高的期望值，也不要对平时学习成绩差一些的学生进行批评。让所有人都以一颗平常心去参加考试，正常发挥自己的学习水平。

3. 应考前的物质准备

应考前的物质准备包括准备好考试用的所有用具，把涂答题卡用的专用铅笔削好，并且要多准备几支。必要的格尺、圆规、钢笔、圆珠笔等，都要检查是否好用。

还要亲自到考场查看情况，计算一下从家里到考场乘坐交通工具或走路需要的时间，可以提前一点时间到考场，等心情平静了，正好参加考试，千万不要迟到。在可能的情况下，家长应该陪同孩子一起去考场，防止路上出现意外情况。

考试前不要吃油腻的东西，尤其不要吃变质的食物，也不要喝太多的汤水，防止在考场上出现频频上厕所的现象，浪费考试的时间。

4. 考场上的心理调节办法

如果在考场上出现了精神紧张的情况，要学会自我心理调节的办法。

（1）调解呼吸法

呼吸与情绪有直接的明显的关系，控制了呼吸就能调节情绪。平静时，每分钟呼吸 20 次左右，紧张时呼吸的次数会明显加快。控制呼吸的关键在于要全身放松，大脑入静，不再东想西想，一心注意在呼吸上。呼吸开始时先把肚子里的气呼净，然后慢慢把空气吸到小腹部，稍缓而均匀地使小腹渐渐凸起，意念集中在脐下 2 － 3 寸的丹田处，然后把气呼出来，呼气时速度要慢、要均匀。这个动作在平时要学会，而且经常用调整呼吸的方法做放松练习，考场上一旦出现精神紧张状况，可以闭上眼睛，做几次深呼吸，放松自己。

（2）通过想象放松全身

精神紧张会使全身的肌肉绷紧，放松全身的肌肉，可以调解紧张的神经。具体办法是选个尽量舒适的姿势坐在椅子上，闭上眼睛，感到自己就像一块被遗弃的破抹布，越懒散越好。然后用意念导引自己头部放松、肩部放松、胸部放松、上肢放松、下肢放松、全身放松。做这个动作时，身体任何一个部位都不要用力，心中反复默念"放松"二字，同时伴以轻而深的呼吸。

（3）心理暗示法

在心理暗示自己：我已经准备得非常充分了。我肯定能发挥最好的水平。我不会的问题，别人也不会，没有关系。我是所有考生中最棒的，最有自信的。这样想，可以调动身体中的积极情绪，精神饱满地参加考试。

（4）穴位按摩法

穴位按摩也可以放松神经。比如,做眼保健操,可以缓解眼部疲劳;按摩风池穴,也能清心健脑,消除紧张。

5. 考场上答题的方法

考场答题时,不要为了节省时间,打开试卷就开始写,应该先快速通览一下整个试卷,自己哪些题会做,哪些题不会做,哪些题经过思考能做出来,心里有个数,这样便于合理安排时间。

做题的顺序,有根据卷子的题号从头做到尾的;也有选择会的先写,不会的放在最后写;也有先考虑不会的,然后再写会的。这里有个答题习惯问题,根据你平时做题的习惯去答就可以。但是一般来说,会的题先写上,一是防止最后时间不够用,会的题反而没有写,二是能增加自己的自信心。但是高考时要注意,第三、四两题是相连的,用的是同一篇文章,提出不同的问题,如果跳过第三题,直接做第四题,是做不出来的。跳着答题的方法还要注意,不要漏答了某些题。按试卷上的顺序答题,一般不会出现漏答的现象,但是要掌握好时间,平时做模拟考试时,就应该知道哪道题大体用多少时间。

答题时一定要看清题意,有的题是让把错误的一项挑出来,有的题是让把正确的一项选出来,看清了题意,才能做得正确。

试卷上的字迹一定要工整,尤其是作文试题,得让评分的人能看清每一个字写的是什么。不要在试卷上随便涂抹,给阅卷人以不好的印象。

答完题要认真检查,对漏答的题目或者答错的题目要补答或订正。此时不要因为有人交卷而慌神,只要结束考试的铃声没有响,就尽可以平心静气地答自己的卷子。当然,要根据剩余的时间,安排好最后该做的内容。

六、语文自学方法的指导

（一）什么是自学

自学是指学生通过自己的学习和实践,独立获取知识的过程。

为什么要培养学生的自学能力? 联合国教科文组织终身教育局局长保罗·郎格朗说:"未来的文盲,不再是不认识字的人,而是没有学会怎样学习的人。"如果学校教育没有教会学生自学的能力,实际上就等于培养了一批"未来的文盲"。叶圣陶先生也反复申明"教是为了不教",其中的"不教"就是指在没有教师教的情况下,学生会自己主动学习的能力。18 世纪德国启蒙运动思想家、文艺理论家、剧作家莱辛也说过："如果上帝一手拿着真理，一手拿着寻找真理的能力，任凭选择一个的话，我宁要寻找真理的能力。"这个寻找真理的能力如果用在学习中，就是指学生的自学能力。学生有了自学能力，等于是自己学会了"钓鱼"，这种自己会"钓鱼"的能力对其一生的发展都有用处。有了这种能力，他可以根据自己的需要，不断地获取新知识，就会在知识大爆炸的今天，找到适合自己生存的方式。

（二）自学方法的指导

自学能力是一种综合性学习能力。语文自学能力包括使用工具书的能力、查找和积累资料的能力、独立分析问题和解决问题的能力、对学习行为的自我调控能力、自觉探求知识的能力、概括能力、创新思维能力等等。在学校语文教育中，自学能力的培养渗透于语文教学的各个环节，下面分别介绍语文自学的具体方法。

1. 查阅工具书的方法

学会查阅工具书，是自学能力培养的第一步。在自学过程中，如果遇到了不懂的问题，可以到工具书中去寻找自己需要的答案。

古今中外的工具书难以计数，与语文学习有关的工具书也有数百种，中学生常用的工具书有：《新华字典》、《现代汉语词典》、《辞海》、《辞源》、《成语词典》、《中学生古代文化知识词典》、《中学百科全书》、《中国少年儿童百科全书》等。

使用工具书，应该熟悉工具书的编排体例。工具书的编排体例都以方便检索为原则，把全部条目按照一定的规则排列成有序的系统。

使用最多的条目检索系统是"字序法"。它是把条目的首字按照拼音排列、部首排列、笔画排列、四角号码排列等方法编排起来。为了查找的方便，有些工具书不止一种排列方法。以《现代汉语词典》为例，就有按音节排列、部首排列、四角号码排列三种检索方法，方便不同读者检索的需要。

还有一种条目排列的方式是分类法。如浙江教育出版社出版的《中国少年儿童百科全书》除分为"文化·艺术"、"科学·技术"、"人类·社会"、"自然·环境"四卷外，每一卷中也都是按类别编目的。如"文化·艺术"卷又分成了"语言文字"、"文学基础"、"中国文学"、"外国文学"、"哲学美学"等十八类，每类中还分为若干小类。

第三种条目排列的方式是时序法。这是按照事物发展的时间顺序排列的方法。一般的历史年表、大事记都按此法排列。

第四种办法是地序法。一般的地图、地方志都用这种排列方法。

熟悉各种工具书的检索方式非常重要，常用工具书的检索方式更应该非常熟悉，它决定了查阅工具书的速度。

2．积累资料的方法

语文学习必须靠积累，如果一边学一边忘，不仅学不好语文，也学不好任何学问。在语文学习中，积累资料的办法有：

（1）摘录式笔记

摘录式笔记是摘抄原文的笔记。这种摘抄可以是简要地记下资料的名称、作者、出版年代、期次、页码。也可以是抄录式笔记，把原文中的经典词句直接抄录下来。还有一种是直接把原作的结构或顺序简要地摘录下来。无论是哪种摘录式笔记，都要注意标明资料的出处，以备需要查找原文之用。

（2）评注式笔记

评注式笔记在简单地摘录原文后，附上自己的评论意见。这种评论可以是提要式的，也可以是批注式、质疑式、心得式或专题式的。如果把几本相关的书籍或文章合在一起就是综合式的评注笔记。

（3）符号笔记

符号笔记指读书时用符号在书上做的标记。首先，这本书必须是自己的私人藏书，如果是图书馆的书或者借别人的书，则绝对不能在上面画任何符号，这是阅读道德问题。其次，符号要统一，有自己的习惯用法。可以用三角号、叹号、问号、下划线、涂颜色等办法，把自己认为重点的地方画下来。

（4）剪贴笔记

剪贴笔记是用剪报的形式做的资料汇编。与符号笔记一样，只能用自己的藏书或自家的报纸做剪贴，绝对不能在图书馆或别人的书上"开天窗"。剪下来的材料应立刻标明出处。剪报还应该分类保管，以利将来查找。

3．阅读教学中自学能力的培养

在阅读教学中培养学生的自学能力，很多语文教师都做过有益的尝试，在国内培养学生自学能力较有名的是上海的钱梦龙老师、辽宁的魏书生老师和四川的颜振遥老师。下面就以魏书生老师为例，介绍一下他是如何在阅读教学中培养学生的自读能力的。

（1）自学整册语文书的方法

魏书生在每学期期末，都要把下学期的语文书提前发给学生。要求学生在假期把新书自学完毕。他教给学生自学整册语文书的办法是：列生字表、列新词表、进行单元分析、习题归类、知识短文归类、书后附录分析、列文学常识简表。最后要写一份教材分析文章，篇幅大约在 1500 字以内。开学的时候，学生对一本新书的主要内容大部分都掌握了，上课一边巩固这些新知识，一边听教师讲课，效果非常好。1979 年 10 月，魏书生任教的初二班用学整册教材的方法，一个月学了初三两本书，然后参加全市的初三基础知识竞赛，在 35 所参赛学校中，获总平均分第七名。

(2) 自学一篇文章的方法

自学一篇文章的方式则采用"四遍八步读书法"。四遍，就是一篇文章读四遍，八步，就完成八项任务。

第一遍，跳读。完成两项任务：识记作者及文章梗概；识记主要人、事、物或观点。这一步应达到每分钟读完 1500 字的速度。

第二遍，速读。完成两项任务：复述内容、理清结构层次。这一步的阅读速度要求每分钟读 1000 字。

第三遍，细读。完成三项任务：理解掌握字、词、句；圈点摘录重要部分；归纳中心思想。要求以每分钟 200 字的速度细读。

第四遍，精读。完成分析文章写作特色的任务。

上述自学一篇文章的办法，由于步骤明确，任务明确，学生很快就能掌握自学的要领。对有些比较浅显的文章，还可以加快阅读的速度，用两遍就能完成上述八项任务，大大提高了学生的自学能力。

4. 写作教学中自学能力的培养

写作教学一直是语文教学中的老大难问题，学生不愿写作文，老师也觉得作文批改是很大的负担。尽管作文教学花费了相当多的时间，但是收效甚微。怎样在写作教学中培养学生的自学能力，并且收到良好的效果，一直是语文教师们努力探索的问题。魏书生老师在这方面做了一些有益的尝试。

(1) 打消学生对作文的恐惧心理

无论做什么事情，如果带着恐惧的心情去做，那是一定做不好的，作文的道理也一样。为了打消学生对作文的恐惧心理，魏书生在接手新班级时，主张让学生写"放胆文"，由着自己的思路，想怎么写就怎么写，不要考虑那些作文的条条框框。但是也不是完全没有要求，第一次作文只有一个要求：作文的格式一定要正确，只要格式正确就给 100 分。在没有任何顾虑的情况下，写了几次以后，学生就能写出一些说心里话的好文章。学生通过写"放胆文"放开手脚后，教师再讲一些作文的基本写作要求，因为使学生写出符合规范的文章才是作文教学的根本目的。

（2）激发写作的兴趣

激发写作兴趣，一是选题应该是学生感兴趣的，二是要求学生平时注意观察，积累作文材料，三是把写作变成发自学生内心的需要。比如魏老师班级的学生把写日记当成了说心里话的好办法，从心眼里喜欢写日记，在日记中常能发现很有灵感的好文章。

（3）明确写作文的具体要求

魏老师把阅读知识、写作知识与批改要求三方面的内容统一在一起练。提出五个要求：中心要求明确、集中、正确；选材要求围绕中心、真实、典型、新颖、生动；结构要求层次清楚、首尾照应、过渡自然；表达要求记叙、说明、议论、抒情、描写运用恰当，符合文体要求；语言要求通顺、简练、准确、生动、运用恰当的修辞手法。有了这些具体要求，学生在写作和批改作文时心中有数，作文能力提高得很快。

（4）让学生学会批改作文

批改作文一直被认为是教师的工作，这种认识其实是非常错误的。教师包揽所有学生的作文工作，一方面增加了老师的负担，另一方面也不利于学生作文能力的养成。魏书生教师在介绍自己的教学经验时说，他教了十几年的书，从来没批过学生的作文，但是他的学生作文能力都很强，参加盘锦市的作文竞赛，得一等奖的绝大部分是他的学生。魏老师作文教学成功的诀窍是让学生动手互批作文，提高了学生的作文能力。他是怎样培养学生批改作文能力的？

首先是明确批改的具体要求。魏老师把作文批改定了十条标准，把这十条标准印在一张纸上，初一上学期先按头五条标准互批，初一下学期加进后五条标准。经过反复的批改实践，学生不仅准确地记住了写作文的基本要求，而且能对其理解得越来越深刻，会指导别人怎样写作文，自己也一定会从中受益。这十条标准是：格式正确、卷面整洁、消灭错别字、消灭病句、标点符号正确、中心要鲜明集中、围绕中心选材、结构完整、表达方式准确、语言简练深刻流畅。其中每一条还有更具体的要求。

其次是怎样组织学生互批作文。魏老师采用抽签的方式让学生互批，每名学生都有机会看到班级其他人的作文，学生之间有机会互相学习、切磋，创造了学生间交流、学习的机会。

三是对学生的作文互批工作要加强组织和检查。以挑错别字为例，要求是发现错别字，在原文处打上标记，并且写到批语处，再在后面写上正确的字。有的学生粗心，错别字没有挑干净，他们采用流水作业的办法。甲、乙、丙、丁轮换着批一篇作文。甲批出来六个错别字，乙又多发现了一个，那么甲就要对为什么漏掉这个错别字写出100字的说明书，如果丙又从中发现了一个错别字，那么甲和乙都要被追究责任，各追加100字的说明书。这样做，再粗心的学生也认真起来，批作文时，每个学生手里抱着一个大字典，唯恐漏掉了错别字，被罚写说明书。这样一来，学生作文中令人头疼的错别字问题就解决了。

5. 语文课程评价中自学能力的培养

新课程改革前，一直都是老师出题考学生。课程改革后，学校的评价方式发生了很大的变化，这一点，在第四章中已经论及。其实，魏老师早就开始了考试制度的改革，他把语文课程评价的主动权交给了学生，学生在自己出题、自己评卷的过程中，增强了自学的能力。魏书生从1979年开始就请学生们出考试题，互相考，然后学生评卷，这也是他培养学生自学能力的一部分。

（1）出题的方式

出题的方式有两种，一种是自由式。比如学完文言文单元，每位同学根据自己的经验、认识，确定这组题一共分几种题型，几道大题，各包括几道小题。知识的覆盖面、题量大小、分数分配全由自己确定。另一种是规定式。以文言文单元试题为例，规定必须出文学常识、通假字、虚词、实词、译句、默写、书后习题七道题，且对每道题的题量、分数都做了严格规定。

（2）抽签决定用哪套题

全班每人出一套题，该用谁的题来进行全班考试呢？魏书生是用抽签的方式决定的。被抽的同学，从别人的试题中再抽一套做答。

（3）批卷子的方法

被抽的同学先要做出标准答案，并提出评分标准，如果答题人有异议，还可以讨论解决，解决不了的，请老师或班干部定夺。

(4) 学生自己出题考试的效果

在考试中培养学生的自学能力，这种做法非常受学生欢迎。为了出一套好题，学生反复看书，达到了复习的目的。过去是教师出题考学生，现在每个人都有机会做一次老师，出题考其他人，大家的兴趣很浓，提高了学习的主动性。教师在这个过程中，起指导作用，不包办代替，还可以从中了解学生的学习情况。

培养学生的自学能力，首先要相信学生有自学的能力，并且要敢于放手让学生自学。在这个过程中，教师一定要加强指导，使学生真正学会自学。

第八章　语文教学研究艺术

　　语文教师不能仅满足于做一名经验型的教师，语文教师除了教好课之外，还应该有科研意识。所谓科研，一方面指通过教学公开课，研究语文教学的实践经验，一方面指撰写科学研究文章，从理论上研究语文教学的规律和本质。本章介绍了怎样做教学公开课，怎样评价教学公开课；同时还介绍了科学研究论文和科学研究报告的写作知识。

第一节　教学公开课

一、教学公开课的意义

　　教学公开课是教师进行教学研究的一种形式，它也叫观摩教学。公开课由一名教师主讲，校内外其他教师和领导听课，听课之后，还要举行座谈会，对公开课进行评价。

　　主讲公开课的教师一般是提前知道讲课的消息，所以准备比较认真，有些教师还把备课的内容拿到其他班级去试讲，然后进一步修改自己的讲课方案。公开课的准备可以是教师一个人准备，也可以是教研组的人一起帮助准备。因为花费的功夫比平时讲课要多，态度也比平时上课认真得多，所以公开课的讲课效果一般比较好。

　　无论对讲课的人还是对听课的人，公开课都是一次很好的学习机会。讲课的人在备课的过程中，可以学到很多东西，讲课时还可以展示自己的教学水平，提高自己的教学能力，有人还会因为公开课而一举成名，为自己将来更好地提高教学质量设立了一个较高的起点。听课的人在听课和评课的过程中，可以对公开课的成败得失充分发表意见，互相切磋，双方都能从中获得有益的经验，所以公开课是教学研究的好机会。

二、教学公开课的准备

凡事预则立，不预则废。公开课前的准备工作是非常重要的。公开课的课前准备与平时的备课有相通之处，但又不完全相同。

首先是精神的准备。公开课不仅要面对学生，还要面对很多听课的教师，有些新手上公开课时，容易精神紧张，怕把课讲砸了，因此思想上有顾虑。精神准备就是要打消这些顾虑，以一颗平静的心对待这件事，就能讲出自己的真实水平。

其次是上课思路的准备。平时上课，如果有遗漏之处，还可以利用下节课补充一下，公开课则没有这个机会。所以对上课的总体思路要反复斟酌：一节课中哪里是重点，哪里是难点；哪里需要展开讨论，哪里需要教师讲述；课堂上准备提出哪些问题，这些问题的答案是什么；学生有可能提出哪些问题，如何处理学生提出的问题；如何调动学生的积极性；如何培养学生的思维能力；如何使教学过程张弛有度，掌握教学的节奏，控制好上课的时间；如何对待课堂上的突发事件等等，都是备课时需要考虑的问题。

再次，是对学生的了解。上公开课时，听课的学生可能是自己班级的学生，由于平时对他们比较了解，压力会小一些。但有的公开课不是用自己班级的学生，甚至是用外校的学生，那么应该尽可能了解听课学生的状况：他们是否活跃，哪些人喜欢发言，哪些人语文学得好，比较有见解，他们的知识基础如何？他们的听课习惯是什么？他们的兴趣是什么？师生之间如果在课前比较熟悉，在公开课上配合得就比较好，如果师生之间非常陌生，会对上课效果有一定的影响。

最后，要广泛听取语文教研组其他教师的意见，虽然不一定完全采用别人的意见，但是"兼听则明"的道理在准备公开课时还是非常适用的。如果有机会，可以听听其他教师上同一篇课文时是怎样组织教学的，能从中获得很多有益的经验。

有些教师为了让自己的公开课上得成功，所以在班级进行了预演。在什么地方，由哪位同学提出什么样的问题，师生间怎样配合，甚至发言的顺序，每个人发言的内容，包括举手时怎样做暗号都有明确的布置，这样做实属不必要。凡是经过预演的公开课，课堂上一切都是按事先排练好的样子进行，看不出教师在课堂上的应变能力。同时缺少了真实感，给人一种作假的感觉。这种教学上的作假，也会给学生带来负面影响，不利于他们正确人生观的养成。有些学生甚至鄙夷老师的作假行为，故意在课堂上"不按规定动作进行"，使教师十分尴尬。其实，把平时上课时的真实情景展示给听课教师，在最自然的状态下做公开课，效果才是最好的。

三、上好教学公开课

精心准备的公开课，在实际上课时，还要处理好几个问题。

一是教师的讲授与学生的自主、合作、探究式学习方式的关系处理。师生之间的主导和主体地位的处理要适当。课堂上由教师一言堂肯定是不行的，但是如果整节课都由学生活动，教师只是拿着话筒递来递去，充当节目主持人的角色也是不行的。要按照新课程改革的要求，把握好讲与学之间的度。

二是合理安排教学时间。在备课阶段准备好的教学内容，怎样在课堂上做到结构完整，不遗漏其中的重要内容，教学时间的安排是应该注意的大问题。如果时间安排前紧后松，就会显得整节课拖沓、松散；如果前松后紧，又给人留下喘不过气的感觉。所以备课时的每个步骤，都应该标明所用的时间，按照事先定好的时间上课，尽量让整节课的节奏显得合理一些。如果因为某个问题的讨论用的时间过多，要及时打住，或缩减后面一些不太重要的内容，或加快讲课的节奏。无论如何，在结课之前，要留下一两分钟的时间总结全课，并布置课后作业，就像作文的结尾一样，没有结尾的作文给人以未写完的印象，前面写得再好，也不能得高分。没有结尾的课，给人的感觉也是一样的。

三是要处理好师生配合的问题。上公开课时，不仅教师本人紧张，学生也会感到紧张，那些平时妙语连珠的学生，在众多听课老师面前，可能也不敢随便发表自己的见解了。课堂上会出现学生比较拘谨的情况。这个时候，师生之间的配合就显得非常必要了。只有师生配合默契，才能营造出良好的教学氛围，只有良好的教学氛围，才能有好的课堂教学效果。为防止出现教师唱独角戏，学生"启而不发"的尴尬场面，最好的办法一是对学生比较了解，知道哪些学生愿意发言，二是设计的问题要难易结合，比较难的问题，可以提问那些思维活跃，语文程度好的学生，比较容易的问题，可以提问那些学生稍差一些的学生。千万不要在公开课上出现只有几名学生反复发言，全班其他同学只是陪听的场面。

总之，在公开课上，教师的自信是非常重要的，教师的精神不紧张，学生也就不紧张了。师生没有了精神约束，放得开，上课效果就比较好。

四、说课

1. 什么是说课

说课是近年来语文教学改革的新生事物。所谓说课是指说课者根据一定的目的，对自己的课或别人的课的评说。如果是说自己的课，它可以放在课前说，也可以讲完课再说。如果是评说别人的课，一定要放在讲完课之后说。

说课的目的是教师间交流教学经验，提高教学质量，它是一种很好的教研活动。说课的时间以不超过十分钟为宜。

2. 说课的内容

说课的内容很多，说课者不可能把备课和讲课中的所有问题都说清楚，择其要点，应该从以下几方面考虑。

(1) 说教学指导思想

教学的总体指导思想在《课程标准》中已经非常明确了，但是落实到具体课文中，教师准备用什么样的教学指导思想设计这堂公开课，则可以有自己鲜明的特色。这里要说清本节课的教学指导思想是什么，这种教学指导思想是怎么提出来的？如何用这个教学指导思想组织本节课的教学。

(2) 说教材

教材内容是说课时必须涉及的。通过说教材，可以充分展示说课者本人对教材内容的理解和把握，它直接关系到对教材内容的处理和教学的深度，只有对教材充分理解了，才有可能把课讲好。这里面应该说到的几点是：本节课的课文在整个单元中的地位和作用；说课者对课文的独到见解和认识；本节课的重点和难点是什么；讲课的教师是如何处理教材的。

(3) 说教学目标

每节课都应该有切实具体的教学目标。说教学目标就是向听课人宣布本节课要达到的最终目的和效果。语文教学的总目标正是通过每节课的教学目标一点点落实的。由于教师对课文内容的理解不同，即使是同一篇课文，教学目标也不尽相同。通过说教学目标，可以让听课人明白讲课教师处理课文的重点在哪里。

(4) 说教法、学法

说教法，是向听课人说明自己是如何指导学生的。它可以是根据课文内容、教学目标和学生特点采用哪种教学方法；也可以是用何种手段启发学生主动学习；还可以是通过本节课的教学，怎样培养学生的思维能力；怎样养成学生良好的学习习惯等。

说学法，是指在本节课中教师如何对学生进行学法指导。比如，在课堂上安排哪些学生的学习活动，如何让学生掌握有效的学习方法等。

（5）说教学程序

说教学程序是说明本节课的基本环节，设计教学环节的依据，本节课的教学结构特点等。

（6）说板书设计

板书设计是课堂教学的点睛之笔。设计上乘的板书，可以起到调控学生思路的作用。说板书设计时，应该讲清楚本节课的板书设计是怎样构思出来的，为什么要这样构思，它的优点在哪里。

（7）说现代教学手段的运用

现在公开课很重要的一项内容是看教者是否用了现代化教学手段。有些地区甚至把是否用了现代化教学手段作为给公开课评分的一项重要指标。从总体上看，我们提倡现代化教学手段进课堂，利用高科技手段提高课堂教学效率。但把它作为评价公开课优劣的重要标准的做法并不可取，还是根据具体课文，当用则用，不当用则不用，关键是看现代化教学手段对本节课的教学是否有利。

说现代教学手段的运用就是向听课人介绍本节课用现代化教学手段要达到什么目的，用的哪种现代化教学手段，它是怎样设计的，使用时应注意哪些问题。

（8）说练习设计

有些公开课的练习设计非常有特色，通过练习确实能提高学生的学习水平，那么不妨向听课人说说自己练习设计的思路、题型、预期达到的教学效果。

以上说课的内容，并不是要求每一位说课者都必须按照上述八条去说，可以根据情况，选择其中的几项来说。通过说课能把一节课的教学设计、教学过程和教学内容、教学方法表达清楚即可。

五、评课

1. 什么是评课

评课是一项经常在教学、教研工作中开展的交流活动。听完别人的公开课后，听课教师和领导对公开课进行讨论，评价其得失，这就是评课。通过评课，同事之间可以互相切磋、互相学习、互相促进。领导也可以借这个机会了解任课教师的特点，推广其经验，总结其不足，激励其在今后的工作中不断进步。评课也可以作为教学和科研工作的一部分，对提高教师的从教素质有很大的帮助。

2. 评课的内容

评课的内容与说课的内容有很多相似之处，但也有差异。首先，二者的立足点不同。说课，尤其是本人说自己的课，重点放在怎样教的问题上，而评课，则是评论别人教得怎样。说课常常是课前说，而评课必须是课后评。

评课的顺序大体上是：先由组织者做一个简短的介绍；然后由执教者讲述自己的备课情况，说明自己上这节课的体会；再由大家充分发表意见，进行评课。评课之后，执教者还要就大家的意见谈自己的认识，最后由组织者做简要的小结。

评课的内容可以是评教学指导思想、评对教材的处理、评教法的选择、评学法指导、评现代化教学技术的使用、评课堂教学效果等。

3. 说课与评课范例

《孩童之道》说课

东北师范大学附属中学　孙立权

《孩童之道》这堂课，主要想在阅读教学上体现一种新的观念，被以往的老师们所忽略的观念——阅读教学的过程，实质上是一个师生共同解读文本的过程。

既然是解读文本的过程，就存在着主观解读和客观解读两种。以往，老师们都注意客观解读，所以得出的答案往往是唯一的。而主观式解读则强调解读者的主观参与、积极创造，因此答案是开放的、多维的，因为文学作品本身常常就是模糊的。所以，这堂课我让学生自由地发言、自由地谈自己的看法。只要他是有道理的，老师都应该给予肯定。

那么阅读教学的一个新观念是什么？那就是读别人的作品，要结合自己的生命体验来读，教别人的作品，要结合自己的生命体验来教。也就是说，读别人的作品，要从中读出自己来，要在阅读中创造和发现自我。因此这堂课我设计了许多问题，让同学们在读泰戈尔诗的过程中，回忆自己的童年，回忆自己曾经有的那些生活的故事，调动自己的经验。而作为教者的我，也把我记忆中的童年，把我孩子的童年，把我的经验拿出来和学生交流，我认为这才是真正的阅读。

大师们写了作品，创立了他们的话语权，那么我们作为读者，也不能丧失我们自己的话语权。所以阅读应该像体操里的自选动作一样，很自由的，是一种纯粹的精神的自由活动。因此，它的解读应该是主观的，应该是有着主体的强烈的参与性。

207

所以，这堂课我们主要在阅读教学上体现了这样一种观念，就是读别人的作品，要从中读出自己来，要从中发现自我、认识自我、创造自我。

《孩童之道》评课

东北师范大学文学院　李晓明

泰戈尔是印度的伟大作家，也是诺贝尔文学奖的获得者。但是，作为初一的学生，第一次接触外国的诗歌，尤其是对泰戈尔作品中蕴涵的深刻哲理是很难理解的，这就使得这篇课文的讲授有了很大的难度。

我认为孙立权老师的这节课讲得非常成功，他的成功之处在于：

第一，采用客观式解读诗歌的方法，让学生结合自己的生命体验去读泰戈尔的诗歌，在阅读中创造和发现自我，强调学生在解读课文时的自我参与意识。这种教学理念符合二十一世纪青少年的心理特点。

第二，原诗分为五小节，对每一小节的讲解，都有不同的侧重点，使整堂课显得内容丰富多彩。其中第一小节的第一句话"只要孩子愿意，他此刻便可飞上天去"是很难理解的。可以这样说，读懂了这句话，就理解了泰戈尔的诗的语言，对全诗的解读也就迎刃而解了。孙老师这样问学生："泰戈尔疯了吗？只要孩子愿意，他此刻便可飞上天去。如果不是梦话，那么作者要表达什么意思？"学生根据自己的理解，说了几种答案，这些答案对诗的解读不尽正确，在期待正确的答案时，孙老师提出每一个孩子都是一个长着翅膀的小天使，当然想飞上天，就能飞上天的看法，让孩子们理解了文字背后的意思。

再如第五小节的侧重点，让学生解释什么是"细故"，并根据自己的生活经验说一说哪些细故能让孩子哭泣。这个提问抓住了这一小节理解的难点，提问非常精当、到位。尤其是第二问，答案是开放的。同学们的发言非常踊跃，学生的发散思维能力得到了很好的锻炼。像一名同学逗自己的小弟弟长得比土豆还黑，常常逗小弟弟说："松花江水映朝晖，有个小孩特别黑。"把自己童年时的顽皮表达得淋漓尽致，给人留下很深的印象。其他各小节的讲授也都有自己的重点，这里就不一一列举了。

第三，诗歌教学一定要加强朗读训练，让学生在反复朗读的过程中体会诗的意蕴，培养学生的语感。但是，一首小诗，反复读又容易使学生感到单调、厌倦。孙老师设计了各种各样的朗读方式，如教师范读，全班集体读，散读，男生齐读，女生齐读，个别读等，每一次朗读都给学生以新鲜之感，引起他们的注意。

第四,导语的设计引人入胜,直接入题,语言干净利索,能迅速唤起学生的注意。

以上是这节课的优点,如果要让我提几点这堂课的改进意见,我认为:

第一,在总结全文时,要扣题,诗的标题是《孩童之道》,课后的思考与讨论中也提到人们对诗的主旨有不同的理解,那么,学了这篇课文之后,大家对孩童之道的理解是什么,似乎应该在讨论中加以明确。

第二,可以留出一小部分时间,搞一个扩展阅读,冰心的《繁星》和《春水》两部小诗集中,就有很多描写童贞的诗句,能否从中挑出一两首有代表性的作品,与《孩童之道》进行比较,以扩大学生的读书面。

第二节 语文教师科学研究概述

一、语文教师科学研究的性质

语文教师的科学研究是按照某种途径,有组织、有计划、有系统地认识语文教育的性质和规律的过程。

二、语文教师科学研究的意义

教育科学研究不仅仅是专家和学者的事,广大语文教师因为工作在教学第一线,对教育的性质和规律的认识更直接、更深刻。语文教师直接参与对教育的科学研究工作,会给教育科研带来鲜活的生命力,使语文教学沿着更科学、更合理的轨道运行,推动我国的语文教育改革。

教育科学研究也是语文教学的需要。在教育科学研究中,教师自身素质的提高会给语文教学带来变化,促进语文教学改革,全面提高语文教学质量。

教育科学研究也是学术交流的需要。有些教师上了几十年的语文课,积累了丰富的教学经验,但是没有把它整理出来,不善于搞科学研究,止步于做一名经验型教师,这不仅无益于本人素质的提高,对教师队伍来说,也是一个损失,使别人失去了向有经验的语文教师学习的机会。

语文教师的科学研究也是提高教师个人素质的需要。在教育科学研究中,他们需要阅读大量的教育理论书籍,搜集教育信息,分析教学中的问题,最后整理成文章或专著发表。在这个过程中,教师本人的理论水平和研究能力都会得到很大的提高。

因此,在新课程改革的大背景下,应该提倡所有学科的教师都积极成为研究性的教师，语文教师在这个领域当然责无旁贷。

第三节 科学研究的步骤和研究方法

语文教师科学研究的步骤是先确定研究课题，围绕研究课题搜集相关资料，然后进行实验和论证，最后撰写成文，有时还需要鉴定研究成果。

一、选择研究课题

选择研究课题，是从事科学研究的第一步，也是非常重要的一步。俗话说"好的开头等于成功了一半"，因此，研究课题的选择，直接关系到研究工作能否顺利进行。

1. 研究课题的来源

作为语文教师，最直接的研究课题来源于中学语文教学的实践。研究这类课题不仅有丰富的教学经验可供研究，而且对提高语文教学质量有直接帮助。在中学语文教学杂志上，有大量来自教学第一线的教师写的关于语文教学的研究文章，这些文章，绝大部分来源于语文教学的实践。

从读书中选题。语文教师应该大量读书，这是语文教学的需要，也是个人素质提高的需要。在读书的过程中，除了丰富自己的知识，提高自己的涵养外，还有一个重要的任务是从中选取可供研究的课题，作为自己搞科学研究的一项重要内容。

从教学改革中选题。新课程改革给语文教学带来很多新观念、新理论、新做法，研究这些观念、理论、做法，并从中选取适当的题目作为科研课题，不仅能使自己的教学工作按着课程改革的要求顺利进行，而且也丰富和发展了新课程改革的理论研究，为将来的课程改革提供来自教学第一线的声音和意见。

从他人的研究成果中选题。经常浏览各种学术刊物，看看别人都在研究什么，从别人的研究成果中，或许也可以找到自己从事科学研究的突破口，确立自己的研究课题。

从自己的特长中选题。每位语文教师的特长是不一样的。有的教师擅长古文教学，有的教师擅长诗歌教学，有的教师对戏剧有独到的研究，有的教师对朗读教学特别偏爱，有的教师对某一作家有很深的了解，凡此种种，不一而足。那么，根据自己的特长选择研究题目，做起来也比较容易。

2. 研究课题的选题要求

首先，研究课题要有意义，这是对科学研究选题的最起码要求。没有意义的选题，即使做出来了，因为没有用途，所以也没有地方发表。有一位中学语文老师，把整个中学阶段十二本语文书的目录都复印下来，装订到一起，认为这就是科学研究。问他为什么这样做，他说，平时要查找某篇文章，因为不知道在哪本书里，觉得很费时间，现在把十二本书的目录装订在一起，查找某篇课文就方便了。这位教师的做法，不是在搞科学研究，充其量只能算是做了一次没有多大价值的资料汇编工作。如果他不是为了查找的方便，而是从这十二册书的课文目录中发现下列课题，就有研究的价值了：研究教材编选的特点、各类文体的比例、教材的内容安排对学生语文素养提高的利与弊、中学文言文教学的现状及未来发展趋势、现行教材与以往教材的区别、不同版本语文教材的比较、中国语文教材与外国语文教材的比较等等，可以从中找出很多值得研究的、有意义的课题。

选题还要考虑创新问题。科学研究比较忌讳大家都研究同一个问题，如果大家都一窝蜂地研究热点问题，把其他非热点问题，或者需要长期研究才能出成果的问题抛开不谈，不利于科学研究的广泛开展。当然，我们不反对研究热点问题，而且热点问题也确实有研究之必要。即使研究热点问题，也不能人云亦云，必须有自己的独到见解，必须有创新。只有那些有创见的研究，才具有非凡的价值。

还要考虑选题的可行性。所选的题目一要有研究的客观条件，如果不具备资料、设备、时间、经费、技术、人力、理论等方面的条件，再好的选题，也难以研究下去。二要具备主观条件，研究者本人的学识、能力、基础、经验、特长都对研究工作起制约作用，所以选择研究课题时，研究者的主观条件也是要认真考虑的。

二、搜集材料

撰写科研论文，搜集材料是前期准备工作中的重要内容。这里的材料包含两层含义，一是对文献资料的查阅，二是对事实材料的搜集整理。

1. 查阅文献资料

教育文献资料是记载教育科学的情报信息和知识的载体。在进行科学研究时，一定要尽量多搜集与自己的研究课题相关的材料，占有的材料越多，越能够知道同类课题的研究已经进展到什么程度，在这个基础上进一步研究，研究的起点就高。占有的材料多，也可以打开自己的研究思路。著名语言学家王力在做研究时，为了一个小小的题目，要积累几十万字，要做几千几万张卡片，没有这个材料积累的功夫，是很难写出高质量的科研论文的。

查找教育类文献资料，可以通过以下途径：

（1）书籍

书籍是科学研究信息材料的最大来源。它包括教育专著、教科书、工具书、丛书等。

与语文教学研究有关的专著很多，一种办法是到图书馆查分类目录，看看馆藏书中有关语文教育类的图书有哪些。另一个办法是经常到书店去查找。大型书店售书时会把图书分类摆放，有利于读者查找，经常关注新书的出版情况，可以掌握最新科研动态。第三个办法是读别人的专著或者文章时，注意后面的参考文献，常常能从这里面获得一批相关的论著信息。

语文教科书也是语文教师做科学研究必须参考的资料。如果有条件，可以搜集不同出版社编辑的不同版本的语文教科书，从中进行比较研究，这是语文教育科研的一块很有价值的研究领域。

工具书是常备书籍，搞科学研究的人，一定要有相关的工具书，以备不时查阅。与科学研究相关的丛书，最少应该知道在哪里能够查阅得到。

（2）报刊、杂志

报刊、杂志的特点是信息传播速度快，很多新信息可以在最短的时间内就见诸报端或杂志，其中报刊的速度比杂志的速度还快。但是报刊由于保存不方便，看完后随手丢掉，需要时再去寻找就不容易了。如果能对报刊按日期排列，每月装订成一册，这是最完整的保存报刊资料的办法，但一般个人读者很难连续保存几年、甚至几十年的报刊，所以对报刊中的资料进行筛选，然后分类做成剪报，是保存报刊中有价值信息的好办法。杂志相比之下，比较容易保存。但也要对杂志中的信息进行分类，最少做成分类卡片，需要查阅某些资料时就能够信手拈来。

（3）网络信息

通过网络传递信息，成为现代信息传播的重要手段。网络信息有覆盖面广、快捷、方便、便宜的特点，因此深受广大研究工作者的喜爱。有关中学语文教育的网站非常多，在本书第五章中已经介绍了一部分，有兴趣者可以上网查阅。

2.搜集事实材料

事实材料是从中学语文教学实践中来的。如各种实验数据，各种问卷调查的结果，各种心理测试的结果，教师的教案，学生的作文、作业、试卷等，都可以作为事实材料。这些事实材料要经过梳理,把其中能反映语文教学本质的东西归纳、整理后,才可以成为科学研究的论据。

三、进行实验和论证

教育科学研究的主体部分是通过实验和论证研究选题的学术价值。这部分工作一定是在确定选题和充分搜集材料的基础上进行的。这部分的工作可以是通过实验完成的,也可以是通过论证完成的。

通过实验进行教育科学研究,首先要做好实验的准备工作,其次是按照实验研究的方法开始实验,最后是检验、整理、分析实验的结果。

通过论证进行教育科学研究,首先要确立论点,然后是对搜集的材料进行分析,最后是撰写成文。

四、撰写报告或论文

撰写研究报告或研究论文,是上述研究成果的最后形式。一般情况下是写成文字材料,现在也有把研究成果做成光盘的形式保存的。

五、鉴定研究成果

向国家、省、市、学校教育主管部门申报的科研课题,最后结题时要对科研成果进行鉴定。鉴定教学科研成果,一般包括以下步骤:一是成立由教育专家、教育行政管理人员、教师等人员组成的鉴定委员会;二是由鉴定委员会对科研成果进行初审;三是拟定评价量表;四是鉴定小组成员依据评审量表对该项科研成果做出评价意见;五是汇总小组的意见,形成研究成果鉴定报告。

六、语文教师科学研究的方法

语文教师从事教育科学研究的一般方法大体上有以下几种。

1. 观察法

观察法是研究者按照一定的目的和计划,在自然条件下对研究对象进行系统连续的观察和研究的方法。

观察在学校教育中是用得最普遍的方法。语文教师上课时,观察学生听课、写作文时的表现、课堂发言的表现等等,所有的教师都在教学中自觉不自觉地用到了观察法。

为了取得真实有效的观察数据,观察时必须让观察对象处于自然状态下;观察要有明确的观察目的和观察计划;对观察到的信息要及时做记录;观察之后要对观察结果进行分析。

观察法的优点是结果真实客观；不受条件限制，简便易行。

观察由于是在自然状态下进行的，观察者不能与被观察者进行深入的交流，所以看到的只是表面现象，对深层次的东西、那些带有规律性的东西了解得不是很深入；观察到的东西进行后期处理时，由于没有经过量化的统计数据之类的东西，所以分析观察结果时，要费一些力气。

2. 调查法

调查法是指研究者通过问卷、测验、座谈、访问等形式，有计划地考查各种教育现象，取得第一手资料的方法。

1933 年，朱自清先生批阅清华大学入学考试卷子，当年平沪两处的考生共二千二百多人。他与几位同事担任看国文试卷中的作文，朱自清先生所看的约有四百五十本。在阅卷的同时对试卷中的错别字进行了调查。下面摘取其中的一部分：

大家仿佛都觉得做不通的文字不要紧，写别字不要紧，张冠李戴不要紧，指鹿为马不要紧；其实他们也并非真个甘心如此，只是怕麻烦，不上劲儿。事事等兴趣，兴趣不常来，来了不常在；只好马马虎虎一气。这回卷子里像"莫之能也"，"亦不觉其以为苦也"，"嗅（臭）汗满流夹（浃）背"，"饱尝足了"等句子不在少处。又作者看的四百五十本中，粗粗计算，有别字六百九十七个，重复的无数。其中因形声相近而误的三百零八个，因声近而误的一百七十二个，不成形体或增减笔画的一百四十五个，因形近而误的五十九个。有些错得离奇：如"旗袍"作"妓袍"，"蚊子"作"蛟子"；又如"吵闹"作"噪闹"，是将"吵"误作"噪"，又将"噪"误作"嗓"；又如"袒裼裸裎"作"坦蒂裸陈"，四个字只对了一个字，"蒂"字是因误读"袒裼"的"裼"字，又写成了声近的"蒂"字。这都是平时读书不留意又少练习之故。[①]

上面的引文是朱自清先生在批阅高考试卷时做的调查，调查不仅列举了试卷中错别字出现的数量，而且分析了出现错别字的原因。通过试卷调查，分析语文教学质量问题，从中找出规律性的东西，是做教育科学研究的重要方法之一。

(1) 调查研究通常采用如下步骤：

第一，制定调查计划。制定调查计划包括确定调查的课题和目的；确定调查对象的范围；选择调查的手段和方法；确定调查的步骤和时间安排；进行调查的

---

① 中央教育科学研究所编 . 朱自清论语文教育 . 河南教育出版社，1985：48.

经费预算；确定调查人员。

第二，选择调查对象。调查对象选择得合适与否，直接关系到调查结果的可信度。根据调查的目的和调查的范围，选择调查对象的方法有三种：一种是全面调查，如我国搞的全国人口普查。这种调查费时、费力，一般情况下轻易不会搞这种全国范围内的大的人口普查工作；第二种是典型调查，这是一种个别调查的方法，对某典型事例或典型人物进行调查，以发现其特点。如，对"韩寒现象"的调查，即属于典型调查；第三种是抽样调查，它既不像全面调查那样费时、费力，又不像典型调查那样缺少普遍性，所以是用得最普遍的调查方法。

第三，进行实际调查，搜集有关资料。搜集调查材料是调查工作的重要步骤，应该尽量使调查的资料真实可靠。做调查时，不能带有主观的印象，切忌用自己的观点去寻找材料。

第四，整理、分析各类调查结果。调查过程中搜集的资料，有的时候是表面的、叙述的材料，是粗糙的原始的东西，一定要把这些原始数据归类整理、分析，找出其中带有本质性的规律来，才可以写入研究论文中。

第五，撰写成文。

（2）调查的方法

测验法。测验法是先让被试者回答研究者编制的试题，然后通过对试卷的分析研究调查对象状况的方法。使用测验法应注意的问题是：要根据研究的目的编制试题，试题的结果应该真实可信。测试的范围尽量广一些，这样可以增加测试结果的可信程度。对测试的结果不仅要看分数，更要注重对分数背后的东西加强分析整理，力图透过表面分数，看清其中包括的本质性的东西。

问卷法。问卷法是调查者把设计好的问卷分发给被调查者，通过分析被调查者的反馈信息，分析调查内容的方法。问卷法由于简便易行，所以使用较为普遍。它的优点是调查的范围广，易于操作，由于问卷可以采用匿名的方式答卷，避免了直接回答问题时的尴尬，所以被调查者能袒露真实的想法，结果比较真实可信。问卷法的缺点是缺乏灵活性，对有些深层次的问题，不能够通过面谈了解被调查者的真实想法。有时被调查者如果采用不合作的态度，胡乱填写问卷，也会导致调查的结果失真。

座谈法。座谈法是以开座谈会的形式进行调查的方法。座谈法的优点是能当面进行交流，所以对被调查内心深处的想法通过交谈了解得比较透彻。对面交谈也容易得到被调查者的信任，调查的结果可信度较高。因此是一种省时、省力的调查方法。座谈法的缺点是：有些不好当面回答的问题，被调查者可能采取避而不答的办法，因此，对敏感问题的调查，不如问卷法来得真实。采用座谈法时，组织者一定要设计好所要了解的问题，避免座谈会出现随便漫谈的情况，偏离了主题。

访问法。访问法是通过与被调查对象面对面的谈话来搜集材料的方法。班主任老师进行家访，采用的就是这种方法。进行访问时，一定要事先准备好访问提纲，在访问时，与被访问者的关系要和谐，使对方愿意合作，愿意回答问题，同时要做好访问记录。访问法的优点是对访问对象可以进行深入长谈，有些不易发现的问题能通过交谈挖掘出来。这种方法也比较简便易行。缺点是费时较多，如果交谈流于表面形式的话，有时得到的材料不系统，比较肤浅。

书面材料分析法。这是一种通过书面材料，对能够量化的事物进行分析的方法。如期末考试卷批完以后，学生答题的情况，得分的情况都能反映教与学双方的优点和不足。可以对这些材料进行分析，总结语文教育的规律。

3．教育实验法

教育实验法是在研究者精心设计的条件或环境中，对某些教育方式方法进行试验研究，取得相关数据，然后分析教育中的成败得失的规律的方法。

如东北师范大学附属中学进行的"基础教育阶段人才培养模式的实验"，从2001年九月开始，进行了初、高中人才培养模式的实验，初中分为三二分段直升班、人文特长实验班、科技特长实验班；高中分为理科实验班、中外文化交流班、"双特"班等六种培养模式实验，通过实验力求找出中学阶段的最佳培养模式，为教育科学研究探索出一条多类人才健康成长之路。

教育实验法的特点是：由于能够人为地控制实验的条件，使某种教育现象反复发生或不发生，具有可控制性；通过实验，可以找到教育现象和结果间的因果关系，有利于发现教育的规律；在研究中可以综合运用其他研究方法；还可以人为地改变实验条件，以查明事物变化的情况和规律。

教育实验法的分类可以是创新性实验、探索性实验、验证性实验、实验室实验、自然实验等。

教育实验的步骤一般是：确定实验课题、选择实验对象、制订实验计划、进行实验、分析实验结果、撰写实验报告。

4．经验总结法

经验总结法是指研究者对自然状态下的教育活动经验进行分析概括，使之上升为一定理论的研究方法。这是目前世界各国都在普遍采用的研究方法。这里所说的经验虽然采自常态的教学过程，但是又不是一般意义的经验，它必须是先进的教学经验，经过总结研究后，能对教育理论研究有指导价值。

运用经验总结法进行科学研究，一要占有事实材料，二要用一定的理论剖析事实材料，三要在实践中有推广价值。

5. 个案分析法

个案分析法是以典型的事例或个人为研究对象，了解其发展变化过程，从中寻求规律性的认识的方法。

进行个案分析，首先要选取典型的、具有代表性的案例，其次要对入选的个人或事例进行充分的调查研究，不仅要了解其现状，还要了解整个发展过程，从大量的表面现象中挖掘出带有本质规律的东西。

个案研究的类型可以是对某个人的研究，也可以是对某个事例的研究，还可以是对某团体机构的研究。

个案研究可以结合其他研究方法进行，如观察法、调查法、实验法等。

6. 文献资料研究法

研究文献资料，也是科学研究的方法之一。对文献资料的研究可以有纵向研究和横向研究两种方法。

纵向研究主要研究教育的历史规律。如社会科学文献出版社 2001 年 9 月出版了顾黄初、顾振彪著的《语文课程与语文教材》一书，此书的作者研究了大量的有关中国现代语文课程发展的历史文献，从纵向归纳了中国现代语文课程的发展脉络，预测了中国当代语文课程改革的趋势，同时对语文教材的历史嬗变过程进行了梳理，展望了新世纪语文课程教材建设的前景，是一部有很高学术价值的语文教学研究专著。

横向研究类似于历史研究中的断代史研究。它可以限定一个研究的时间范围，然后对同时代的同类课题进行比较研究。如江苏教育出版社 2004 年 2 月出版了由江苏母语课程教材研究所编著、洪宗礼主编的《当代外国语文课程教材评介》一书。这本书研究的时间断代是当代，研究课题是外国语文教育中的课程和教材。此书把世界 14 个国家的语文课程、教学大纲、教材进行了横向比较研究，是一部资料丰富、观点新颖、很有创意的语文教育研究著作。

使用文献资料研究法的第一要务是占有大量的文献资料，在此基础上，要对文献资料进行梳理，然后提出自己的看法。

第四节　科学研究论文的撰写

一、一般学术论文的撰写

1.学术论文的概念和特点

学术论文是在某一学术领域，针对其中的某一问题，通过科学研究的方法进行探索和思考后撰写的以论述为主的文章。一般学术论文分为学位论文和投稿论文。学位论文包括学士学位论文、硕士学位论文和博士学位论文。以文科为例，学士学位论文的字数在六千字左右、硕士学位论文字数在两万字左右、博士学位论文字数在二十万字左右。投稿论文是向杂志社投稿，希望能够发表的论文，各种学术杂志对投稿论文字数的要求不一样，投稿者应仔细研究各种杂志的栏目，投稿的要求，把自己的稿件投到相关杂志，才有可能被发表。

无论是哪种学术论文，都要求有独到的见解；理论研究要有一定的深度；论文的论点、材料都必须真实可靠；同时要有现实意义。

2.学术论文的基本框架

学术论文的结构由标题、署名、摘要、关键词、前言、正文、结论、注释或参考文献等几部分组成。下面摘其要者加以介绍。

（1）标题

学术论文的标题拟题方式有两种，一种是点明研究的范围，一种是表明作者的观点。如《对语文新课程理念的思考》点明研究的范围是新课程提出的新理念。《语文老师要做语言文字规范化的表率》则是表明作者观点的题目。无论是哪种类型的题目，都要求鲜明、准确、简洁、新颖。因为题目是文章的眼目，应该让人看了题目，一下子能了解文章的主要内容，同时也便于分类。

（2）摘要

有些大型的刊物，要求在论文前面加上论文摘要。有时还要求有中英文摘要。如东北师范大学国际与比较教育研究所编辑部办的《外国教育研究》月刊发表的征稿启事中明确要求：

本刊主要发表当代外国教育理论和思潮，国际与比较教育，外国基础教育、高等教育、社会教育、职业技术教育、教师教育、公民与道德教育、教育与文化等方面的论文。

投稿时,稿件除正文外,亦请写明中英文题目、姓名、单位名称、摘要、关键词、作者简介、联系方式,其格式见2002年各期,字数在8000字以内为宜。同时,来稿请附用 Word 处理的电子文本,或用 E-mail 发至本刊的电子信箱。

(3) 关键词

关键词是为了论文分类的需要,也是为了查找的方便,大型学术杂志除了要求有内容摘要外,在摘要的下面要附有关键词。关键词要简明扼要,数量不能太多。如《美国国家历史课程标准述评》一文的关键词是:课程标准、公民教育、历史能力。

(4) 前言

前言也称序言、导言或绪论。它是写在正文之前,用以说明写作目的、研究范围、研究的意义、预期的结果等。根据论文字数的多少,前言的字数也要相应地增减。如果是三千字左右的论文,前言部分一定要少而精,如果是二十万字左右的博士论文,前言甚至可以自成一章。

(5) 正文

正文是学术论文的主体部分,也是全文文字量最多的部分。这部分要对研究的成果展开充分论证,通过对材料的分析、综合、整理、概括、判断、推理,最后得出正确的观点。

(6) 结论

结论是再次申明论点部分。在结论部分要指明哪些问题是已经解决的问题,哪些问题是尚待解决的问题。结论的语言表述要简明扼要,观点鲜明。

(7) 注释

学术论文如果有引文,引文一定要在注释中标明出处。注释有两种方法,一种是页下注,一种是尾注。如果引文出自某本著作,标注的内容和顺序是:作者名、著作名、出版社、版本、引文所在页码。如果引文出自某本杂志,标注的内容和顺序是:作者名、杂志名、年份、第几期、页码。

(8) 参考文献

在写学术论文的过程中,应该查阅大量文献资料,这些文献资料要列在学术论文的最后。列出参考文献,一方面是让读者了解作者写作时查阅了哪些材料,另一方面也是对原作者的尊重,同时也给读者提供了进一步查找原文的方便。参考文献的内容包括：作者名、著作名、出版社、版本。

二、研究报告的撰写

研究报告指对教育现象进行充分研究后写给上级或学术团体的书面报告。它分为观察报告、调查报告、实验报告和经验总结报告四类。

观察报告是对教育现象进行仔细观察后，把认识的结果写成的书面材料。它也是科学研究的一种类型。

调查报告指科学研究工作者对某一现象或事物进行调查后写成的书面材料。

实验报告，是在教育科研的基础上，记录某项研究课题的实验过程和实验结果的报告。

经验总结报告是对教育实践的事实进行分析概括后写成的研究型报告。

上述四种教育科学研究报告的总体结构均为前言、正文、结尾三部分。在具体写法上有一些细微的差别。下面是一份中学老师写的关于学生识写情况的调查。

学生错别字调查及简析[①]

北京陈经纶中学　张　丽

现在的中学生在语言文字方面存在着不容忽视的问题，如错别字、用词不当、句子间的逻辑关系混乱等。下面我仅以学生随笔中的错别字为例，谈一下自己对于语言文字规范化的想法。

下面是从6名高一学生的随笔练习中查出的错别字（斜线后为错别字）：

甲：因人而异／议、与四邻／怜相处、尤／由其、毕／必竟、觉得／的、在／再我看来、烦躁／燥、识相／象、尽／仅管、建议／见意、欣／心慰、畅／帐所欲言、厌恶／误、哑／牙口无言、油／由然而生、黄历／立。

乙：忘／望记、加以重视／势、另／令一种、仿佛一天天都在／再让我回味着初三时的生活、意见／件、顾／故不上、毕／必竟、招／召生、一转眼再／在看看、厌倦／卷、坚／艰定、作／做为、背／被后、无辜／孤、烦躁／燥、敢／赶想、勉／免强、可谓／为是正义的人了、担／恒心、恶势／视力、气氛／份、隔膜／模、不翼／易而散、素／宿不相识、宣／喧布、尽／仅管、导致／至、汗水直往下淌／趟、到／道底、震／振惊、下意识／示、已／以说不出话、预／遇期、疲惫／备、嘱咐／付。

---

①张丽．学生错别字调查及简析[J].中学语文教学（京），2002（10）：7.

丙：回应／映、暴／报露无疑、据／拒记者介绍、诞／旦生、副／复科、顾／故名思义、寄／记予、富／复有诗意、祈／乞祷、唱的／得是对爱的心情、诠释／栓示、悬殊／疏、疾／忌恶如仇、应／映了一句老话、一比即／既知一个是美的、壮／状烈、武功／工很高、停滞／溢。

丁：坐／做车买票、履／覆行、义／益务、已／以经、破天荒／黄、概括／盖扩、公／工司、工作／做、轻／清车熟路、顿感形势／行事不妙、到／倒处、飘／漂洒、协调／条、沉／陈闷、带／代来、一丝／斯欢乐、发挥／恢、相辅／府相成、记忆／意、买了几株松枝插／叉在上面、打招呼／乎、理睬／采、争／挣先恐后、显／现露、喜悦／跃、感慨／概、竞／竞相开放、壮／状观、这么大的炮不会崩／蹦到人吗、厉／历害。

戊：一去不复返／反、脍／脸炙人口、立即／既、烦躁／燥、导航／行、来得及／急、现代气息／吸；舒／抒缓、与生俱／具来、截／捷然不同、犹／忧豫。

己：忽／乎略、遨／熬游、绝／决对、储备／惫、感兴／性趣、痊／全愈、惯／贯例、牵／迁强、燥／躁热、钢／刚琴、出人意／异料、名字／子、相互映／应衬、安详／祥、引申／伸义、忧伤锁／琐满了深情的眉头、那种畅／敞快的感觉、无所事事／是、作／做为。

以上错别字实例出自北京市一所重点中学，普通中学情况可想而知。虽然这只是6位同学的，我想也能从中发现一些问题。他们练习中的多数错别字，在老师看来根本就不应该出现，但实实在在地出现了。有些错别字可能是马虎造成的，但更多的是对字词本身的理解存在问题。不管什么原因，学生要消灭错别字都需要老师的帮助。马虎造成的，需要老师的督促；对字词本身的理解存在问题，则需要老师细心指点。

有的老师认为错别字是小问题，不必小题大做。我以为问题不是这样简单，就像一架机器：只坏了一个零件可能依然会运转，但小零件坏得多了，这架机器就要出大问题了。老师帮助学生纠正一个错别字，对于学生语文水平的提高没有什么显著的作用，但学习知识都是积少成多，冲破一个个小的误区才能最终达到融会贯通的境界，语文学科也不例外。老师帮助学生纠正一个个错别字，也就是在为学生到达融会贯通的境界扫除一个个小障碍。

怎么解决学生的错别字问题呢？从前面6位同学随笔中的错别字不难看出，有些错别字在大多数同学的随笔中都会出现，如将"烦躁"写成"烦燥"、"毕竟"

写成"必竟"等。对于这些错别字老师可以让学生在课堂上一起辨别掌握。有的错别字是具有"个性"的，只出现在个别学生的随笔中，应该对学生进行个别帮助。解决错别字问题，实际要做的是纠正每一位学生个人的错别字。要想做好这项工作，最好的办法就是让学生自己对扫除错别字感兴趣，引导学生深入其中。如何让学生自己感兴趣、深入其中呢？

我想可以让学生尽可能多地参与进来，比如，让学生通过各种方式定期整理自己随笔中的错别字；然后进行比较，看看哪些错别字已不再出现了，哪些错别字是新出现的，哪些错别字是一直不肯"离开"的。有了参与，有了比较，看到了自己的进步，学生会逐步将错别字消灭，语文水平也会提高。

对错别字要有充分的耐心，同一个字，错了若干次，是很常见的。教师既要有计划地做专项练习，更要重视日常活动，随时发现，随时纠正。教师的错别字远少于学生，难道不就是靠教师这样反复纠正的结果吗？

张丽老师的这篇文章，从调查学生的错别字入手，虽然只是调查了一所中学的 6 名学生的错别字，取样比较单一，但也足以反映中学识字教学的问题是很大的，应该引起语文教师的注意。这篇文章还算不上严格意义上的调查报告，它的正文分析和结尾的理论说明还不够到位，还停留在感性认识和实际操作的层面。

语文教师在教书的同时做教育科学研究工作，不仅是自身素质提高的需要，也是时代发展的需要。在教育改革的大背景下，每一名教师都应该有科研意识，广大语文教师重视科研之日，就是我们国家教育大发展之时。

参考文献

［1］于漪．语文教苑耕耘录．福建教育出版社,1984.

［2］欧阳代娜等．欧阳代娜中学语文教学艺术初探．山东教育出版社,1997.

［3］钱梦龙．语文导读法探索．云南人民出版社,1985.

［4］蔡澄清等．蔡澄清中学语文点拨教学法．山东教育出版社,1997.

［5］宁鸿彬等．宁鸿彬中学语文教学改革探索．山东教育出版社,1997.

［6］宁鸿彬．语文教学的思考与实践．教育科学出版社,1998.

［7］魏书生．魏书生文选．漓江出版社,1995.

［8］张鹏举．颜振遥初中语文自学辅导教学．山东教育出版社,1997.

［9］赵谦翔．赵谦翔语文素质教育探索．内蒙古科学技术出版社,1999.

［10］潘意敏，庄佩敏．快速读书法．华东理工大学出版社,1996.

［11］杨初春．实用快速作文法．漓江出版社,1992.

［12］张正君．当代语文教学流派概观．中国社会科学出版社,2000.

［13］孙春成．中学语文课堂创新教学模式．中山大学出版社,2003.

［14］孙春成．语文课堂教学艺术漫谈．语文出版社,1998.7.

［15］巢宗祺，雷实，陆志平．语文课程标准解读．湖北教育出版社,2002.

［16］顾黄初，顾振彪．语文课程与语文教材．社会科学文献出版社,2001.

［17］《语文学习》辑部．名师授课录·初中语文．上海教育出版社,1993.12.

［18］《语文学习》辑部．名师授课录·高中语文．上海教育出版社,1995.9.

［19］张发明等．师范生职业技能训练．吉林教育出版社,1993.12.

［20］胡淑珍等．教学技能．湖南师范大学出版社,1996.8.

［21］郭启明等．教师语言艺术．语文出版社,1998.12.

［22］池方浩．中学语文教学艺术．江苏教育出版社,1994.7.

［23］任文田等．掀起课堂教学小高潮艺术．中国林业出版社,2000.1.

［24］李如密.教学艺术论.山东教育出版社,1995.9.

［25］刘庆华等.课堂组织艺术.中国林业出版社,2001.4.

［26］皮连生.学与教的心理学.华东师范大学出版社,1997.5.

［27］吴杰.外国现代主要教育流派.吉林教育出版社,1989.3.

［28］胡正荣.传播学总论.北京广播学院出版社,2001.1.

［29］吕武平.全脑速读记忆.中国民航出版社,1999.1.

［30］冯素艳,唐烨.中学生心理健康教育.东北师范大学出版社,2000年10.

［31］沈德立.非智力因素的理论与实践.教育科学出版社,1997.12.

［32］沈德立,阴国恩.非智力因素与人才培养.教育科学出版社,1991.8.

［33］王光龙.语文学习方法的理论与实践.中国文史出版社,2002.12.

［34］蒋宗尧.学法指导艺术.中国林业出版社,2002.5.

［35］朱绍禹.语文教育科研导引.东北师范大学出版社,2001.2.

［36］蓟运河,王增昌等.教改教研艺术.中国林业出版社,2000.8.

［37］马云鹏.教育科学研究方法导论.东北师范大学出版社,2003.1.